T0194895

1682 J.B.METZLER

Sammlung Metzler
Band 316

Manfred Günter Scholz

Walther von der Vogelweide

2., korrigierte und bibliographisch ergänzte Auflage

Verlag J.B. Metzler Stuttgart · Weimar

Der Autor

Manfred Günter Scholz, geb. 1938; Professor i.R. für Ältere deutsche Sprache und Literatur an der Eberhard-Karls-Universität Tübingen; Veröffentlichungen hauptsächlich zur Rezeption mittelalterlicher Literatur, zu ihren Gönnern und ihrem Publikum, zu Hartmann von Aue (Edition, Kommentar) sowie zu Walther von der Vogelweide.

Bibliografische Information Der Deutschen Bibliothek
Die Deutsche Bibliothek verzeichnet diese Publikation in der Deutschen Nationalbibliografie; detaillierte bibliografische Daten sind im Internet über <http://dnb.ddb.de> abrufbar.

ISBN 13: 978-3-476-12316-9
ISBN 978-3-476-05084-7 (eBook)
DOI 10.1007/978-3-476-05084-7

Ursprünglich erschienen bei J.B. Metzlersche Verlagsbuchhandlung und Carl Ernst Poeschel Verlag GmbH in Stuttgart 2005
www.metzlerverlag.de
info@metzlerverlag.de

Vorwort

Dieser Band unterscheidet sich von seinem Vorgänger, Kurt Herbert Halbachs erstmals 1965 in der Sammlung Metzler erschienener Walther-Darstellung, grundlegend. Er hat sich zum Ziel gesetzt, lesbarer zu sein, bezahlt diesen Anspruch aber mit dem weitgehenden Verzicht auf die Beigabe der von Halbach in jahrzehntelanger Beschäftigung mit Walther erarbeiteten detaillierten Ergebnisse und Hypothesen der älteren Forschungsgeschichte. Diese Vorgehensweise bedeutet alles andere als Geringschätzung der früheren Forschung, vielmehr sollten, will man einen verläßlichen Gesamtüberblick gewinnen, beide Studien, die vorliegende und die Halbachs, komplementär gelesen werden. Da die Walther-Philologie in den letzten Jahrzehnten Bedeutendes geleistet hat, da neue Editionen vorliegen, die einem gewandelten textkritischen Konzept Rechnung tragen, und da auf dem Gebiet der Interpretation in mancher Hinsicht ein Paradigmenwechsel zu beobachten ist, scheint die Konzentration auf die neuere Forschung legitim.

Der Band sei, aus Hochachtung für ein Walther gewidmetes Forscherleben, dem Andenken Kurt Herbert Halbachs gewidmet.

Allen, die Vorarbeiten geleistet und mich bei der Redaktion unterstützt haben, möchte ich herzlich danken.

Tübingen, im Februar 1999 M. G. Sch.

Inhalt

I. Walthers Leben

1. Heimat

1.1 Jugendheimat

Mit Recht hat Halbach (1965, S. 8f.) dem Abschnitt »Geburtsheimat« den zur »Jugend-Heimat« vorangestellt, finden sich in Walthers Werk doch einige wenige Ich-Aussagen, die sich auf diese beziehen lassen könnten, aber keine einzige, die über seine Herkunft Aufschluß gäbe. Als Walther sich gegen die neue, unhöfische Mode, *hêrren guot und wîbes gruoz* zu erwerben, zur Wehr setzen zu müssen glaubt, beklagt er sich zuallererst bei Herzog Leopold, mit der Begründung: *ze Œsterrîch lernde ich singen unde sagen* (32,14; alle Zitate nach Cormeau 1996). Und im Rückblick auf sein Leben muß er sich fragen, ob dieses ein Traum war, ob er aus einem langen Schlaf erwacht ist, denn fremd sind ihm geworden *liute und lant, dar inn ich von kinde bin erzogen* (124,7; der Reim und der Sinn verlangen diese Konjektur Lachmanns gegen den Wortlaut *bin geborn* der beiden Handschriften). Wieder dürfte Österreich gemeint sein, denn die Elegie, aus der dieser Vers stammt, ist im ›österreichischen‹ Metrum der *Nibelungen-* und Kürenberger-Langzeile (dazu s.u. S. 167f.) geschrieben. Vom Kontext her und durch die Erwähnung Leopolds mit der erstgenannten Stelle verwandt, wenn auch durch die *wir*-Formulierung (in der das Ich sich mit der *ritterschaft* zusammenschließt) vielleicht von schwächerem Zeugniswert ist der Ausruf *wol ûf mit mir, und vare wir dâ heim in Osterrîche!* (XXIX,7; Cormeau 1996, S. 58). Eine letzte Stelle dagegen muß aus der Belegsammlung für Walthers (Jugend-)Heimat ausscheiden, die von *unser heimlichen* (d.h. einheimischen) *fürsten* (84,20), da man sie sich wohl vom *varnden volk* (84,18) und nicht vom Ich der Strophe gesprochen zu denken hat (s.u. S. 88f.). Walthers Affinität zu Österreich bezeugen schließlich ein Sangspruch, in dem er an den Tod des Herzogs Friedrich erinnert (19,29ff.), den man als seinen ersten Gönner vermuten darf, und die Inständigkeit und Ausdauer, mit der er immer wieder um die Gunst des Wiener Hofes wirbt. – Österreich also scheint durch diese Zeugnisse faßbar zu werden als das Land, in dem Walther von Kind an gelebt, Erziehung und künstlerische Ausbildung genossen hat, das Land, das ihm zur Heimat geworden ist, wenn es nicht von Anfang an seine Heimat war.

Die zitierten Ich- und Wir-Aussagen sind Waltherschen Sangsprüchen und dem singulären Genre der (Alters-)Elegie entnommen. Es stellt sich die Frage, ob diese ›Selbstzeugnisse‹ als autobiographisches Sprechen genommen werden dürfen, die Frage mithin nach der Fiktionalität der betreffenden lyrischen Gattungen und nach dem Fiktionsgrad des Waltherschen *Ich*.

Exkurs: Walther und das Ich

Nur wenige lyrische Dichter des Mittelalters sagen so oft *ich* wie Walther von der Vogelweide (die von Mundhenk 1963 betonte Sonderstellung Walthers wird relativiert von Knape 1989, S. 171ff.). Für das 19. Jahrhundert war dies ein willkommener Tatbestand, um daraus Walthers ganzes Leben, zumal seine diversen Liebesbeziehungen zu rekonstruieren. Aber noch im vergangenen Jahrhundert kam Skepsis auf: Bereits 1865 erkennt Menzel in Walthers Minneliedern »poetische Objectivirungen der manigfaltigsten Empfindungen und Situationen des Minnelebens« und alles andere als »bloße poetische Referate eigener Erlebnisse« (S. 73, ähnlich S. 86f.). Hinsichtlich des Ichs im Minnesang herrscht inzwischen längst Konsens: »Gegen biographistische Mißverständnisse braucht man heute nicht mehr anzusprechen« (Hahn 1989, S. 95), denn »Minnesang ist wesentlich Rollenlyrik« (Schweikle ^{2}1995, S. 192).

Wie aber sind die Ich-Aussagen in Walthers Sangspruchdichtung kategorial zu fassen? Wenzel gelangt zu der Überzeugung, »daß für die Spruchdichtung derselbe objektive Charakter geltend gemacht werden muß, der den Minneliedern längst schon konzediert wird« (1983, S. 14, ähnlich S. 18), doch sei dieses Ergebnis »partiell wieder einzuschränken«, zumal für »jene Strophen, in denen Walther sein Liedermacherdasein selbst thematisiert« (S. 23), was Wenzel an einigen Beispielen vorführt, in denen »die Charakteristika des Individuums mit dem Typus vereinigt werden« (S. 24), Sängerrolle und persönliche Motivierung Hand in Hand gehen. Es scheint also angezeigt, daß man Ich-Aussagen auch in der Sangspruchdichtung »nicht umstandslos als biographische Daten nehmen« darf (Hahn 1986a, S. 101; radikaler Tervooren 1995, S. 54), wobei allerdings Walthers »biographische Prätention« (Brandt 1989, S. 158), sein immer wieder dokumentierter »Anspruch, aus eigenem ›Erleben‹ zu handeln, zu agieren, zu reagieren und zu urteilen« (ebd., S. 169), seine Aufwertung der Ich-Rolle zur »Walther-Rolle« – diese »hat biografische Züge, und daher liegt es nahe, sie als Träger einer spezifischen Aussage des Autors Walther zu verstehen« (Ortmann 1989,

S. 17f.) – dem Interpreten die Entscheidung in jedem Einzelfall aufgibt, sie aber nicht leichter macht. Wenn auch sicher ist, daß »die literarisch entworfenen Sängerrollen Reflexe der historischen Person« enthalten (Schulze 1984, S. XXIV), so ist doch jeweils zu prüfen, ob es sich bei dem Ich der Sprüche um »ein überpersönliches, gnomisches Ich, welches wiederum einer Person untergeschoben werden kann, in deren Namen der Dichter sich äußert« (Mohr 1983, S. 202), handelt oder um eines, das »spezifisch biographisch deutbar« ist (Knape 1989, S. 182, der Anm. 29 immerhin knapp 30 Sangspruch-Strophen Walthers verzeichnet, bei denen »die Ich-Referenz-Frage zum biographischen Schlüsselproblem« wird).

Auch bei der Kreuzzugslyrik und den Alters- oder Weltabsageliedern wird man hinsichtlich des Ichs differenzieren müssen. Das Ich des Kreuzfahrers, das »zu biographischen Ausdeutungen verführen könnte«, enthält es doch stets »ein Stück mittelalterliche Wirklichkeit« (Händl 1987, S. 40 mit Anm. 77), wird bei einem Kreuzlied mit Minnethematik (was es bei Walther nicht gibt) einer anderen Kategorie zuzuschlagen sein als bei einem Lied mit Affinität zum Sangspruch. Walthers Elegie, ein Text, der Züge der Alters- wie der Kreuzzugsdichtung aufweist, ist in ihrer biographischen Ausdeutbarkeit äußerst umstritten: Wehrli, der fordert, »die Dialektik zwischen [...] Ich und Rolle festzuhalten und auf jene Momente zu achten, in denen das Ich in Bewegung gerät« (1989, S. 107), spricht von der »doch wohl fingierten« Rückkehr des Sprechers in das Land seiner Jugend (S. 111), erkennt bei näherem Zusehen aber die Formulierungen des Anfangs als etwas, das »über eine Rolle, eine rhetorische Strategie hinausgeht« (S. 112). Haubrichs dagegen interpretiert die Elegie streng als Rollengedicht, situiert sie andererseits aber »sicher im Herbst 1227 in Österreich« (weil dort die Werbung für einen Kreuzzug besonders erfolgreich gewesen sei [1977, S. 24]). Ranawake vertritt den vermittelnden Standpunkt: die »Mitteilung persönlicher Erfahrung« sei »dem überpersönlichen Thema der Veränderlichkeit alles Irdischen untergeordnet, darf also nicht zu wörtlich biographisch verstanden werden« (1997, S. 130). Weil es in unserem Zusammenhang nur um das Verständnis der Wendung *dar inn ich von kinde bin erzogen* geht (dazu vgl. Volkmann 1987, S. 142-145; in dieser bisher umfangreichsten Arbeit zur Elegie »konnten Fragen nach der Heimat Walthers [...] nicht mehr behandelt werden« [S. 8]), darf die Aussage *ze Œsterrîch lernde ich singen unde sagen* Hilfestellung leisten: Da sie vor Herzog Leopold ausgesprochen ist, kann sie kaum aus der Luft gegriffen sein, ihr Wahrheitsgehalt also schwerlich angezweifelt werden. Die Formulierung in der Elegie wäre dann eine variierende und ergänzende Wiederaufnahme. Der grundsätzlichen Rollenhaftigkeit des Ichs in diesem Gedicht tut ein biographisches Einsprengsel im übrigen keinen Abbruch.

Hilfreich für eine differenzierende Sichtung von Walthers Ich-Aussagen ist die von Knape (1989) aufgestellte Ich-Typologie (S. 176ff.: »Fiktive unbestimmte Person«; »Formelhaft abstraktes oder konventionell-poetisches Diskurs-Ich«; »Autor-Ich«; »Identifikatorisches oder Rezipienten-Ich«; »Das historische Ich als Rolle«; »Die poetologische Kategorie des ›lyrischen Ichs‹«; zum Ich in Walthers Lyrik vgl. auch Sievert 1990, S. 135-153; vgl. jetzt Bein 1997, Sachregister: »Ich [Ich-Rolle]«, »Rollen«).

Trotz dieser eine biographische Lektüre problematisierenden Analyse Waltherscher Ich-Aussagen scheint Österreich als seine Jugendheimat in der Tat festzustehen. Wo genau in Österreich – damit ist »das damalige Herzogtum Österreich (unter und ob der Enns) gemeint« (Knapp 1989, S. 47 Anm. 7) – könnte Walther *singen unde sagen* gelernt haben, wo könnte er *von kinde* [...] *erzogen* worden sein? Die erste Aussage ist »unmittelbar nur auf seine Fähigkeit, deutsche Strophen zu dichten und zu komponieren«, zu beziehen (Knapp 1994a, S. 268), die zweite kann auf eine Schulbildung hindeuten. Eine klerikale Ausbildung ist für Walther vorauszusetzen: Dafür sprechen das Vorkommen theologischen Wissens schon im Reichston; die ebendort zu findende, auf Argumenten in lateinischen Rom-Satiren fußende Papstkritik, die in späteren Gedichten noch verschärft wird; andere Themen und Motive, die auch in den *Carmina Burana* vertreten sind; Bekanntschaft mit der Sequenzdichtung; Vertrautheit mit Theorie und Praxis der Schulrhetorik (vgl. Kößling 1981; Knapp 1989, S. 45 und 53; Worstbrock 1989; Ranawake 1997, S. XVI). Auf der anderen Seite zeigt sich in Walthers Gedichten profunde Kenntnis der deutschen wie auch der provenzalischen Lyrik, Gegenstände, die ihm nicht auf einer geistlichen Schule bekannt geworden sein können. Da als sein erster Gönner der im April 1198 verstorbene Babenbergerherzog Friedrich vermutet werden kann, wäre es möglich, den Wiener Hof als den Ort anzunehmen, an dem Walther *singen unde sagen* gelernt, und das benachbarte babenbergische Hausstift Klosterneuburg als den Ort, an dem er seine klerikale Ausbildung genossen hat (vgl. Knapp 1989, S. 57). Gleichzeitig mit Knapp und unabhängig von ihm bringt auch Mühlberger (1989, S. 37ff.) Klosterneuburg ins Spiel: Nach einer ersten Ausbildungsphase an der Schule zu Neustift bei Brixen könnte Walther nach der Zerstörung des Klosters Neustift 1190 durch Vermittlung des Propstes Konrad II. von Rodank in das Stift Klosterneuburg, zu dem Beziehungen bestanden, gelangt sein. Neustift wird von Mühlberger deshalb ins Gespräch gebracht, weil er als Geburtsheimat Walthers »hypothetisch« (S. 40) Südtirol ansetzt.

1.2 Geburtsheimat

Um es vorwegzunehmen: So vergleichsweise sicher es ist, daß wir als Walthers Jugendheimat Österreich anzunehmen haben, so sehr lassen uns alle zu seiner Geburtsheimat beigebrachten Indizien im Stich (vgl. Schweikle 1994, S. 15; Hahn 1996, S. 19; Ranawake 1997, S. XV).

Die älteren Voten für die eine oder andere Landschaft hat Halbach ([3]1973, S. 9-12 und 118f.) akribisch gesammelt (Ergänzungen bei Dörfelt 1989, S. 171 Anm. 1 und 193 Anm. 3; vgl. auch den informativen Überblick bei Ebenbauer 1991). Da sich die Heimatfrage nicht positiv entscheiden läßt, sollen im folgenden nur noch einige Arbeiten aus den letzten drei Jahrzehnten vorgestellt werden. Die Herkunft Walthers aus der Schweiz oder aus Böhmen wird heute niemand mehr ernsthaft behaupten wollen. Frankfurt als Geburtsort läßt sich ebensowenig glaubhaft machen: Die von Friederichs ([2]1979) genannten Dokumente sind entweder verloren oder später zu datieren, sein Konstrukt von Walthers Leben ist schlechthin absurd, sein Buch im Urteil Vorderstemanns kein »Beitrag zur wissenschaftlichen Diskussion um Walther« (1980, S. 612; vgl. auch Ebenbauer 1991, S. 306). Im Gespräch bleibt Franken dennoch – zwar nicht Frankfurt, aber Würzburg oder Feuchtwangen –, des weiteren Österreich – die Gegend um Wien oder das Waldviertel – und noch immer Südtirol.

– Feuchtwangen: Einen ersten Versuch Bayerleins (1959) aufgreifend, hat Bosl (1969) nach Auswertung der Eheabredung zwischen Friedrich Barbarossa und Alfons von Kastilien und des regionalen Dienstmannenrechts den Feuchtwanger Ansitz (1326 ist dort eine Vogelweide bezeugt) als Reichsgut und Walther als nachgeborenen Sohn eines Reichsministerialen erweisen wollen (kritisch zu derartigen Vorstellungen Bumke 1976, S. 20). Um ein Lehen habe Walther sich nur an den König, nie an einen anderen seiner Herren gewandt und dieses schließlich erhalten, worauf er sich zu seinem ersten Dienstherrn nach Feuchtwangen zurückbegeben habe. Auf die Irrtümer im einzelnen und auf die Schwächen im Argumentationsgang hat schon Kracher eindrücklich hingewiesen (1971, S. 264ff.; vgl. auch Ebenbauer 1991, S. 305). Ähnlich ergeht es (Kracher, S. 262ff.) der älteren Veröffentlichung Bayerleins, der er 1975 eine zweite, umfangreichere folgen ließ. Darin unternimmt er es, seine eigenen und die Forschungen Bosls zu untermauern und zu ergänzen. Im Unterschied zu Bosl sieht er die Feuchtwanger Vogelweide zwar als Walthers Geburtsstätte, nicht aber als das ihm zugeteilte Lehen an. Da sich auch bei Bayerlein regionalgeschichtliche Recherchen mit Spekulationen mischen und der Heimatforscher ebenso wie der Verfassungshistoriker, wenn er sich auf literaturwissenschaftliches Terrain begibt, auf ungewohntem Boden wandelt, ohne sich der Stolpersteine bewußt zu sein, bleiben hinsichtlich Feuchtwangens als Walthers Heimat so manche Fragen offen, die nur von einem in allen einschlägigen Disziplinen gleichermaßen kompetenten Wissenschaftler beantwortet werden könnten.

– Franken: Von außen, als Slavist, kommt auch Gerhardt (1973, ursprünglich eine Rede von 1964), der zwei Details aus Walthers Vokalspiel (75,25ff.) heranzieht. Den T-Anlaut im Namen *Toberlû* (Dobrilugk) wertet er als hochdeutsche Entstellung, und – die mögliche Heimatregion stärker eingrenzend – die Wendung *nû schrîet aber diu nebelcrâ* deutet er mit Hilfe der »Krähengrenze« (es gibt Gebiete, in denen die Nebelkrähe ganzjährig anwesend ist, und solche, in denen sie nur im Winter auftaucht): Da das Wissen um die Nebelkrähe »aus Walthers Grunderlebnissen« (S. 788) stammen dürfte, komme als seine Heimat weder die Schweiz noch Böhmen noch Österreich noch Südtirol in Frage, sondern am ehesten »Franken im weitesten Sinn« (ebd., S. 789). So originell Gerhardts Ansatz ist, so ist aus dem Vers doch lediglich zu folgern, daß Walther ihn in einer Gegend gedichtet und/oder vorgetragen hat, in der die Nebelkrähe ein Wintervogel war, nicht aber, daß diese Gegend auch seine Heimat gewesen sein muß. Zudem wurden in den germanischen Sprachen die Wörter für ›Krähe‹ und ›Rabe‹ vielfach nebeneinander gebraucht, und die spärlichen Belege lassen kaum Schlüsse hinsichtlich ihrer Verbreitung in Walthers Zeit zu (vgl. Krogmann 1968, S. 526ff.).

– Rheinfranken: Sprachliche Kriterien zieht Krogmann (1968) heran, um Walther als Rheinfranken zu bestimmen. Doch wird auch nur einer seiner Hörer *slac* (124,16) als ›Tropfen‹ verstanden haben? Von ähnlicher Art sind Krogmanns übrige Indizien. Mit Hilfe einiger weniger entlegener Bedeutungen und Formen läßt sich die Heimatfrage schwerlich entscheiden, schon gar nicht mittels erschlossener Wörter. So hat bereits Kracher (1971, S. 259) den Versuch als »nicht geglückt« bezeichnet. Auf die geringe Beweiskraft sprachlicher Kriterien hat man angesichts des Umstands, daß Walther als Fahrender sich den jeweiligen Sprachlandschaften anpassen mußte, immer wieder hingewiesen (vgl. Halbach 1965, S. 9).

– Würzburg: Die im Zusammenhang mit Feuchtwangen diskutierte Frage einer Belehnung am Heimatort muß auch im Falle Würzburgs als Kriterium gelten dürfen. Wo Walther begraben ist (dazu s. u. S. 16f.), könnte auch sein Lehen gelegen haben, und er könnte dort geboren sein (vgl. Halbach 1965, S. 11).

– Südtirol: Tirol als Walthers Heimat erwägt Mühlberger mit aller Vorsicht und »hypothetisch«, und er äußert sich zu Walthers Lehensbitte, ein Argument Bosls aufnehmend und von Feuchtwangen auf Südtirol übertragend (1989, S. 40): »Die Abstammung aus bischöflich-reichsfürstlichem Besitz ließe die Direktadresse seiner Bitte an den Kaiser immerhin lehensrechtlich plausibel erscheinen.«

– Österreich: Kracher (1971, S. 268ff.) hat aus Walthers Werk alles zusammengestellt, was für eine Heimat Österreich ins Feld geführt werden könnte. Letztlich ist aber all dies auch erklärbar, wenn man es mit Walthers geistiger, nicht notwendig mit seiner Geburtsheimat verbindet.

– Waldviertel: Thum (1977) formuliert »Hypothesen« zu Walthers Heimat (Anm. 136), ausgehend von der Elegie, in der er die Empfindungen eines in sein angestammtes Land Zurückkehrenden widergespiegelt sieht. Walther könne aus dem sozialen Umfeld der »Doppelministerialität« (Dienstverhältnis sowohl zum König wie zum Herzog) kommen, wie es sie z.B. im westlichen Waldviertel gegeben habe. In einer späteren Arbeit baut er die These aus und präsentiert »Hinweise« darauf, daß Walther »im ›werdenden Land‹ Niederösterreich nördlich der Donau, im Umfeld der Kuenringerherrschaft geboren wurde« (Thum 1981, S. 487). Die Pflege der Nibelungen-Überlieferung durch die Adelssippe der Sieghardinger oder Ebersberger (S. 490) und die Tatsache, daß im Waldviertel bis 1200 »noch einzelne größere Rodungen, sogar Herrschaftsgründungen möglich« waren (S. 492) – vgl. 124,10 *bereitet ist daz velt, verhouwen ist der walt* –, wertet er als Indizien. Der Versuch Auers (1986), die Heimatfrage »interdisziplinär« zu lösen, erschöpft sich in dem Hinweis, daß Pollenanalysen und Messungen der Restradioaktivität solche Rodungen im Waldviertel bestätigen. Für Thum gilt die Existenz einer Vogelweide bei Traunstein zu Recht nur als Hilfsargument (S. 494; zum fragwürdigen Kriterium der Vogelweiden vgl. auch Halbach 1965, S. 12). Alles in allem steht und fällt seine These mit der Bereitschaft zu einer biographischen Interpretation der Elegie.

Oben wurde eine Deutung der Worte *von kinde* [...] *erzogen* auf Walthers Biographie für zulässig erklärt. Unter mhd. *kint* kann freilich sowohl ›Kind‹ als auch ›junger Mann‹ verstanden werden. Im letzteren Fall könnte auf Walthers Ausbildungsjahre Bezug genommen sein, im andern Fall spräche nichts dagegen, die Landschaft, in die das Ich der Elegie zurückgekehrt ist, als seine Heimat anzusehen.

Sicherheit also ist in der Frage von Walthers Geburtsheimat nicht zu gewinnen. Die Indizien, die für Österreich sprechen, mögen die am wenigsten unsicheren sein. Hält man sich aber an die Textbelege, deren Sinn unzweifelhaft ist, muß man sich mit dem Urteil Ebenbauers bescheiden: »Walther ist viel eher ein (zeitweise) babenbergischer Dichter als ein österreichischer Poet« (1995, S. 42; über Walthers ›Heimaten‹ in einem weiteren Sinn, über die Wege, die er »für ein Heimischwerden in der Welt aufzeigt«, handelt Thum 1997; das Zitat S. 393).

2. Name

Keine der bisher ausfindig gemachten Vogelweiden läßt sich für Walthers Zeit nachweisen. Und selbst wenn dies der Fall wäre, bestünde die Möglichkeit, daß Walther sich gar nicht nach seinem Herkunftsort *von der Vogelweide* nennt. Er könnte, ähnlich seinen Kollegen Spervogel, Falchelinus u.a. (vgl. Burdach 1900, S. 25f.), einen Beinamen angenommen haben. Schon früh (vgl. das Referat bei WM I 1916, S. 71f.) hat man sich gefragt, ob nicht Waltharius, der als Flüchtling mit Fisch- und Vogelfang sein Leben fristende Held der Walthersage, das Vorbild abgegeben habe, eine Vermutung, die durch Walthers Lied 73,23ff. gestützt wird, an dessen Ende das Ich den Namen seiner Geliebten preisgibt – *Hiltegunde*. Daß für den Helden der Sage der Beiname *von der Vogelweide* nicht gebraucht wurde, spricht nicht gegen die Möglichkeit dieses Vorbilds (anders WM I). Wenn Ulrich von Singenberg in seinem Nachruf (Cormeau 1996, S. 332) von Walther als von einem spricht, *den man ê von der Vogelweide nande*, scheint dies in der Tat (mit WM I) eine Formulierung zu sein, die eher auf einen angenommenen Namen als auf einen Geschlechtsnamen weist.

Außer der Walthersage gibt es noch eine andere mögliche Quelle für einen Künstlernamen *von der Vogelweide*. Als Bild für den Dichter wird seit der Antike immer wieder die Nachtigall herangezogen. Als *nahtegalen* bezeichnet Gottfried von Straßburg in seinem Literaturexkurs im *Tristan* (v. 4751ff.) die Minnesänger: Nachdem *diu von Hagenouwe* (v. 4779) – mit der Reinmar der Alte gemeint sein dürfte – nicht mehr lebt, ist ihm *diu von der Vogelweide* (v. 4801) die würdigste Anführerin der Nachtigallen. *Hagenouwe* und *Vogelweide* wären demnach bildlich als Aufenthaltsorte der *nahtegalen* verstanden (die einschlägige Diskussion von Becker, Burdach und Plenio hat Schweikle 1969, S. 6 und 16f., dokumentiert). Da Gottfried nicht *von der Hagenouwe* sagt, liegt es nahe, von einem Ortsnamen auszugehen (ebd., S. 17). Entsprechendes wäre natürlich auch für die *Vogelweide* möglich, sie könnte ursprünglich Walthers Herkunftsort bezeichnen und dann von ihm und anderen – zusammen mit der *nahtegal* – als Metapher nutzbar gemacht worden sein (vgl. DWb 12,2, Sp. 429). Das Bild der Nachtigall verwendet Walther selbst in einem Kontext, in dem es um das rechte Singen und die Abwehr unhöfischer Sänger geht: Diese gebärden sich wie quakende Frösche, deren Geschrei die *nahtegal* resignieren läßt (65,21ff.; bei WM II 1924, S. 255, ist der Bezug zu Gottfried verzeichnet). Wenn Wolfram von Eschenbach (*Willehalm* v. 286,19), sich an Walthers bösen Sangspruch 17,11ff. erinnernd, sagt: *hêr Vogelweid von brâten sanc*, legt er dem Namen wohl einen »spöttischen Sinn« bei (Burdach 1900, S. 26), die Formulierung *hêr Vogelweid* statt *hêr Walther* muß aber nicht Indiz für die Existenz des Beinamens sein, sondern dient als Mittel der Kontrastierung zum deftigen Braten. Walther selbst läßt sich einmal fiktiv von einem anderen Sänger anreden: *Hoerâ Walther, wie ez mir stât,/ mîn trûtgeselle von der Vogelweide* (119,11f.). Hier ist *Vogelweide* bildlich als der beiden Minnesängern gemeinsame Aufenthaltsort gemeint (vgl. Schiendorfer 1983, S. 85). Der in diesem Zusammenhang schon einmal erwähnte Ulrich von Singenberg schließlich verwendet eine syntaktisch seltsam anmutende Formulierung (Cormeau 1996, S. 59): *mîn meister klaget sô sêre von der Vogelweide,* von Ploss (1972, S. 595) so übersetzt und gedeutet: »Mein Meister von der Vogelweide klagt über die Vogelweide, d.h. über das, was sonst sein poetisches Geschäft ist« (Schiendorfer 1983, S. 79, korrigiert zu Recht: die Sangeskunst ist nicht Gegenstand, sondern Medium der Klage).

Unbeschadet der Möglichkeit, daß Walther von einer Vogelweide herstammt, geben all diese Belege Grund zu der Annahme, daß er und seine Zeitgenossen den Zusatz *von der Vogelweide* als Künstlernamen instrumentalisiert haben (daß es sich um einen sprechenden Namen handelt, erwägen neuerdings etwa Wenzel 1983, S. 8, oder Ranawake 1997, S. XV).

3. Stand und Beruf

Wenn Walther in einem Teil der handschriftlichen Überlieferung *her* genannt wird, wenn er ›sich selbst‹ mit *her* anreden läßt (18,6; 18,11; 82,12; 82,15; vgl. Halbach 1965, S. 13), wenn ihn Zeitgenossen und Nachfolger so titulieren, dann ist das nicht viel mehr als Zeichen der Konvention, wohl auch der Achtung, beweist aber keineswegs seine Ritterbürtigkeit. Darüber herrscht heute Konsens (vgl. ebd., S. 12f.; Bumke 1976, S. 18; Hahn 1996, S. 20; Ranawake 1997, S. XVf.). Ebensowenig verläßliche Indizien sind angesichts des zeitlichen Abstands der Überlieferung vom Leben Walthers das Schwert auf seinem Bild in der Weingartner Handschrift und im Codex Manesse und das Wappen in letzterem (Walther ^{2}1988, S. 92: Es »muß so lange als Erfindung des Malers gelten, bis es durch andere Quellen als echt bezeugt ist.«). Auf der anderen Seite muß es zu denken geben, daß Walther um 1220 (?) von König Friedrich II. ein *lêhen* erhält. Wird dadurch nicht seine Lehensfähigkeit oder gar sein Anspruch auf ein Lehen dokumentiert? Das Fragezeichen spiegelt den Forschungsstand wider (vgl. Hahn 1996, S. 20f.; Ranawake 1997, S. XV). Vielleicht aber ist Walther eben der berühmte »Ausnahmefall« (Halbach 1965, S. 13; auch Ranawake). Immerhin hat er in einer an Friedrich gerichteten Bittstrophe (28,1ff.) auf die Diskrepanz abgehoben, daß man ihn *bî rîcher kunst* [...] *lât alsus armen*, keineswegs aber die Befreiung von Armut mit dem Hinweis auf seine ständische Herkunft eingeklagt (vgl. Hahn 1996, S. 21).

An zwei Formulierungen aus dem Corpus der Altersdichtung (deren Ich, wie erwähnt, biographisch ausdeutbar sein mag) hat man Walthers Stand festmachen wollen. Doch sind sie in Relation zu dem Kontext zu sehen, in dem sie sich befinden, und es zeigt sich, daß ihre Aussagekraft hinsichtlich von Walthers sozialem Status sehr begrenzt ist. Die eine begegnet in Strophe II (66,33ff.) des Alterstons: Der zeitlebens um *werdekeit* sich Bemühende wäre – so betont er –, selbst wenn er am Stab (des Bettlers, des Alters, des Fahrenden?) gehen müßte (darauf ist *swie nider ich sî* zu beziehen, nicht auf Walthers Stand), *der werden ein*. Walther stellt hier »seine künstlerisch legitimierte Existenz« als derjenigen der Hofgesellschaft gleichwertig heraus (Schweikle 1994, S. 28). – Die zweite Aussage entstammt wieder der Elegie: 125,11 *sô wolte ich nôtic man verdienen rîchen solt*. Die Bezeichnung *nôtic man* ist in Opposition gesetzt zum *rîchen solt*, dem himmlischen Lohn, der die Kreuzfahrer erwartet; sie ist also mindestens ebenso als Bekenntnis der Sündhaftigkeit zu verstehen wie als Hinweis auf die ökonomische Bedürftigkeit (vgl. Volkmann 1987, S. 229ff., v.a. S. 232 u. 236; der Schluß auf

Walthers soziale Stellung erscheint ihm als »sehr anfechtbar«). Ob die Anrede an die *ritter* (125,1) eine »soziale Kluft« zwischen ihnen und dem Ich indiziert (Volkmann 1987, S. 223f.; ähnlich Ranawake 1997, S. XVI) oder aus der Sicht eines seines Alters wegen von der Kreuzzugsteilnahme Ausgeschlossenen formuliert ist, sollte zumindest offen bleiben.

Auch auf die Frage nach Walthers Stand erhalten wir also weder aus den Selbstzeugnissen noch mit Hilfe externer Kriterien eine überzeugende Antwort (vgl. auch die Übersicht bei Kircher 1973, S. 59ff.).

3.1 Walthers Lebenszeugnis

Walther gilt als der »erste ›sichere‹ Berufsdichter« (Bumke 1976, S. 68); wenn er dies war, »ist er ohnehin mit ständerechtlichen Begriffen nicht zu fassen« (ebd., S. 59). Daß er dies war, wird von einem einzigartigen Zeugnis nahegelegt, einzigartig deswegen, weil sonst nie in einem historischen Dokument der Zeit ein Dichter als Dichter vorkommt und kein Gönner einen Dichter mit Namen nennt (vgl. Johnson 1994, S. 282). In den sogenannten Reiserechnungen des Bischofs Wolfger von Passau, des späteren Patriarchen von Aquileja (an dessen Hof eingekehrt zu sein sich Walther im Spruch 34,34ff. dankbar erinnert; vgl. Scholz 1994), ist mit wünschenswerter Präzision notiert, daß Walther am 12. November 1203, dem Tag nach dem Martinstag, im österreichischen Zeiselmauer fünf lange Schillinge, d.h. 150 Denare (Silberpfennige) [vgl. Heger 1970, S. 224], für einen Pelzrock (oder anstelle eines solchen) erhalten habe. Von dem Ausgabenverzeichnis existiert eine kürzere Konzeptfassung und eine Reinschrift, die wertvolle Zusätze enthält (Abdruck bei Heger 1970, S. 81, 86). In dieser heißt es:

sequenti die apud zei[zemurum] walthero cantori de vogelweide pro pellicio .V. sol. longos

Es interessieren vor allem die Fragen, was *cantor* genau bedeutet und in welchem Verhältnis der Walther übereignete Betrag zu den Summen steht, die andere Unterhaltungskünstler, *ioculatores, mimi, histriones* genannt, von Wolfger bekommen haben.

Zunächst aber ist die Wortstellung auffallend: es heißt nicht *cantori walthero de vogelweide*. Daran knüpft Heger (1970, S. 221) die doppelte Frage, ob Walther der volle Name noch nicht fest anhaftete oder ob mit *cantor* an einen Titel gedacht sei. Mit dem ›Sänger von der Vogelweide‹ könnte aber auch etwas Ähnliches gemeint sein, wie es Gottfried von Straßburg mit *diu [nahtegal] von der Vogelweide* formuliert hat, d.h., wir hätten möglicherweise ein weiteres Indiz für den Künstlernamen.

Über die Bedeutung von *cantor* gehen die Meinungen auseinander. Daß der Schreiber nur die Erinnerung an einen Sängervortrag Walthers festhalten wollte, im Sinne von »›that was the man who sang‹ or ›that man was a singer‹« (Curschmann 1971/72, S. 17), ist wenig plausibel. Hüschen, der die mittelalterlichen Verwendungsarten von *cantor* überprüft hat, weist nach (1964, S. 226f.), daß ein Teil der Theoretiker unter *cantor* den ausübenden Musiker versteht, ein anderer Teil ihn zusammen mit dem *musicus* unter dem Begriff *musicus artificialis* zusammenfaßt (»der fachlich geschulte und gebildete Musiker, der Experte«) und ihn vom *musicus naturalis,* zu dem der *histrio* und der *ioculator* gehören, abhebt. Selbst wenn diese Theorien durch mehrere Jahrhunderte von der Zeit Walthers getrennt sind, zeigen doch die Belege des Mittellateinischen Wörterbuchs, daß *cantor* im kirchlichen Kontext weit häufiger vorkommt als in der Bedeutung ›Sänger‹ oder gar spezifisch ›Dichter, fahrender Sänger‹ (vgl. Scholz 1994, S. 308f.). Daher ist die Ansicht Hegers (1970, S. 221), die Bezeichnung weise ins Geistliche und Gelehrte (vgl. auch Margetts 1989, S. 64: sie drücke »einen gewissen Status« aus), nicht schlichtweg in Abrede zu stellen; möglicherweise trägt das Wort *cantor* dem Umstand Rechnung, daß Walther eine spezielle geistliche Schulbildung genossen hat (vgl. Ranawake 1983, S. 148).

Auch die Höhe des Geldbetrags deutet, wie dem in den Reiserechnungen enthaltenen Vergleichsmaterial zu entnehmen ist, darauf hin, daß Walther vom Bischof nicht einfach als einer unter vielen Unterhaltungskünstlern entlohnt worden ist (vgl. Heger 1970, S. 221; Margetts 1989, S. 67; Johnson 1994, S. 283: »ein kostbares Geschenk«; Knapp 1994b, S. 355: Wolfger bezahlt ihn »besser, weil er Besseres zu bieten hat«; Scholz 1994, S. 309f.). Das Datum – ein Tag nach dem Martinstag – symbolisch zu nehmen, erwägt zuletzt Johnson (1994, S. 283): der Tag eigne sich »für die Schenkung auch eines ganzen Mantels«.

Daß das Geld für einen Pelzmantel Walther als *cantor* zugedacht gewesen ist, bezweifelt Hucker. Da in Wolfgers Ausgabenregister »regelmäßig die Entlohnung von Boten und Gesandten angegeben« sei (1989, S. 2), die im Durchschnitt denselben Betrag erhielten wie Walther, und da dessen Nennung sich im Kontext von Gesandten-Erwähnungen finde (S. 7f.), mutmaßt Hucker, auch Walther sei als *nuntius* tätig gewesen und dafür bezahlt worden (S. 11). Diese Auffassung ist bei den wenigen Forschern, die Hucker rezipiert haben, auf wohlwollende Skepsis (vgl. Krohn 1991, S. 400f.) oder auf Ablehnung gestoßen: Es bleibt dabei, daß Wolfger den *cantor* Walther beschenkt hat, nicht den Botschafter (vgl. Nolte 1993, S. 150; Knapp 1994b, S. 353ff.; Meves 1994, S. 218; Scholz 1994, S. 316). Auf einem anderen Blatt steht die Frage, ob ein fahrender Sänger außer seiner Haupttätigkeit nicht auch andere *dienest*-Handlungen verrichtet haben mag (dazu vgl. das Kapitel zum Sangspruchdichter Walther, u. S. 39f., 79 u. 94).

3.2 Ein zweites Lebenszeugnis?

Am 30. Juli 1212 läßt Otto IV. ein Schreiben an den Patriarchen von Aquileja, ehedem Bischof von Passau, an Wolfger also, abgehen. Der *nuntius*, der es überbringen soll, ist nicht namentlich genannt (vgl. Hucker 1989, S. 19f.). Ihn zu identifizieren, zieht Hucker (S. 21f.) den Brief einer Gemeinschaft der *pauperes Christi* an Otto heran, in dem der Schreiber, ein *frater Sibertus*, erwähnt, am 5. Januar 1213 sei vom Kaiser ein Gesandter zurückgekehrt, dessen Titel (?) und Namen er nennt: *dominus Walterus*. Da in den ersten Monaten des Jahres 1213 Walther von der Vogelweide noch zu den Anhängern Ottos gezählt habe, fällt es Hucker nicht schwer, *dominus Walterus* mit dem Dichter gleichzusetzen (S. 24f.) und diesen zudem ständisch abzusichern, »als ›Herrn‹ ritterlicher bzw. dienstmännischer Herkunft« (S. 27f.). Doch so wenig wie das mhd. *her* ist *dominus* eindeutig als Standesbegriff zu fassen (vgl. Scholz 1994, S. 315). Und bei der Häufigkeit des Namens Walther bedürfte es gewichtigerer Gründe, um den im Sibert-Brief Genannten mit dem Sänger identifizieren zu können. Huckers Argumentation ist zudem nicht ohne Sprünge und mitunter spekulativ. Alles in allem bleibt also hinter Walthers ›zweitem Lebenszeugnis‹ ein großes Fragezeichen stehen (vgl. Krohn 1991, S. 401f.; Nolte 1993, S. 150; Knapp 1994b, S. 354f.; Scholz 1994, S. 314ff.; Bein 1997, S. 30).

4. Lebensstationen

Was wir außer dem 12. November 1203 an gesicherten oder vermuteten Daten zum Leben Walthers besitzen, ist ausschließlich seinen Texten zu entnehmen. »Lebenszeugnisse« (vgl. Schröder 1974) im dokumentarischen Sinne sind das freilich nicht, und nicht selten ist weniger der Zeitpunkt als vielmehr der Zeitraum zu erschließen, auf den sich eine bestimmte Strophe bezieht. Das Datenmaterial der folgenden tabellarischen Übersicht ergibt sich in erster Linie aus einer Reihe im Herrendienst gedichteter Sangsprüche (da oft unsicher bleibt, ob ein Spruch im Auftrag entstanden oder als ›Bewerbungsstrophe‹ zu verstehen ist, wurden neutrale Formulierungen wie »für«, »bei« oder »am Hof von...« gewählt; besonders unsichere Daten sind mit Fragezeichen versehen). Wenn nicht hier, finden sich die Nachweise im Kapitel zum Sangspruchdichter Walther (s. u. S. 38ff.).

– um 1170	Geburt
– um 1190	Anfänge als Minnesänger (beides gefolgert aus einer Stelle im »Alterston«: 66,27f. *wol vierzic jâr hân ich gesungen unde mê/von minnen und alse iemen sol*)
– bis 1198 (oder nur bis 1195/97? vgl. Ashcroft 1983)	für Herzog Friedrich I. von Österreich
– 1198 (oder schon früher? s.o.)	Verlassen des Wiener Hofes
– 1198-1201	für König Philipp von Schwaben
– 1200	bei Leopolds Schwertleite in Wien?
– 1201	für Landgraf Hermann von Thüringen
– 1203 (November?)	bei Leopolds Hochzeit in Wien?
– 1204/05	in Thüringen
– 1212 (18.3.)	beim Hoftag Kaiser Ottos IV. in Frankfurt/M.
– 1212/13 (oder bis 1216? vgl. v. Kries 1974)	für Otto IV.
– 1212/13	beim Markgrafen Dietrich von Meißen
– seit Ende 1213 (oder seit Frühjahr/Sommer 1214? oder erst seit 1216? s.o.)	für König (seit 1220 Kaiser) Friedrich II.
– nach 1213/14 bis längstens April 1217	für Hermann von Thüringen
– 1215/16?	am Hof Herzog Bernhards II. von Kärnten
– 1216/17	Wien
– 1219 (Herbst)	Wien
– 1220 (April)	beim Hoftag Friedrichs II. in Frankfurt/M.
– 1220 (Sommer?)	Erhalt eines Lehens von Friedrich II.
– nach 1220	am Hof des Grafen Diether II. von Katzenellenbogen
– nach 1220 (1224?) bis 1225	für den Reichsverweser Erzbischof Engelbert von Köln
– 1224 (23.7.) (oder November 1225?)	beim Hoftag in Nürnberg
– um 1230	Tod

5. Lehen

Schon im Abschnitt zu Walthers Geburtsheimat ist auf das Lehen, das er von Friedrich II. erhalten hat, kurz eingegangen worden (s.o. S. 5ff.). In drei Strophen des König-Friedrichs-Tons spricht Walther von einer erhofften oder erhaltenen Gabe des Königs: 27,7ff.; 28,1ff.; 28,31ff. In der mittleren artikuliert er die Sehnsucht nach *eigenem fiur* (28,3), die nach Ausweis der dritten gestillt worden ist: Er müsse nun nicht mehr *den hornunc an die zêhen* fürchten, denn der König habe ihn so ausgestattet, daß er *den sumer luft und in dem winter hitze* habe (28,32.35). Vom Tenor dieser beiden Sangsprüche, in der Forschung als Lehensbitte und Lehensdank aneinandergerückt, setzt sich die erste Strophe scharf ab: Hier wird Enttäuschung laut über die Unbrauchbarkeit einer Gabe, *gelt ze drîzec marken*, das ihm der König *lêch* (27,7). Es wurde erwogen, ob Walther damit die Unzulänglichkeit des in 28,31 bejubelten *lêhens* kritisiert (vgl. Kircher 1973, S. 65ff.; zuletzt Edwards 1982, S. 150, und 1991, S. 107). Die Art aber, wie er in der Dankstrophe vom früheren und jetzigen Verhalten seiner Nachbarn ihm gegenüber spricht (28,36f.), macht es gleichermaßen unwahrscheinlich, daß das *lêhen* ein Geldgeschenk war (vgl. Masser 1982, S. 101, der den weitreichenden Sprachgebrauch von *lêhen* dokumentiert), wie naheliegend, daß Walther, als er 28,31ff. dichtete, bereits Erfahrungen als Bewohner des *lêhens* gemacht hatte (vgl. Bein 1997, S. 35: die Angaben ließen auf eine »Immobilie« schließen; ein »kleines Häuschen« nennt er es S. 34). Die kritische Strophe 27,7ff. dürfte eher in eine frühere Phase der Beziehungen zwischen Walther und Friedrich II. gehören (vgl. Schweikle 1994, S. 376). Zu denken gibt allerdings der Umstand, daß Walther auch nach Empfang des Lehens noch als Sangspruchdichter tätig, also wohl nicht dauernd seßhaft war.

Im allgemeinen wird die Erteilung des Lehens für das Jahr 1220 angenommen, in dem Friedrich nach Italien aufbricht. Im November wird er in Rom zum Kaiser gekrönt; deutschen Boden hat er zu Lebzeiten Walthers nie wieder betreten. Walthers Lehensbitte verbindet man gern mit dem Frankfurter Hoftag im April. Im letzten Vers von 28,1ff. spricht er von einer *nôt* des Königs, die zu Ende sein könnte, wenn er Walthers *nôt* abhelfe, und man hat dies auf Friedrichs vor der Abreise noch zu bewältigende Probleme bezogen: Das schon 1215 ausgesprochene Gelöbnis einer Kreuzfahrt war noch nicht eingelöst, zuvor aber war die Thronfolge für den Sohn Heinrich zu sichern (vgl. zuletzt Nolte 1991, S. 75 u. 77). Den Gedanken, kurz vor dem Aufbruch nach Italien habe Friedrich Walther noch rasch belehnt, nennt Bertau (1973, S. 1101) »lächerlich«. Eher komme der Hoftag zu Würzburg im Mai 1216 in Frage oder einer der Aufenthalte Friedrichs in Würzburg, Juli 1218 oder Mai 1219. Wegen der *nôt*-Formulierung sei denkbar, daß Walther seine Bitte schon im Juli 1215 in Aachen (zweite Krönung Friedrichs, Kreuzzugsgelübde) oder bereits im Juni desselben Jahres in Würzburg vorgebracht habe (ebd., S. 1102). Würzburg nennt Bertau deswegen, weil Walther aller Wahrscheinlichkeit nach dort begraben ist. Eine für 1323 in Würzburg bezeugte *curia dicta zu der vogelwaide* könnte sein Lehen gewesen sein.

6. Grab

Die Nachrichten von Walthers Grab verdanken wir zwei Handschriften, die der Würzburger Protonotar (Vorsteher der bischöflichen Kanzlei) und Scholaster (Leiter des Schulwesens des Neumünsterstifts) Michael de Leone um 1350 hat anlegen lassen: dem sogenannten »Hausbuch« (erhalten ist nur Band 2: UB München 2⁰ cod. ms. 731) – Keyser 1966 spricht vom »Leonebuch« – und dem »Manuale« (UB Würzburg cod. M. p. misc. f. 6). Teil des »Hausbuchs« (Schwarz-Weiß-Faksimile: Brunner 1983) ist die Würzburger Liederhandschrift E mit Gedichten vor allem Reinmars des Alten und Walthers (Farb-Faksimile: Kornrumpf 1972; Schwarz-Weiß: Brunner/Müller/Spechtler 1977). Heger (1970, S. 216) und noch Bein (1997, S. 26) irren also, wenn sie »Manuale« und »Hausbuch« für dasselbe halten und Handschrift E von letzterem absetzen.

Um 1350, ca. 120 Jahre nach Walthers Tod: »für mittelalterliche Quellenverhältnisse ist das eine gute Überlieferung« (Brunner 1989, S. 26). In nahezu identischer Formulierung bieten das »Hausbuch« (Bl. 212va) und das »Manuale« (Bl. 31vb) die folgende Grabschrift samt Vorbemerkung (zitiert nach dem »Hausbuch«; die Fassung des »Manuale« ist abgebildet bei Mälzer 1982, S. 113):

De milite walthero dicto von der vogelweide. sepulto in ambitu nouimonasterij herbipolensis. in suo epitapfio sculptum erat.

Pascua qui volucrum viuus walthere fuisti.
Qui flos eloquij. qui palladis os obiisti.
Ergo quod aureolam probitas tua possit habere.
Qui legit. hic dicat. deus istius miserere.

(In der Übersetzung bei Brunner 1989, S. 26: »Walther, der du als Lebender die Weide der Vögel gewesen bist,/die Blume der Beredsamkeit, der Mund der Pallas, du bist gestorben./Damit nun deine

Rechtschaffenheit den himmlischen Kranz erlangen möge,/so spreche, wer dies liest: Gott erbarme sich seiner!«)

Im Anschluß an die Aufzeichnung der Lieder Walthers und Reinmars findet sich im »Hausbuch« (Bl. 191va) noch die Zusatzinformation: *Her walther uon der uogelweide. begraben ze wirzeburg. zv dem Nuwemunster in dem grasehoue.* Damit ist der frühere Kreuzganggarten, später Lusamgärtchen genannt, gemeint.

Die Formulierungen *sculptum erat/sculpti erant* im »Hausbuch« und im »Manuale« scheinen anzudeuten, daß die Inschrift zur Zeit Michaels nicht mehr vorhanden war (vgl. Heger 1970, S. 216f.). Doch stehen dem Berichte aus dem 18. Jahrhundert gegenüber, wonach die Grabschrift damals noch zu lesen war (vgl. Borchardt 1988, S. 21; dort, S. 22, auch reichhaltige Literaturangaben sowie, wie schon bei Dettelbacher 1980, S. 80-82, Informationen zu der seit langem verschollenen Grabschrift eines Walther von Frankfurt, den Friederichs [2]1979 für identisch mit Walther von der Vogelweide hält). 1883 meinte man gar, Walthers Sarkophag gehoben zu haben (vgl. dazu den anregend-amüsanten Bericht bei Dettelbacher 1980, S. 9-14). An den durch Michael de Leone überlieferten Nachrichten zu zweifeln, besteht allerdings kein Grund.

II. Walthers Werk

1. Allgemeines

Walther von der Vogelweide ist der erste deutsche Dichter, der in seinem Werk alle drei in der mittelhochdeutschen Literatur bisher gepflegten lyrischen Genres vereinigt: das Minnelied, den Sangspruch, das religiöse Lied (bzw. den Leich). Seine Vorgänger, die zum Teil noch seine Zeitgenossen waren, haben sich, wenn die Überlieferung nicht trügt, entweder auf eine einzige Gattung beschränkt, so Rudolf von Fenis und Heinrich von Morungen auf den Minnesang oder Spervogel auf den Sangspruch; oder sie haben ein religiöses Thema wie den Kreuzzug im Minnekontext behandelt oder (seltener) neben Minneliedern das eine oder andere Kreuzlied (Heinrich von Rugge einen Kreuzleich) verfaßt, so z.B. Friedrich von Hausen und Reinmar der Alte; oder aber es finden sich im Oeuvre von Minnesängern einstrophige Texte, die inhaltlich Affinität zum Sangspruch zeigen, so bei Meinloh von Sevelingen die Minnelehren MF 12,1ff. und 12,14ff. und zahlreicher bei Heinrich von Veldeke (z.B. MF 61,1ff. und 61,18ff. über *die boesen site*, 65,21ff. über die *huote*). Auch bei Walther sind die Gewichte nicht gleichmäßig verteilt. Neben dem Leich hat er ca. 500 Strophen gedichtet (vgl. die auf Handschrift C basierende vollständige Überlieferungskonkordanz bei Brunner/Müller/Spechtler 1977, S. 18*-27*, jetzt mit einigen zusätzlichen Hinweisen Holznagel 1995, S. 508-529); davon gehören ca. zwei Drittel dem Genre Minnelyrik an, gut ein Viertel der Sangspruchdichtung und ca. 7 % der religiösen Lyrik. In Anbetracht der im Vergleich zu den Strophen eines Minneliedes oft viel ausladenderen Sangsprüche und unter Einbeziehung des umfangreichen Leichs verschieben sich die durch die Prozentzahlen nur annäherungsweise wiedergegebenen Relationen um einiges zugunsten der Gattungen Sangspruch und geistliche Lyrik. Noch ein Vergleich: Der im Corpus von »Des Minnesangs Frühling« am reichhaltigsten vertretene Dichter, Reinmar der Alte, erreicht nur gut die Hälfte der Zahl an Strophen, wie sie von Walther überliefert sind.

Walthers Werk ist also nicht nur das bis dahin umfangreichste in der Lyrikgeschichte, es ist auch das vielseitigste. Und in jedem der drei Genres ist Walther, wie sich zeigen wird, innovativ gewesen. Deren drittes, das religiöse Lied, wurde und wird auch in neuesten Darstellungen oft vernachlässigt; neben dem Minnesänger und dem

Sangspruchdichter kommt der Verfasser geistlicher Dichtung häufig zu kurz. Wenn Tervooren seine Darstellung der Sangspruchdichtung mit der »negativen Definition« einleitet: »Sangspruch ist im Rahmen der Lieddichtung alles, was nicht Liebesdichtung ist« (1995, S. 2), dann stört daran nicht nur der problematische »Lied«-Begriff, sondern auch das Absehen vom Genre des geistlichen Liedes samt seinen Untergruppen wie Weltabsagelied oder religiös akzentuiertes Alterslied (auch S. 86 wird »Lied« zu eng als Minnelied gesehen). Bein (1997) behandelt Walthers Palästinalied, Kreuzlied, die Weltabsage und die Elegie zusammen mit einigen Sangsprüchen in einem mit dem Zwischentitel »Religion« versehenen Abschnitt unter der Gesamtüberschrift »Walthers Sangspruchdichtung« (»Leich«, »(Minne-)Lieder« und das »Repertoire religiöser und politischer Sangspruchdichtung« sind für ihn S. 58 die drei »Grundtypen«). Demgegenüber war sich schon (besser: noch, s.u.) Halbach (1965), wenn er seine Darstellung in »Walthers Lieder«, »Walthers Sangspruch-Dichtung« und »Walthers Altersdichtung. Walthers Leich« gliederte, der Gattungsdifferenz bei allen Überschneidungen durchaus bewußt gewesen, wenngleich er eine Rubrik »Religiöse Lyrik« gescheut hat und außerdem der »Lied«-Begriff auch bei ihm nur das Minnelied abdeckt. Bei Hahn (1986) findet sich die Dreiteilung ebenfalls, doch auch er hält sich bei der Etablierung eines dritten Genres zurück und wählt die Überschrift »Über Grenzen hinaus«. Deutlicher benennt Spechtler (1996) im Arbeitsbuch zu Walther den dritten der die Texte besprechenden Teile: »Der Leich, Lieder zum Thema Heiliges Land und Kreuzzug, ›Alterslieder‹«.

Die vorliegende Darstellung kehrt mutatis mutandis zu Simrocks alter Einteilung »Frauendienst«, »Gottesdienst«, »Herrendienst« zurück, die er allerdings mit der 4. Auflage seiner Übersetzung aufgeben zu müssen glaubte, weil dadurch die Spruchtöne, die sich sowohl auf Herren- wie auf Gottesdienst erstreckten, zerrissen würden; von da an teilt er Walthers Gedichte in »Sprüche«, »Leich« und »Lieder« auf (vgl. Simrock ^{4}1869, S. XVf.). Auch Wilmanns versammelt unter »Liederdichtung« sowohl Walthers Minnelieder als auch seine religiöse Lyrik, darunter freilich auch den Leich (vgl. WM I 1916). Anders als in Simrocks früherer, primär thematisch orientierten Anordnung, anders aber auch als in seiner späteren, zwar mehr die Genredifferenzen beachtenden, doch (ebensowenig wie bei Wilmanns) noch nicht genügend zwischen Minnelied und religiösem Lied scheidenden Aufteilung soll das Augenmerk in dieser Darstellung sowohl auf die Gattungsspezifika von Lied und Sangspruch als auch auf die nicht nur im Thematischen gründenden Unterschiede zwischen Liebeslied und geistlichem Lied gelenkt werden.

1.1 Ton – Lied – Sangspruch – Gattungsinterferenzen

Unter Ton (mhd. *dôn*) versteht man die Gesamtheit aller auf eine bestimmte Melodie gesungenen Strophen. Da für die Lyrik der deutschen Frühzeit nur ganz selten Melodien überliefert sind, kann man die Definition auch abwandeln: Ton bezeichnet die Einheit aller Strophen gleichen metrischen Baus. Die Strophenzahl bewegt sich zwischen Extremen: Es gibt einstrophige Töne (aus welchen Gründen auch immer: fallengelassenes Experiment? Überlieferungslücken?) und einen mit über 250 Strophen (Reinmars von Zweter Frauen-Ehren-Ton); der umfangreichste Ton Walthers ist mit 20 oder 21 Strophen der König-Friedrichs-Ton. In der Regel erfindet der mittelalterliche Dichter für jede Stropheneinheit einen eigenen Ton; wer fremde Töne übernahm, konnte als *doenediep* gescholten werden. In parodistischer Absicht allerdings konnte die Aneignung des Tons eines anderen als Kennmarke fungieren, so wenn Walther zwei Gegenstrophen zu Reinmar-Liedern in einer von dessen Strophenformen verfaßte und dies in der Überlieferung eigens festgehalten wird: *In dem dône: Ich wirbe umb allez daz ein man* (111,22). – Die noch heute gängigen Namen der Waltherschen Sangspruch-Töne (vgl. bei Lohse 1985, S. 132, die Zusammenstellung der von Simrock, Wilmanns und Maurer verwendeten Namen) stammen in ihrer Mehrzahl von Simrock (^{4}1869, S. 318ff.). Sie haben sich eingebürgert, dienen der Wiedererkennung und sollten nicht, wie von Lohse (1985, S. 133) gefordert, zugunsten von nichtssagenden Bezeichnungen wie »Ton I«, »Ton II« usw. aufgegeben werden, nur weil für den einen oder anderen Interpreten die Gefahr bestehen könnte, daß er sich durch den Namen zu einer den Strophenverbund harmonisierenden Deutung verleiten läßt, wo differenzierendes Vorgehen geboten wäre. Dasselbe gilt für die nicht sehr zahlreichen Namen der Lieder, die sich in der Forschung allmählich durchgesetzt haben, z.B. Mailied, Palästinalied, Elegie. – Es bleibt jedem Herausgeber oder Interpreten unbenommen, die Töne und Strophen nach der von ihm favorisierten Edition zu zitieren. So hält sich z.B. Nolte (1991) an Maurer, Bein (1997) an Cormeau, beide fügen jedoch die Lachmann-Zählung hinzu. Diese aber ist der Walther-Forschung als einzige wirklich vertraut, andere werden sich kaum durchsetzen können. Selbst wenn man einen Ton oder eine Strophe mit der Anfangszeile zitiert, sollte Lachmanns Zählung zusätzlich angegeben werden, dies um so mehr, wenn es um einzelne Verse innerhalb einer Strophe geht. Der Bezugspunkt ist Lachmanns Erstausgabe. »25,33« meint also: Der Vers findet sich in seiner Edition von 1827 auf Seite 25, Zeile 33.

Die seit den fünfziger Jahren teilweise heftig geführte Diskussion über den Liedbegriff und über die Notwendigkeit einer Abgrenzung zwischen Lied und Spruch ist in den letzten zwanzig Jahren zur Ruhe gekommen. Es hat sich mindestens ein Minimalkonsens ergeben, gestritten wird allenfalls noch über Detailfragen. Der Terminus ›Spruch‹ stammt von Simrock (1833, I, S. 175). Die Bezeichnung ergab sich ihm aus der Beobachtung, daß die Strophen mancher Töne wenig thematische Kohärenz untereinander zeigen und den Eindruck selbständiger Gedichte machen. Es war ihm deutlich, daß auch diese Strophen, wie die eines Liedes, gesungen wurden, wenn er auch einen Vortrag »mehr recitativ oder parlando« für möglich hielt. Dennoch birgt der Begriff ›Spruch‹ – besonders für die mit dem Gegenstand wenig Vertrauten – die Gefahr des Mißverständnisses in sich, und so hat man, um einer Gleichsetzung der Spruchdichtung Spervogels, Walthers und seiner Nachfolger mit der wirklich gesprochenen eines Freidank (dem sogenannten Sprechspruch) vorzubeugen, glücklich die Bezeichnung ›Sangspruch‹ gefunden (dazu sowie zum Verhältnis von Sangspruch und Lied vgl. die Forschungsdiskussion mit zahlreichen Literaturhinweisen bei Halbach [3]1973, S. 40-45 u. 124f., und Tervooren 1967, S. 22-40, 1972 und 1995, S. 81-89, von dem hier im übrigen Halbach ebensowenig erwähnt wird wie die einschlägigen Artikel von Sowinski 1981, U. Müller 1988 und Scholz 1989b). Wenn auch in neueren Veröffentlichungen (bisweilen auch in der vorliegenden Darstellung) weiterhin von ›Spruch‹ und ›Spruchdichtung‹ die Rede ist, dann geschieht dies im Vertrauen darauf, daß die Tatsache, daß auch diese Lyrik gesungen wurde, den Lesern bekannt ist.

Daß Walther selbst im Rückblick auf sein Oeuvre dieses in Minne- und Spruchdichtung unterteilt habe, ist ein noch in neueren Arbeiten begegnender Irrtum. Wenn er 66,27f. auf sein vierzig Jahre *unde mê* währendes Singen *von minnen und alse iemen sol* Bezug nimmt, dann heißt letzteres nicht »wie man (sich richtig verhalten) soll«, verweist also nicht auf seine Sangspruchlyrik (wie es noch Reichert 1992, S. 28 u. 176, versteht), sondern muß mit Nellmann (1989, Anm. 90) durch »und zwar so wie man singen soll« wiedergegeben werden. Ebensowenig ist Walthers Hinweis auf die *alten sprüche* 26,27 als Gattungssignal zu verstehen, eine Fehlinterpretation, die Simrock letztlich zur Propagierung des Terminus ›Spruch‹ veranlaßt hat (dazu und zur Verwendungsweise von mhd. *spruch* vgl. Tervooren 1995, S. 82f.). Was aber, wenn Walther im Spruch 84,1ff. mit *drîe sorge* (das sind *gotes hulde und mîner frowen minne* sowie *der wunneklîche hof ze Wiene*) zugleich auf die ganze Palette seines Singens, d.h. die drei Genres religiöse Lyrik, Minnesang und (politische) Sangspruchdichtung anspielen würde (so schon v. Kraus 1935, S. 328)?

Ein Bewußtsein von der Eigenart der Genres Lied und Spruchdichtung scheint schon früh vorhanden gewesen zu sein, wie die Überlieferung zeigt. Die Redaktoren der Jenaer Liederhandschrift haben neben dem Leich fast ausschließlich Sangspruchtöne gesammelt (vgl. Wachinger 1983). Und in der Weingartner Handschrift finden sich am Anfang des Walther-Teils zwei Sangspruch-Reihen (B 1-20, nur durch zwei religiöse Lieder durchbrochen, und B 21-39), denen 68 Lied-Strophen und ein abschließender Spruchton folgen (vgl. zuletzt Holznagel 1995, S. 258 u. 261); in der Kleinen und der Großen Heidelberger Liederhandschrift dagegen wird eine Einteilung nach Gattungen nicht so recht deutlich (vgl. ebd., S. 259f.).

Was Simrock in bezug auf den Spruch richtig gesehen hat, ist vor allem der Charakter (relativer) Selbständigkeit. Die Sangspruchstrophe ist fast immer aus sich selbst heraus verständlich. Zudem eignet ihr eine stärkere gedankliche Konzentration als der Liedstrophe, häufig ist der Schluß (seltener der Anfang) pointiert. Die Form ist – das gilt für Walther und die Späteren, noch nicht für Spervogel – meist breiter und ausladender als die der Liedstrophe. Ungeachtet des Prinzips der Einzelstrophigkeit können sich auch Sangspruchstrophen zu größeren Einheiten verbinden, doch bleibt als fundamentaler Unterschied zum Lied stets der, daß dessen Strophen, auch wenn sie den Prinzipien von Kontinuität und logischem Fortschreiten keineswegs immer genügen, stärker aufeinander angewiesen sind und größere Kohärenz aufweisen als thematisch oder formal verbundene Sangspruchstrophen (zu dieser Differenz vgl. auch Ruh 1968, S. 313f.). Die Liedform ist eine relativ geschlossene, die Form des Spruchtons offener (vgl. hierzu den kurzen Abriß bei Scholz 1989b, S. 432).

Schon Simrock (1870, S. 7ff.) hat den Begriff »Liederspruch« oder auch »Spruchlied« geprägt. Darunter versteht er die dreistrophigen Töne, die »enger verbunden eine Art Ganzes« bilden (Simrock ^{4}1869, S. 317) und bei denen, anders als bei den mehrstrophigen, derselbe Ton später nie mehr gebraucht werde (ebd., S. 318; Ranawake 1996 will den Terminus auf 13,5ff. und 124,1ff. ausdehnen). Seiner Ansicht nach sind also die dreistrophigen Töne innerhalb kurzer Zeit entstanden – eine Auffassung, die sich nicht durchweg halten läßt – und zeigen Affinität zum Lied. Entstehung in einem knappen Zeitraum und Liedhaftigkeit, das sind Kategorien, deren auch Maurer sich bedient, ohne Simrock in diesem Zusammenhang zu nennen (Maurer 1954, S. 1ff.). Doch anders als dieser denkt sich Maurer auch die mehr- und vielstrophigen Töne, denen er teilweise recht gewaltsam eine thematische Einheit unterlegen will, in einer ganz kurzen Zeitspanne entstanden, weil er nur »das Ziel des Dichters: das Lied« (ebd., S. 9) für wesentlich hält. Indem er für die Sangspruch-Töne den Begriff »Politische Lieder« prägt, verwässert er kategoriale Unterschiede zum Liebeslied und zum geistlichen Lied und unterschätzt den Status des einzelnen Spruchs. Die Forschung hat Maurers Thesen mit gewichtigen Vorbehalten rezipiert (vgl. Halbach [3]1973, S. 41ff.; zuletzt Tervooren 1995, S. 84, und U. Müller 1996, S. 138f., beide ganz knapp, was die abnehmende Relevanz der Thesen spiegeln dürfte). Was wir von Maurer lernen können, ist, genauer auf die Bezüge zwischen den Strophen zu achten und stets nach Kriterien zu suchen, die die Zusammengehörigkeit disparat scheinender Strophen, die Einheit des Tons erweisen könnten (wesentlich hierzu Ruh 1968, S. 310f.). Trotz Maurer jedoch ist an den Begriffen ›Lied‹ und ›Spruch‹ und ihrer Sonderung festzuhalten, sofern man sie nicht zu starr handhabt, sondern mit Lippman 1979, S. 395, als Idealtypen versteht.

Nicht nur die Nähe mancher Sangspruchtöne zum Lied dürfte der Tatsache zu verdanken sein, daß Walther Minnesänger und Sangspruchdichter in einer Person war, auch gewisse thematische Gattungsinterferenzen lassen sich so erklären. Zu den Neuerungen, die er in die Spruchdichtung eingeführt hat, gehört die – wenn auch nur marginale – Aufnahme der Themen Frau und Minne (vgl. die Strophen 19,29ff., 27,17ff., 27,27ff., 28,1ff., 84,1ff., 102,1ff.). Unter der Perspektive einer soziologischen Trennung von seßhaftem Minnesänger und fahrendem Sangspruchdichter kann man die »Hofwechselstrophe« (Schweikle 1994, S. 80) 19,29ff. mit ihrer Tanzlied-Ankündigung ebenso lesen wie die Lehensbitte 28,1ff. (vgl. Nellmann 1989, S. 37f.), deren Versprechen (Natur- und Frauenpreis) vielleicht mit den beiden Sprüchen 27,17ff. und 27,27ff. zum Teil eingelöst wurde (so Schweikle 1989b, S. 181f., Wilmanns' Vermutung aufgreifend). – Quantitativ und qualitativ bedeutender ist das Eindringen von sangspruchhaften Formen und Themen in den Minnesang (vgl. Halbach [3]1973, S. 37f.). Wenn diejenigen recht haben, die auch Walthers »Wanderzeit 1198-1203« (so eine Überschrift bei Maurer 1956, S. 57; vgl. auch S. 26 und die Vergleichstabelle S. 28f.) Minnelieder zuordnen, dann wird die oben erwähnte Kongruenz von Genre-Ausübung und sozialem Sängerstatus brüchig. Wie manche Liebesgedichte Walthers in der »gesellschaftlich-politischen wie ethisch-moralischen Haltung« (Arndt 1968, S. 1099) Nähe zum Sangspruch aufweisen, wie sich die Grenzen zwischen den Gattungen öffnen, hat in mehreren Arbeiten vor allem

Hahn herausgestellt. Er hat nachgewiesen, daß sich in der Lyrik seit der ›Preisliedgruppe‹ »Anschauungsmuster, Denk- und Darstellungsformen, ›Gattungsperspektiven‹ der Spruchdichtung« zeigen (Hahn 1979a, S. 130f.), daß Walthers »anderer Minnesang« sich dadurch von der Tradition unterscheidet, daß »minnesängerische und spruchdichterische Kompetenzprobleme« besprochen werden (Hahn 1986b, S. 198) und daß Walthers Neuerungen sich wesentlich von seinem Spruchdichterstatus her erklären lassen (ebd., S. 206f.). Einschlägig sind Lieder wie 48,12(47,36)ff., 90,15ff. oder 44,35ff., dessen »Auftrittstyp« Kuhn (1982, S. 47) mit »Der Sänger als Gesellschafts-Richter« benennt (zu diesen Liedern mit dem Motiv der Unterscheidung vgl. Hahn 1996, S. 93ff.), oder 42,31(42,15)ff. und 112,3ff., deren Strophen schwerpunktmäßig teils Minnesang, teils Sangspruch sind (zu diesen vgl. ebd., S. 131ff.), 102,29ff. (von manchen zur Spruchdichtung gerechnet, aber typologisch ein Liedton; vgl. Brunner 1996, S. 60), die Lieder über die Welt, dann natürlich das Preislied 56,14ff. (vgl. Hahn 1986b, S. 198ff.) und der Alterston 66,21ff., den McFarland (1982) unter dem Gesichtspunkt der Synthese von Minnesang und Sangspruchdichtung behandelt.

Abschließend noch ein Plädoyer für präzisen Gebrauch der Termini. Die Bezeichnung ›Ton‹ sollte immer für die Gesamtheit metrisch gleichgebauter Strophen gelten; statt vom »3. Reichston« (Schweikle 1994, S. 345 u. passim) sollte man vom »3. Reichston-Spruch« reden. ›Spruch‹ seinerseits sollte immer die Einzelstrophe meinen, nicht wie bei K. K. Klein 1956 (»Die Strophenfolge des Bognerspruchs«) oder Ranawake (1996, S. 71), die die vier Strophen des Kreuzzugsaufrufs 13,5ff. als »›Kreuzzugsspruch‹« bezeichnet, eine Gruppe von Strophen. Auch die terminologische Verwirrung geht übrigens auf Simrock zurück (1833, I, S. 175: »Solche Töne oder Strophen möchte man S p r ü c h e nennen«).

1.2 Überlieferung

Die Kenntnis weitaus der meisten Waltherschen Strophen verdanken wir den drei großen Sammelhandschriften aus dem alemannischen Raum. Die Kleine Heidelberger Liederhandschrift A (Ende des 13. Jahrhunderts, Elsaß) tradiert unter Walthers Namen 151 Strophen, daneben noch eine Reihe von Strophen, die anderen Autoren zugeschrieben werden, aber ebenfalls Walther gehören dürften (vgl. Brunner/Müller/Spechtler 1977, S. 12* u. 14*f.). Die Weingartner Liederhandschrift B (Anfang des 14. Jahrhunderts, Bodenseeraum) bietet 112 Strophen unter Walthers Namen und einige wenige weitere, die man ihm zuschreiben kann (vgl. ebd., S. 15* u. 17*). Die bei weitem reichhaltigste Walther-Überlieferung (unter seinem Namen 440 Strophen und der Leich, vgl. Holznagel 1995, S. 443 Anm. 22) findet sich in C, der Großen Heidelberger oder Manessischen Liederhandschrift (erstes Drittel des 14. Jahrhunderts, wohl Zürich). Der fränkische Raum ist an der Walther-Überlieferung beteiligt mit der Würzburger Liederhandschrift E aus der Mitte des 14. Jahrhunderts, von der oben im Zusammenhang mit Walthers Grab schon die Rede war: Ihr Walther-Corpus ist mit 212 Strophen (plus einigen wenigen, deren Zuschreibung an Reinmar wohl unzutreffend ist, vgl. Brunner/Müller/Spechtler 1977, S. 32*f.) das nach C umfassendste (vgl. Kornrumpf 1972, S. 16). Andere Gegenden, in denen Walther nachweislich tätig war, sind an der Überlieferung seiner Gedichte überraschenderweise gar nicht, wie die thüringisch-obersächsische Region, oder nur ganz schwach, wie der bayrisch-österreichische Raum, beteiligt (vgl. Th. Klein 1987, S. 105). Dagegen erweist sich nach den Forschungen Kleins Niederdeutschland als »ein Gebiet regster handschriftlicher Walther-Tradierung« (ebd., S. 104), und zwar auf Kosten des vermeintlichen mittel- und niederfränkischen Überlieferungsschwerpunkts, dem die Fragmente O, U, w (noch aus dem 13. Jahrhundert) und Z (Mitte des 14. Jahrhunderts) bis dahin zugeordnet wurden. Von den Handschriften, die mehr als drei Strophen Walthers enthalten, sind immerhin etwa ein Drittel niederdeutscher Provenienz (vgl. ebd., S. 105; Kleins Korrekturen der bisherigen regionalen Einordnung der Textzeugen haben in die Aufstellungen bei U. Müller 1996, S. 34, und Ranawake 1997, S. XXXIIf., noch keinen Eingang gefunden). Hingewiesen sei noch auf die Weimarer Handschrift F (2. Hälfte des 15. Jahrhunderts) mit wohl 44 Walther zuzuschreibenden Strophen (vgl. Brunner/Müller/Spechtler 1977, S. 33*), die Heidelberger Handschrift D (nach Kochendörfer/Kochendörfer 1974, S. XIII, auf Ende des 13./Anfang des 14. Jahrhunderts zu datieren) mit 18 bzw. 23 Strophen Walthers (vgl. Brunner/Müller/Spechtler 1977, S. 28*) und die Haager Liederhandschrift s (um 1400) mit 16 Strophen teils mit, teils ohne Namensnennung (vgl. ebd., S. 40*).

Die gesamte Walther-Überlieferung ist in dem verdienstvollen Werk von Brunner/Müller/Spechtler (1977) übersichtlich zusammengestellt; den neuesten umfassenden Überblick über die Handschriften bietet jetzt Cormeau (1996, S. XXIII-XLII; mit Literatur).

Schon die Tatsache, daß viele Handschriften nur fragmentarisch erhalten sind und so mancher Walther-Text nur durch eines dieser Fragmente bekannt ist, läßt darauf schließen, daß mit Verlusten zu rechnen ist. Auch haben die Schreiber bisweilen Raum für eine oder mehrere Strophen frei gelassen und dokumentieren damit ihr Wissen von weiterem zugehörigem Textmaterial, das sie dann aber doch nicht aufgenommen haben, vermutlich, weil es ihnen nicht zugänglich war (vgl. Schweikle ²1995, S. 31; Holznagel 1995 vermerkt in seiner Tabelle S. 508-529, wieviel freien Raum die C-Schreiber jeweils gelassen haben). Gegenüber früheren optimistischen Einschätzungen muß Holznagel (ebd., S. 232) aufgrund der Beobachtung, daß nur ein Teil des im Norden Überlieferten in die oberdeutschen Textzeugen gelangt ist, »auf größere Verluste schließen«. Darunter fällt eine Handschrift von Walther-Liedern mit Melodien, von der noch in den zwanziger Jahren des 19. Jahrhunderts von der Hagen einige Fragmente bei Docen in München sah (die sogenannten Docenschen Bruchstücke, nach Th. Klein 1987, S. 104, vielleicht ebenfalls niederdeutsch), die aber 1824 verschwunden waren (vgl. Brunner/Müller/Spechtler 1977, S. 49*). Noch schwerer wiegt der Verlust des ersten Bandes der Jenaer Liederhandschrift (geschrieben um die Mitte des 14. Jahrhunderts, vgl. Wachinger 1983, Sp. 512), der nach der einleuchtenden Vermutung von Wachinger (1981, S. 302f.) vielleicht identisch war mit dem in einem Wittenberger Verzeichnis von 1437 genannten *mangnus liber* und neben Walthers Leich (dessen Explicit dort zitiert ist) auch ein Sangspruch-Corpus von ihm enthalten haben dürfte; der zweite dort erwähnte *liber mangnus* wäre dann die erhaltene Jenaer Handschrift selbst. In der Würzburger Liederhandschrift E fehlen zwischen den Sammlungen Walthers und Reinmars sieben Blätter, davon ca. viereinhalb mit Walther-Gedichten, »also annähernd ein Viertel des ganzen Corpus« (Kornrumpf 1972, S. 15 u. 10), darunter eventuell auch Alterslieder und Sprüche (vgl. ebd., S. 17). Den Verlust eines Blattes im Walther-Corpus der Weingartner Handschrift B hatte schon Wilmanns festgestellt, möglicherweise ist noch mehr verloren, was aber angesichts der Parallelüberlieferung in C 163-207 eher zu verschmerzen ist als die anderen genannten Lücken (vgl. Holznagel 1995, S. 222ff.). Daß vor allem dank der Manessischen Handschrift »wahrscheinlich wenigstens das damals in Süddeutschland in Umlauf befindliche Text-Material [...] mit sozusagen ›repräsentativer Vollständigkeit‹ erhalten ist« (U. Müller 1996, S. 29f.), dürfte (gerade in Anbetracht der potentiell reichhaltigen, aber fragmentarischen Tradierung in Norddeutschland) eine wohl allzu optimistische Einschätzung sein, die durch einen Blick auf die Neidhart-Überlieferung denn auch alsbald wieder gedämpft wird (vgl. ebd., S. 30). Hätten wir Handschrift C nicht, wäre der Minnesang des 12. und 13. Jahrhunderts großenteils verloren (vgl. ebd., S. 29); fehlte uns außerdem die Jenaer Handschrift, wäre »der Sangspruch als historische Reihe mit erkennbar gattungshaften Zügen« nicht existent (Tervooren 1995, S. 15). – Daß manche Töne Walthers nur durch eine einzige Strophe vertreten sind, daß die eine oder andere Strophe in dem uns vorliegenden Kontext nur schwer oder überhaupt nicht verständlich ist, der befremdliche Umstand, daß Walther den Tod mehrerer seiner Gönner mit Stillschweigen quittiert haben sollte – dies alles könnte der Tatsache zuzuschreiben sein, daß sein Werk nur lückenhaft auf uns gekommen ist.

Mit einer Ausnahme – nur die Überlieferung der drei Strophen in M, der Handschrift der *Carmina Burana*, grenzt an Walthers Lebenszeit an – liegen zwischen dem Wirken Walthers und der frühesten handschriftlichen Bezeugung zwei bis drei Generationen. Es kann daher nicht verwundern, daß die Handschriften hinsichtlich Textgestalt, Strophenbestand und -folge bei zahlreichen Gedichten untereinander differieren und die Suche nach dem ›Original‹ oder dem Archetypus, der sich die frühere Waltherforschung optimistisch und mit Hingabe widmete, illusorisch bleiben muß. Andererseits aber ist auch totale Resignation nicht am Platz: Es begegnen, wie Holznagel (1995, S. 412 mit Anm. 32) zeigen konnte, in den Walther-Codices bis ca. 1350 immerhin über 30 Fälle von stabilen Überlieferungskonstellationen in zwei oder mehreren Handschriften. Solche Textgemeinschaften, aber auch parallele Fehler geben Hinweise, daß die eine mit der anderen Handschrift verwandt ist oder daß beide dieselbe Vorlage gehabt haben. Mit der Rekonstruktion derartiger Vorstufen erhaltener Textzeugen hat sich die Überlieferungsforschung auch und gerade im Fall Walthers seit Beginn der wissenschaftlichen Bemühung um diesen Autor befaßt. Die Sachlage ist dabei mitunter recht diffizil, und die Verhältnisse können hier nicht im einzelnen dargelegt werden. Seit Schweikles leider ungedruckt gebliebener Habil.-Schrift von 1965 ist der Blick vorurteilsfreier geworden, wovon neben dessen stimulierenden Arbeiten mehrere Untersuchungen Kornrumpfs und U. Müllers sowie jetzt die imponierende Studie Holznagels, um nur einige zu nennen, Zeugnis ablegen. Die Akzente werden dabei durchaus unterschiedlich gesetzt. Handschrift A ist für Kornrumpf (1981a, Sp. 578) die Abschrift einer Sammlung *A (das Sternchen steht für: erschlossen), diese führt auf eine Vorstufe *AC (d.h., die Gemeinsamkeiten zwischen A und C lassen sich auf diese rekonstruierte Handschrift zurückführen), die kaum vor dem letzten Drittel des 13. Jahrhunderts angesetzt werden könne (ebd., Sp. 583). Auf der anderen Seite weisen Ähnlichkeiten zwischen B und C auf eine ihnen zugrunde liegende Sammlung *BC hin. Eine Liederhandschrift, die B ähnlich gewesen sei, stelle – so Kornrumpf (1981b, Sp. 589) – das »Grundgerüst« für C dar; darüber hinaus hätten die Redaktoren dieser Handschrift neben weiteren größeren Sammlungen wohl auch Liederhefte und Einzelblätter benutzt. In ihrer Untersuchung der Würzburger Handschrift vermutet sie (Kornrumpf 1972, S. 17) eine weitgehende Ähnlichkeit der Walther-Sammlung von *EC mit der dann in E vorhandenen und führt die Gemeinsamkeiten zwischen E und U, da jene nicht von dieser abhängig ist, auf eine Vorstufe *EU zurück. Unzufrieden mit dem seit Lachmann gebrauchten »unbestimmten Begriff der Quelle« (z.B. *AC) – »eine abstrakte Textgemeinschaft ohne historischen Realitätsgehalt« –, will Schweikle (^{2}1995, S. 30) die Überlieferungsforschung näher an das konkrete Leben der Texte binden. Er entdeckt in den Handschriften – damit Forschungen des 19. Jahrhunderts aufgreifend – Spuren von Vorstufen wie den auch von Kornrumpf genannten Einzelblättern (ein Lied enthaltend) oder kleineren Heften (mit Texten einzelner oder mehrerer Dichter), aus denen dann Zug um Zug immer größere Sammlungen entstanden (ebd., S. 30ff.). Auch Holznagel schließt an ältere Untersuchungen an, indem er z.B. Wilmanns' Rekonstruktion der Vorstufen *AC, *BC und *EC kritisch überprüft (1995, S. 216ff.). Wie sich das Instrumentarium der Handschriftenkritik seit Wilmanns verfeinert hat, erkennt man an Holznagels Ergebnissen, daß etwa C »wenigstens im Einzelfall aus einer Vorlage abschrieb, in der *BC- und *AC-Strophen bereits zusammenstanden«, oder daß auch B einer Vorlage folgte, »in der *BC-Strophen schon mit Strophen aus anderen Traditionen kombiniert worden waren« (S. 218). Bestätigen kann er Wilmanns' Hinweis, daß C bzw. *C zweimal auf eine mit A verwandte Quelle, auf *AC_1 und *AC_2, zurückgriff (S. 230). Wie Schweikle, der feststellt, daß die Texte in den erhaltenen Handschriften »meist aus unterschiedlichen Überlieferungsbereichen« flossen (^{2}1995, S. 31), rechnet auch Holznagel (S. 230) mit einer »Mehrzahl verschiedener, aber eng miteinander verwandter Quellen«. Der hier gebotene knappe und auswählende Überblick mit seiner Abundanz an Sternchen war notwendig – auch auf die Gefahr hin, daß man ihn einer »Mikrophilologie« zurechnet und nichts mehr erkennt als »eine bis zur Unleserlichkeit verkodifizierte Konkursmasse« (Rühmkorf 1975, S. 12f.) –, und zwar (wieder mit Holznagel, S. 230) als Warnung davor, »die Überlieferungsverhältnisse vorschnell zu simplifizieren«.

Für die interessanten formalen und inhaltlichen Unterschiede zwischen den Walther-Sammlungen von A, B und C kann auf Holznagel (1995) verwiesen werden (vgl. S. 175ff. zu den Sangsprüchen, S. 179ff. zu den Liedern), der auch die Zahl der Strophen in diesen

Handschriften samt den jeweils fehlenden bzw. den Plusstrophen tabellarisch verzeichnet (S. 443) und die Überlieferung Waltherscher Sangsprüche in A, B und C auflistet (S. 444ff.).

Auf das Problem des Verhältnisses von mündlicher und schriftlicher Überlieferung geht der Abschnitt zu den Melodien ein (s.u. S. 35).

1.3 ›Echt‹ – ›Zweifelhaft‹ – ›Unecht‹

Seit 1827, dem Erscheinungsjahr von Lachmanns Edition, wird in der Walther-Philologie die Echtheitsfrage diskutiert. Kriterien der Unechtheit sind für Lachmann zuerst solche der handschriftlichen Bezeugung: zum einen die Mehrfachzuschreibung (wenn Texte in manchen Handschriften unter Walthers Namen stehen, in manchen unter dem eines anderen Dichters), zum andern die angebliche Minderqualität einer Handschrift oder einer Gruppe von Textzeugen (so seien »die meistens unbedeutenden zusätze in EF [...] zum theil sicher unecht«, Lachmann ^{2}1843, S. XI). Sodann sind es die »sprachlichen und metrischen unregelmäßigkeiten«, die Lachmann veranlassen, bestimmte Texte Walther abzusprechen (ebd., S. XII), und schließlich fallen auch solche, die »nicht Walthers eigenthümlichen charakter« zeigen (ebd.), unter sein Unechtheitsverdikt. Noch 1965 würdigt Kuhn die »von der überlieferungsgeschichtlichen bezeugung ihrer echtheit« ausgehende Anordnung der Texte durch Lachmann (Lachmann/v. Kraus/Kuhn ^{13}1965, S. XLIII), auch er erwähnt das »im text oft bedenkliche sondergut von tönen in EC« und konstatiert: »Sondergut von E (F, O, U, w, s) allein steht in der regel bei den unechten« (ebd., S. XLIV). Erst die neue Edition bricht mit derartigen Vorbehalten: »Die Neuausgabe hält sich an die Zuschreibung der Handschriften und nimmt keine Athetesen vor« (Cormeau 1996, S. XX). Gleichwohl wirken die traditionellen Reserven gegenüber bestimmten Handschriften fort: So stehen einige Lieder und Strophen, die in E Walther zugewiesen, aber eben nur dort überliefert sind, lediglich im Anhang (Nr. 111-114).

Es wäre wenig sinnvoll, die Geschichte der Verdächtigungen Waltherscher Texte hier nachzuzeichnen, zumal die Versuche, einen Ton oder eine Strophe für unecht zu erklären, heute einer überwundenen Epoche der Lyrik-Philologie anzugehören scheinen, auch wenn sie noch bis in die jüngste Zeit hinein unternommen wurden. Einen Eindruck davon, wieviele Texte Walthers überhaupt in ihrer Echtheit bezweifelt wurden, erhält man durch die kritische Würdigung des »Unechten« in der Ausgabe von Lachmann/v. Kraus/Kuhn ^{13}1965 bei Bein (1991) und die Auflistung der Strophen in der verdienstvollen Untersuchung Kochers (1994, S. 49ff.), die 65 Strophen, verteilt auf 26 Töne, zählt und dabei die Töne, »bei denen die Autorschaft Walthers insgesamt bezweifelt wird«, gar nicht einmal berücksichtigt hat (vgl. ebd., Anm. 8). Zu diesen gehören immerhin Texte wie fast der gesamte Bognerton, die Elegie und das Alterslied 122,24ff. Die Argumente gegen die Echtheit sind seit Lachmann nahezu dieselben geblieben: etwas sei »nicht in Walthers Art«, Walther habe so etwas »sonst nie«, dies oder das sei »Walthers unwürdig« usw. Damit wird »die Möglichkeit der Entwicklung einer breiteren stilistischen Palette« geleugnet, wie sie nicht nur neuzeitlichen, sondern »auch mittelalterlichen Dichtern, z.B. Walther von der Vogelweide, konzediert werden muß« (Schweikle 1977, S. 35; zu den diversen ›Argumenten‹ für Unechtheit vgl. auch Scholz 1966, S. 96 Anm. 4, S. 97 Anm. 1, S. 103 Anm. 6; wie ein Dichterbild sich wandelt, wenn man es von ›Unechtem‹ befreit, hat Tervooren 1991 am Beispiel Reinmars gezeigt). Eine vorbildliche, auch theoriegestützte kritische Sichtung der von Carl v. Kraus am Walther-Corpus vorgenommenen Athetesen hat Kraft (1978, S. 85-117) geboten, die Unechtheitskriterien der Folgezeit überprüft Scholz (1995); grundlegend jetzt Bein 1998, S. 386-442.

Daß bei divergierenden Autorzuschreibungen oder dann, wenn Strophen in einer Handschrift im Nachtrag stehen, die Echtheitsfrage am ehesten virulent werden kann, wird allgemein zugestanden (vgl. Scholz 1966, S. 103 Anm. 4; Schweikle 1977, S. 35; vgl. jetzt auch Holznagel 1995, S. 62ff., und Schweikle ^{2}1995, S. 22f. u. 28f.). Für die neue Sicht, daß Zuschreibungsvarianten aber auch anders erklärt werden können als mit einem einfachen ›echt‹ oder ›unecht‹, hat wiederum Schweikle in zahlreichen Arbeiten bahnbrechend gewirkt. Auch wenn der Textbestand oder die Strophenfolge eines Gedichts zwischen mehreren Handschriften entscheidend variiert, wird man diese Sachverhalte heute differenzierter beurteilen, als es der Echtheitskritik mit ihrem beschränkten Instrumentarium möglich war (vgl. zu mehrfach überlieferten Liedern die Pionier-Edition Heinens 1989a, zur Strophenfolge Scholz 1989a samt der dort in Anm. 1 genannten Literatur, zur Beurteilung der Zuschreibungsvarianten Schweikle ^{2}1995, S. 26ff.).

Aus all dem folgt: Was unter Walthers Namen überliefert ist, hat als echt zu gelten. Auch bei dem, was namenlos im Walther-Kontext steht, wird man eher dazu neigen, es Walther zuzuschreiben als einem anderen Autor. Wird ein Text in den Handschriften verschiedenen Dichtern zugewiesen, muß kritische Analyse, wo keine Sicherheit zu erreichen ist, die Wahrscheinlichkeiten gegeneinander abwägen. Es mag sein, daß in den Walther-Ausgaben und -Handbüchern dann immer noch die Sparte ›Unechtes‹ erscheint (so bei Brunner 1996, S. 61, die Überschrift »Unechte Spruchtöne«, oder bei Ranawake 1997 der Anhang S. 77ff. »Unechtes und Zweifelhaftes. Weiterdichtungen« sowie die in kleinerem Schriftgrad im Text stehenden »unechten« oder »zweifelhaften« Zusatzstrophen; vgl. auch die offene Grenzen andeutende Erläuterung zum Anhang bei Cormeau 1996, S. XX; zusammenfassend dazu Scholz 1998). Die Verantwortung vor dem überlieferten Text aber, die Vorsicht und Zurückhaltung, das Eingeständnis der Unsicherheit des eigenen Urteils – all dies ist spürbar größer geworden als noch zur Zeit v. Kraus' oder Maurers.

Was die Reserven gegenüber bestimmten Handschriften angeht – in erster Linie E, die nach C die reichste Walther-Überlieferung bietet –, steht der Schritt zur letzten Konsequenz noch bevor. Man gesteht zwar zu, der Text von E verdiene »nicht durchweg das Mißtrauen, das ihm Lachmann entgegenbrachte« (Kornrumpf 1972, S. 15 Anm. 26; vgl. schon Halbach 1965, S. 28), kann aber dennoch von den »vielen unechten Zusatzstrophen« sprechen (Kornrumpf, S. 17), und man nimmt die »Apocrypha« nicht als Texte Walthers, sondern als Zeugnisse seiner Rezeption (Ashcroft 1982). Das mag richtig sein, aber uns fehlen die Beweise. Ein Umdenken ist bereits im Gang, wie Kocher (1994), Bennewitz (1995) und Bein (1998) zeigen. Das vertraute Walther-Bild wird man verabschieden müssen, es wird sich durch neue Züge anreichern, oder man wird »mit mehreren Autor-Bildern« zu arbeiten haben, denn »Walther in E ist ein anderer Walther als der in C« (Bein 1997, S. 97).

1.4 Metrik und Strophik. Formkunst

Eine Beschäftigung mit der Textmetrik der mittelhochdeutschen Lyrik ist gerechtfertigt nicht nur durch das weitgehende Fehlen von Melodien, sondern auch deshalb, weil die Gedichte seit spätestens dem Ende des 13. Jahrhunderts, wenn nicht von jeher, auch als Leselyrik, als gesprochene Texte rezipiert wurden (vgl. Schweikle 1977, S. 72f., dezidierter ^{2}1995, S. 52f.; Hoffmann ^{2}1981, S. 97). Dies zeigt, daß man den Text als Kunstwerk an sich verstanden hat, »die metrische Form hat ihr Eigenrecht« (Hoffmann, ebd., S. 99).

Die Grundbegriffe der altdeutschen Vers- und Strophenkunst darzubieten, kann hier nicht der Ort sein. Es sei verwiesen auf die übersichtlichen und eingängigen Darstellungen bei Paul/Glier (^{9}1974, S. 75-95), Beyschlag (^{6}1969, S. 50-66, 70-83 u. 88-94), Hoffmann (^{2}1981, S. 97-117), Schweikle (^{2}1995, S. 156-168), zum Sangspruch bei Tervooren (1995, S. 60-72). Zu Walther speziell sind zu nennen die (im einzelnen freilich problematische) Studie von Schirmer 1956, die engagierten Darlegungen bei Halbach (^{3}1973, S. 34-40), der knappe, aber jeweils durch Bemerkungen zur Form der Töne im Kommentar angereicherte Abriß bei Schweikle (1994, S. 48-53) und jetzt die präzise, umfassende Skizze bei Brunner (1996, S. 43-61; das neueste Walther-Buch, Bein 1997, kommt dagegen ganz ohne ein Stichwort ›Metrik‹ aus). Weiterführende Literatur findet sich mehr oder minder reichhaltig in allen hier genannten Darstellungen.

Im folgenden soll der Akzent im wesentlichen auf dem für Walther Charakteristischen liegen, auf den Neuerungen, die er der Lied- und Spruchdichtung gebracht hat. Es heißt, der mittelhochdeutsche Vers strebe mehr und mehr nach regelmäßiger Alternation, nach einer strengen Abfolge von Hebung und Senkung. Wird diese Tendenz durchbrochen, dann wird man dies heute nicht mehr wie in der traditionellen Metrik durch ›Besserungen‹ und ›Normalisierungen‹ zu verschleiern trachten, sondern es eher als Belebung des Versflusses mit womöglich spezifischem Ausdruckswert würdigen. Auch in den Texten Walthers begegnet man im Innern der Verse Phänomenen wie der Hebungs- oder Senkungsspaltung (also dreisilbigen Takten), für deren Unterscheidung es Regeln gibt (vgl. Beyschlag ^{6}1969, S. 52f.; Hoffmann ^{2}1981, S. 69f.; zur Kritik an Brunner vgl. Scholz 1998, S. 492), sowie einsilbigen Takten (beschwerte Hebung). Der Auftakt kann fehlen oder stehen, er kann auch zweisilbig sein. Es gibt also keine schematische Festlegung des Verseingangs, gleichwohl finden sich Töne, die durchgängig Auftakt haben wie der Reichston (was in den neuen Ausgaben freilich nicht beachtet wird; zur Kritik an Cormeau und Ranawake vgl. Scholz, ebd., S. 493) oder (fast) durchweg auftaktlos sind wie das Mailied 51,13ff., das Palästinalied 14,38ff. oder das Palindrom 87,1ff. Vogt (1974, S. 194) zählt bei Walther 20 streng auftaktlose und 16 auftaktige Liedtöne (allerdings folgt er der Ausgabe Lachmann/v. Kraus/Kuhn ^{13}1965). Gelegentlich wird der Textkritiker aufgerufen sein zu prüfen, ob eine den regelmäßigen Auftakt des Alterstons 66,21ff. störende Form wie *gnuoc* (67,1 bei Cormeau) nicht zu normalisieren ist. Ein Kunstmittel wie das der schwebenden Betonung, bei der »ein Widerspruch zwischen metrischer Betonung und Sprechakzent wissentlich gesucht« wird (Beyschlag ^{6}1969, S. 60), wird nicht genügend beachtet; anders sind Lesungen wie *êre und* (66,23 bei Cormeau), *fride und* (8,26 ebd., in 8,23 übernimmt er die elidierte Form aus A: *stîg und*), *stîge und* (bei Schweikle 1994; dabei hat er wenig später *fride únde*) nicht zu erklären, die den geforderten Auftakt unnötig preisgeben (S. 49 erwähnt Schweikle die schwebende Betonung, erläutert sie aber durch eine fragwürdige Metrisierung von 8,31). Die handschriftliche Abbreviatur *vn̄* läßt ja eine Auflösung in *und* wie in *unde* zu (vgl. Cormeau, S. LI). Was die Beurteilung des Versschlusses anbetrifft, so sollte auf die Differenzierung von weiblich voller und klingender Kadenz nicht verzichtet werden (Brunner 1996, S. 46, spricht nur von »weiblicher Kadenz«), denn die klingende ist, wie Melodien zeigen, »keine Erfindung der Metriker« (Tervooren 1995, S. 65). Wer nur noch zwischen weiblichen und männlichen Endungen unterscheidet oder wer gar den Takt verabschiedet und lediglich die sprachlich realisierten Hebungen zählt, dem muß das Phänomen des Rhythmus samt Feinheiten wie Synaphie und Asynaphie (vgl. Beyschlag [6]1969, S. 61f.; Hoffmann [2]1981, S. 73f.) weitgehend unzugänglich bleiben.

Walthers Innovationen in der Strophik kommen stärker bei seiner Sangspruchdichtung als bei seinen Liedern zur Geltung. Dies hängt damit zusammen, daß der Minnesang schon vor Walther in der Handhabung der Kanzonenform einen großen Variationsreichtum aufzuweisen hatte, während der Spruch mit seinem bis dahin einzigen Vertreter Spervogel (wenn man bereit ist, in ›Herger‹ ein Phantom zu sehen, dazu s.u. S. 41) ganze zwei Töne bieten konnte. Vieltonigkeit und Übernahme der Kanzonenform aus dem Minnesang, das sind die zwei entscheidenden formalen Neuerungen, mit denen Walther der Spruchdichtung eine eigene Dignität verliehen hat (zu den Formen der Spruchstrophen bei Walther vgl. Schweikle 1994, S. 51f., und ausführlicher Brunner 1996, S. 56-61). Sein vielleicht erster Sangspruchton, der Reichston, ist aber bereits der erste Sonderfall und macht den Eindruck eines Experiments (vgl. Halbach 1965, S. 36): Zwar unstollig wie die Spervogel-Töne, erinnert er mit seinen weit ausgreifenden 25 Viertaktern an epische Kleinformen aus Reimpaarversen; der Strophenschluß kann als Waisenterzine oder wohl eher als Viertakter plus Langzeile aufgefaßt werden, womit Walther ein weiteres Formprinzip Spervogels adaptiert hätte (vgl. WM II 1924, S. 71; Schweikle 1994, S. 335; Brunner 1996, S. 58). (Grundsätzlich kann die Frage, ob im Einzelfall mit Kurz- oder Langzeilen zu rechnen ist, mit Hilfe der – freilich, wie auch hier, nicht immer konsequenten – Setzung oder Nichtsetzung von Reimpunkten in den Handschriften entschieden werden.) Auf den ungewöhnlichen Bau der meisten Spruchtöne Walthers hat Brunner (1996, S. 58ff.) hingewiesen: auf das eigentümliche Verhältnis zwischen Auf- und Abgesang, die Kanzonen mit ungleichen Stollen, die gespaltenen Weisen, die liedartigen Töne, die Sonderformen (Palindrom und Elegie, die wieder an Walthers Anfänge, an den Reichston, erinnert) – neben alldem finden sich nur zwei ›normale‹ Kanzonen (101,23ff. und 104,23ff.). Gegenüber dem Lied zeichnen sich die Spruchtöne auch dadurch aus, daß sie oft mehr und auch längere Zeilen aufweisen. – Beim Lied hat Walther formal weniger experimentiert als beim Sangspruch. Brunner (1996, S. 50ff.) hat neun Grundformen aufgeführt, gefolgt von Sonderformen, darunter die gespaltene Weise in 44,35ff. und 94,11ff. – Auf spezielle Strophenformen und auf Besonderheiten der Metrik und der Form überhaupt wird unten bei der Besprechung der Sangspruch- und Liedtöne sowie des Leichs gelegentlich einzugehen sein.

»Minnesang ist Formkunst« (Schweikle 1977, S. 72). Diese Feststellung gilt gleichermaßen für den Waltherschen Sangspruch, und sie beschränkt sich nicht auf das, was unter Metrik und Strophik zu subsumieren ist. Nur zwei Stichworte: Strophenbindung (Wort- und Reimresponsionen z.B.) und Zahlenkomposition, Phänomene, auf die ein mittelalterlicher Autor offenbar Wert legte, die aber in neueren wissenschaftlichen Arbeiten eher vernachlässigt werden (so bei Bein 1997). Um jene hat sich in zahlreichen Arbeiten vor allem Halbach verdient gemacht (zu Walther vgl. ^{3}1973, S. 31ff. u. passim; vgl. auch Heeder 1966; Hoffmann ^{2}1981, S. 107; Tervooren 1995, S. 71f.), um diese hat sich namentlich Schirmer bemüht, der »eine zahlenkompositorische Grundlegung der Strophik Walthers« nachweisen will (1956, S. VII) und z.B. für 18 Töne eine »Übereinstimmung der Taktzahl einer Strophe mit der Verszahl des Liedes« feststellt (S. 75-95). Wo es sich ergibt, wird bei der Besprechung einzelner Sangspruchtöne und Lieder auch auf derartige Feinheiten zurückzukommen sein.

1.5 Melodien – Walther als Musiker

Wäre der erste Band der Jenaer Liederhandschrift erhalten (s.o. S. 26), besäßen wir wahrscheinlich zahlreiche Melodien zu Walthers Sangspruchdichtung. So aber ist die Überlieferungslage sehr dürftig, vor allem für Walthers Minnelieder (wie für den Minnesang überhaupt). Die großen Sammelhandschriften sind melodielos, und neben der Notation von vier Liedern in kaum deutbaren linienlosen Neumen in den Handschriften M und N finden sich in Z, dem erst seit 1910 bekannten Münsterschen Fragment, Melodiebruchstücke zu drei Walther-Tönen, dann aber glücklicherweise auch die vollständige Melodie zum Palästinalied, in der späten Meistersinger-Überlieferung schließlich noch die Weisen zum Wiener Hofton und zum Ottenton.

Die Tatsache, daß die wichtigen Handschriften nur die Texte, nicht aber die Melodien überliefern, ist auf verschiedene Weise gedeutet worden. Zuletzt hat Holznagel (1995, S. 40ff.) die einzelnen, nachstehend aufgeführten Thesen zusammengestellt und vorsichtig bewertet. Gewiß wurde Lyrik schon im 13. Jahrhundert auch lesend rezipiert (s. o. S. 31 zur Metrik), doch läßt sich (mit Holznagel) die Auffassung eines Paradigmenwechsels von gesungenem zu gesprochenem Vortrag für jene Zeit nicht halten. Ein Zeugnis dagegen sind z.B. die aus dem 14. Jahrhundert erhaltenen Notenaufzeichnungen zu Texten Walthers und besonders Neidharts. Des weiteren dürfte in vielen Fällen die Musik bis zum Sammeln der Gedichte um und nach 1300 verloren gegangen sein. Daß aber die Sammler von C so konsequent verfahren wären, daß sie deshalb auch auf die Notation von ihnen bekannten Melodien zu zeitgenössischen Liedern verzichtet hätten, ist kaum glaubhaft. Muß man also damit rechnen, daß die Auftraggeber ein geringeres Interesse an der Aufzeichnung der Melodien als an der der Texte hatten (vgl. Schweikle 1994, S. 54)? Möglicherweise traten technische Probleme der Melodiebeschaffung hinzu und Schwierigkeiten, musikalisch gebildete Personen für die Aufzeichnung zu finden. Außerdem ist offen, ob bei Auftraggebern wie Bestellern der Handschriften Notenkenntnis vorausgesetzt werden kann. Schließlich sind Unterschiede in der Tradierung der Texte und der Melodien denkbar: Jene dürften primär schriftlich, diese könnten überwiegend mündlich weitergegeben worden sein, was ihre spärliche Existenz zu erklären vermöchte. Die Mündlichkeits-These wird von Holznagel (1995, S. 42 u. 276) vorsichtig erwogen, McMahon (1990, S. 12, 42 u. 76) rechnet auch mit ihr, sieht für das Fehlen des musikalischen Teils der Gedichte in Handschriften wie der Manessischen aber als entscheidend an, daß sie nicht als »songbooks«, sondern für eine Rezeption gedacht waren, die »visual rather than musical« war (S. 77).

Auch wenn sich die Walther-Philologie vorwiegend als Textphilologie versteht, sollte sie wenigstens für die Texte, zu denen wir Melodien besitzen, diese in die Interpretation miteinbeziehen (Bein 1997 geht auf die Melodien nur ganz beiläufig S. 67f. ein). Einen nützlichen Überblick über das schwierige Gebiet der verschiedenen mittelalterlichen Notationssysteme und über die neuzeitlichen Deutungsversuche gibt Schweikle ([2]1995, S. 39-42); zu den Problemen der Rhythmisierung vgl. auch Tervooren (1995, S. 98ff.). Zu Walther speziell hat Brunner das Material vorbildlich und umfassend erschlossen (bei Brunner/Müller/Spechtler 1977, S. 50*-98*; neuerdings in nahezu identischer Fassung: Brunner 1996, S. 62-66; bei Cormeau 1996, S. XLII-XLV; bei Ranawake 1997, S. XLI-XLIV; in allen genannten Werken finden sich auch Transkriptionen der Melodien; Stauber 1974, S. XXIXff., druckt die gesamte Melodieüberlieferung in Konkordanz ab; instruktiv auch die Bemerkungen zur »Struktur der mit Melodie überlieferten Töne« bei Brunner 1996, S. 66ff.). Dieser derzeit kompetenteste Kenner der Materie hält die folgenden Walther zugeschriebenen Melodien für echt:

- die zum Palästinalied,
- die fragmentarisch überlieferte zum 2. Philipps-Ton,
- das Melodiefragment zum König-Friedrichs-Ton
  (als »vermutlich original« bezeichnet Schweikle 1994, S. 54, diese drei),
- die im Meistersang so genannte »Hof- oder Wendelweise«, die Melodie zum Wiener Hofton,
- den gleichfalls dort bezeugten »Feinen Ton«, die Melodie zum Ottenton (diese beiden sind für Schweikle 1994, S. 55, »vielleicht von Walther«).

Die weiteren in Meistersinger-Handschriften Walther zugewiesenen Töne (Goldene Weise, Kreuzton, Langer Ton) müssen als unecht gelten (vgl. schon Brunner 1975, S. 197). Das Faktum, daß Walther-Töne für den Meistersang nur von marginalem Interesse waren, bringt Brunner (ebd., S. 7) damit in Zusammenhang, daß mehrere von ihnen von der für die Meistersinger verbindlichen stolligen Form abwichen.

Versuche, Walthersche Töne als Kontrafakturen romanischer Melodien zu erweisen (sechs Lieder Walthers sind in die Diskussion gebracht worden), müssen als »höchst unsicher« betrachtet werden (Brunner bei Ranawake 1997, S. XLI) und bedürfen weiterer Erörterung (vgl. Brunner 1996, S. 65). Daß unechte oder zweifelhafte Melodien in manchen Ausgaben kommentarlos mit Texten Walthers unterlegt werden, kritisiert Brunner (1975, S. 197 Anm. 59) zu Recht. Auch in modernen, mehr oder minder historisierenden Aufführungsversuchen wird oft unkritisch mit teils echten, teils fraglichen Walther-Melodien gearbeitet; gleichwohl können sie zusammen mit den Neukompositionen zu Waltherschen Texten ein Weg sein, diesen Dichter (und Musiker) kennenzulernen; nützlich hierfür sind die Diskographien bei Brunner/Müller/Spechtler (1977, S. 77*f.) und U. Müller (1996, S. 255ff.; dort, S. 250ff., auch eine Diskussion der »Möglichkeiten und Probleme moderner Aufführungsversuche« samt Literatur).

Hatte Walther eine Tenorstimme? Diese auf den ersten Blick skurrile Frage hat man tatsächlich positiv zu beantworten gesucht, indem man sich auf die schon im Zusammenhang mit dem Namen *von der Vogelweide* herangezogene Passage in Gottfrieds *Tristan* (s.o. S. 8f.) berief, in der die *nahtegal* Walther gerühmt wird, weil sie *mit hoher stimme schellet* (v. 4803). McMahon (1990, S. 38ff.) diskutiert das Problem von neuem und kommt zu dem Schluß, daß die Tonhöhe in Melodienotationen (die zu jener Antwort beigetragen hat) nicht absolut zu nehmen ist und daß ferner mit *hôch* auch die helle, kräftige, weittragende Stimme bezeichnet werden kann (hat Gottfried einem Vortrag Walthers beigewohnt?). Schließlich könnte der *Tristan*-Autor auch auf die Stimme der Nachtigall angespielt haben und nicht auf die Walthers. Was dessen Kunstfertigkeit als Komponist angeht, müssen wir einem Kenner der mittelalterlichen Musik vertrauen, für den Walther »ein Meister im Umgang des überkommenen Formenschatzes« und »richtungsweisender Anreger für sein Jahrhundert« ist und der seine Melodien als »revolutionär«, als »musikalische Höhepunkte« der Zeit einschätzt (Stauber 1974, S. 335f.).

2. Sangspruchdichtung

2.1 Einführendes

»Spruchdichter oder Minnesänger?« (Nellmann 1989) – »Ein Spruchdichter macht Minnesang« (Hahn 1986b) – Ein Minnesänger macht Spruchdichtung – Fragen oder Behauptungen, deren Aneinanderreihung das Problem deutlich macht: War das Hauptgeschäft Walthers der Minnesang, und wurde er nur notgedrungen zum Sangspruchdichter? Oder galten ihm die beiden Genres gleich viel? War er ursprünglich Spruchdichter, der die Tradition eines Spervogel fortzuführen gedachte, und kam erst sekundär auf die Gattung der Liebeslyrik? Das Problem ist gekoppelt an die Frage der Chronologie. Sie ist – dies sei vorweggenommen – nicht zu entscheiden, da eine zeitliche Fixierung seiner Liebeslieder unmöglich ist. Darf man die Aussage *wol vierzic jâr hân ich gesungen unde mê von minnen* (66,27f.) wörtlich verstehen und darf man davon ausgehen, daß Walther den Alterston gegen Ende seines Lebens, gegen 1230, verfaßt hat, dann scheinen die Anfänge seines Minnesangs um 1190 zu liegen – ein etwas unsicheres, da mittels zweier Hypothesen gewonnenes Datum (immerhin aber folgert Schweikle 1994, S. 25, aus dieser Stelle: »Walther hat offensichtlich als Minnesänger begonnen«). Was wir ziemlich sicher haben, sind einige Anknüpfungspunkte an politische Ereignisse in dem einen oder anderen Sangspruch, und dies soll das pragmatische Kriterium sein, mit der Behandlung der Spruchdichtung zu beginnen, sie gleichsam anzubinden an die Rekonstruktion von Walthers Lebensstationen (s.o. S. 13f.) und an die spezifischen Konturen des Ichs, wie sie, abgesetzt vom Ich des Minnesängers, graduell auch von dem des religiösen Lieddichters, uns in seinen Sprüchen entgegentreten (s.o. S. 2ff.).

Wie angedeutet, ist der Stellenwert, den der Sangspruch für Walther selbst hatte, in der Forschung umstritten. Gehörte diese von den Fahrenden, Unbehausten gepflegte Gattung »eher zur Nachtseite seines Lebens« (Nellmann 1989, S. 55; U. Müller 1996, S. 145, findet dies »einleuchtend«)? Demgegenüber ist zu bedenken, daß die Einführung der bisher dem Minnesang vorbehaltenen stolligen Strophenform in das Spruchgenre der Absicht entsprungen sein kann, dem Sangspruch dieselbe Dignität zu verleihen wie der Liebeskanzone, »den literarischen Typ in den gleichen Rang zu heben, den man der höfischen Formkunst des Minnesangs zugestand«, ein Eindruck, der dadurch gestützt wird, daß Walther dem Sangspruch größere formale Experimente zuteil werden ließ als dem Minnelied (Brunner 1996, S. 57). Hinzuweisen ist auch hier noch einmal auf die Affinitäten zwischen Walthers Minnesang und seiner Spruchdichtung, auf die gegenseitige Durchdringung der Genres (s.o. S. 23f.), hinzuweisen auch auf das jeweils mit gleicher Intensität hervortretende selbstbewußte Ich, Züge, die eher auf ein Bewußtsein von der Einheitlichkeit des Werkes hindeuten, als daß sie dem Eindruck einer bevorzugten und einer inferioren Gattung Vorschub leisteten. Nur dann, wenn sich nachweisen ließe, daß Walther alle oder den Großteil seiner politischen Sprüche im Auftrag und nicht aus freien Stükken verfaßt hat, könnte man allenfalls den Schluß wagen, daß Notwendigkeit und nicht persönliches Engagement der Antrieb war, sich derart intensiv dem Spruchgenre zuzuwenden.

Ein solcher Nachweis läßt sich freilich nicht führen. Hinsichtlich der für König Philipp gesungenen Sprüche bilanziert Nellmann: »Walthers prostaufische Strophen sind nicht Auftragsdichtung« (1989, S. 53). Und auch Schweikle sieht die Initiative für Walthers Stellungnahmen zur politischen Situation um 1198 eher bei diesem selbst als bei irgendwelchen Auftraggebern: »Zumindest scheint die politisch hochgespannte Atmosphäre den Minnesänger zur politischen Spruchdichtung angeregt zu haben« (1994, S. 344f.). Die Auftragsfrage wird im folgenden bei der Besprechung einzelner Töne immer wieder zu stellen sein. Selbst wenn aber mit einem Auftrag zu rechnen ist, schließt das eine innere Beteiligung des Autor-Ichs nicht aus. Ein seit den sechziger und siebziger Jahren in Mode gekommenes neues Walther-Bild zeichnet den Dichter als Vertreter eines »plebejischen Materialismus« (Kircher 1973, S. 83), als einen, der nur darauf aus ist, in die eigene Tasche zu singen. Neuerdings mehren sich allerdings die Stimmen, die derartige – denen des 19. und beginnenden 20. Jahrhunderts in ihrer Ideologieverhaftetheit (dazu s.u. S. 175f.) nicht nachstehende – Verzerrungen aufzudecken und zurechtzurücken bemüht sind (vgl. Nolte 1991, S. 297-303; Scholz 1994, S. 320f.). Wenn glaubhaft zu machen ist, daß Walther Zugang zu den politischen Machtzentren hatte und von dort Informationen beziehen konnte, erhält das Bild von dem um sein Brot bettelnden, subalternen, den Herren nach dem Mund redenden Außenseiter Risse, und eine andere Vorstellung von dem Fahrenden Walther kommt in die Diskussion.

Wie schon erwähnt (s.o. S. 25ff.), müssen wir mit verlorenen Gedichten rechnen. Dieses Unsicherheitsfaktors eingedenk, darf man dennoch fragen, ob ein Fürst ein Jahr lang für Unterkunft und Verpflegung des Sängers nur deshalb gesorgt haben wird, weil der in dieser Zeit zwei bis drei Gedichte für ihn verfaßte, und ob er ihn nicht daneben oder in der Hauptsache auch mit außerliterarischen Diensten betraut hat (unabhängig voneinander kommen Reichert

1992, S. 175, für Walther auf knapp zwei Lieder und dreieinhalb Spruchstrophen jährlich, Scholz 1994, S. 319, auf zwölf bis fünfzehn Strophen, was etwa auf dasselbe hinausläuft). Verbindet man wie Hucker 1989 (dessen Entdeckung eines zweiten Lebenszeugnisses skeptisch zu beurteilen war, s.o. S. 13) den *cantor* Walther mit dem Boten und Nachrichtenträger, läßt sich die recht schmale literarische Produktion des angeblichen Berufsdichters leichter einsichtig machen. Hätte man einen Waltherschen Vortrag von Liedern und Sangsprüchen in Frankreich und Italien, ja selbst im hohen Norden Deutschlands überhaupt verstanden? Oder läßt sich seine Selbstaussage – ihr biographisches Verständnis (trotz Lachmann [2]1843, Anm. zu 14,38, der es für »unwahrscheinlich« hält) vorausgesetzt (vgl. v. Kraus 1935, S. 105) – *Ich hân gemerket von der Seine unz an die Muore,/von dem Pfâde unz an die Trabe erkenne ich ir aller fuore* (31,13f.) in jenem anderen Sinne deuten, daß er die Fahrten nicht zum Sangesvortrag, sondern gewissermaßen im diplomatischen Dienst eines Herrn unternommen hat (vgl. schon Menzel 1865, S. 211f.)? Walther als Gesandter – das ist eine alte, von Hukker wiederbelebte Vorstellung, und sie sei hier mit Respekt vor der älteren Walther-Forschung, die gern mit dem Etikett ›veraltet‹ versehen und damit ad acta gelegt wird, von neuem zur Diskussion gestellt (vgl. dazu Scholz 1994, S. 316-322). Wenn es mit ihr etwas auf sich hat, dann wird man nicht nur einen engeren Kontakt zwischen Walther und seinen Herren anzunehmen bereit sein, als man ihn neuerdings voraussetzt, es wird dann auch seine Sangspruchdichtung in etwas anderem Licht erscheinen, und der Status des Fahrenden sowie die Genres Minnelied und Spruch werden hinsichtlich ihrer soziologischen Implikationen neu zu definieren sein.

Danach könnte der Fahrende nicht nur als fahrender Sänger, sondern auch als Reisender im Herrendienst verstanden werden. Als fahrender Sänger bewirbt er sich dichterisch um eine Anstellung, lobt den erhofften neuen Herrn, tadelt den früheren. Als fahrender Bote dichtet er, beauftragt oder im Interesse eines Herrn, politische Sprüche. Hofsässig geworden, braucht er gleichwohl dem Genre des Sangspruchs nicht zu entsagen, er verfaßt lehrhafte Strophen, die sowohl am Hof wie auch draußen vorgetragen werden können. Minnesang wird in erster Linie die Dichtart des Seßhaften sein, doch auch für den Fahrenden sollte das Vortragen von Minneliedern nicht ausgeschlossen werden (zu diesen Zusammenhängen vgl. Scholz 1994, S. 322f.).

2.2 Walther und die Sangspruch-Tradition

Vor Walther gab es, von wenigen versprengten Strophen abgesehen (vgl. MF 1,I-V), nur einen Sangspruchdichter: Spervogel. Zwar werden die unter diesem Namen tradierten Texte bis heute von vielen Forschern und auch in der maßgebenden Ausgabe auf zwei Autoren, Spervogel und ›Herger‹, verteilt (MF 20,1ff. bzw. 27,13ff.), doch sollte nach dem temperamentvollen Votum von U. Müller (1995) ›Herger‹ endgültig als Autor verabschiedet werden.

Was Walther bei Spervogel vorfinden konnte, waren zwei Töne mit insgesamt gut 50 Strophen. Ihre Form ist die des unstolligen Sechs- oder Siebenzeilers, Strophen mit Kurzzeilen wechseln mit solchen, die sowohl Kurz- als auch Langzeilen aufweisen. Die Themen reichen von Religiösem über Gnomik und Tierfabel bis zu Problemen des Herrendienstes und des Fahrendenschicksals (in seinem Abschnitt »Der Sangspruch vor Walther von der Vogelweide« erwähnt Tervooren 1995, S. 108f., Spervogel seltsamerweise überhaupt nicht). Dieses ganze thematische Spektrum finden wir auch bei Walther wieder, doch geht er wesentlich darüber hinaus. Von seinen formalen Neuerungen war schon die Rede (s.o. S. 33f.), den Inhaltstyp Sangspruch hat er ebenso entscheidend erweitert und bereichert; in beidem war er traditionsbildend. Weit häufiger und intensiver als Spervogel macht er die Themen zu seiner persönlichen Angelegenheit, sagt *ich*, wo jener *man* sagt. Neu ist auch die oft mit ironischen und sarkastischen Tönen durchsetzte Gönnerschelte. Die entscheidende Innovation Walthers aber ist, daß er das Thema Politik in die Lyrik einführt. Politisch ist im folgenden mit Bein (1997, S. 169) in einem umfassenden Sinn verstanden: sowohl bezogen auf Personen und Ereignisse der Zeitgeschichte als auch auf den Zustand der Gesellschaft und der Welt überhaupt (zur politischen Lyrik vgl. U. Müller 1974; zu der Walthers Tervooren 1995, S. 110ff.; zu Walthers Neuerungen Schweikle 1994, S. 27ff.).

Walther, der eine gelehrte Bildung erfahren hat, dürfte auch außerdeutsche Literatur gekannt haben. Zwar läßt sich für seine Sangspruchdichtung kaum je ein direktes lateinisches oder romanisches Vorbild namhaft machen, doch gibt es sowohl in der moralisch-satirischen Lyrik der mittellateinischen *clerici* als auch beim provenzalischen Gegenstück zum Sangspruch, dem Sirventes, Vergleichbares (vgl. den Abschnitt »Der Sangspruch in europäischen Bezügen« bei Tervooren 1995, S. 45ff.). Als die »auffälligste und spezifischste Übereinstimmung« zwischen den frühen Sprüchen Walthers und der politischen Dichtung der *clerici* sieht Worstbrock »die Inszenierung repräsentativer Sprecherrollen« (1989, S. 65f.), und er schließt nicht aus, daß Walther Gedichte Walters von Châtillon gekannt haben kann (S. 67; vgl. auch die o. S. 4 zu Walthers Bildung genannte Literatur). Zum Selbstbewußtsein Walthers bemerkt Nickel: »geweckt ward es durch provenzalische Sirventese« (1907, S. 118); obwohl direkte Beeinflussung seiner Sprüche durch die Provenzalen nicht oft zu erweisen sei, müsse doch mit »allgemeinen Anregungen« gerechnet werden. Durch Nickel und Ehnert (1976) ist genügend Material bereitgestellt, und es bleibt künftiger Forschung vorbehalten, die zu vermutende Kenntnis des Sirventes bei Walther wahrscheinlich zu machen (vgl. Ranawake 1989, S. 317). Beim Ottenton, um nur ein Beispiel zu nennen, wird eine solche Verbindung greifbar (s. u. S. 76).

2.3 Walthers Anfänge als Sangspruchdichter. Die ersten Töne in Wien und unter Philipp von Schwaben

2.3.1 Zu den politischen Ereignissen im Reich und in Österreich

Die folgenden Informationen sollen die zum Verständnis der ersten drei Sangspruchtöne Walthers nötigen Realien liefern und die Interpretationen der politischen Sprüche entlasten (vgl. auch die Zeittafeln, die vielen Walther-Darstellungen beigegeben sind, z.B. bei Hahn 1986a, S. 110ff., übernommen von U. Müller 1996, S. 143f., sowie die faszinierende Darstellung der Ereignisse nach Richard Löwenherz' Rückkehr aus Akkon und der Situation nach dem Tod Kaiser Heinrichs bei Bertau 1972, S. 696ff., u. 1973, S. 805ff.).

Mit Kaiser Heinrich VI. stand das staufische Imperium auf dem Höhepunkt seiner Macht. Bestrebungen, diese noch zu erweitern, hatten Erfolg mit der Eroberung Siziliens durch Heinrich 1194 und der Heirat seines Bruders Philipp mit der Tochter des Kaisers von Byzanz. Zwar scheitert der Plan, auch das römische Imperium zum Erbreich zu machen (wie Frankreich und England), doch kann Heinrich durchsetzen, daß sein zweijähriger Sohn Friedrich im Dezember 1196 zum König gewählt wird. Der Kaiser selbst aber stirbt 1197 vor dem Aufbruch zum Kreuzzug an Malaria. Eine Zeit voller Rivalitäten, Unruhe und Gewalt bricht an. Die dezimierte Staufer-partei – ein großer Teil der Reichsfürsten und der Reichsministerialen befindet sich auf dem Kreuzzug – anerkennt Weihnachten 1197 Heinrichs Bruder Philipp von Schwaben als Thronverwalter für seinen Neffen Friedrich. Drahtzieher der welfischen Gegenpartei, die auf keinen Fall ein staufisches Erbkaisertum will, ist neben Erzbischof Adolf von Köln vor allem Richard Löwenherz. Nach der Rückkehr vom Kreuzzug war er Ende 1192, verkleidet, auf österreichischem Boden von Herzog Leopold V. gefangengenommen, dann an Heinrich VI. verkauft und schließlich gegen ein horrendes Lösegeld freigelassen worden. Diese Partei findet zunächst keinen Kandidaten für das Königsamt, und die Staufer nutzen die Zeit: Am 8.3.1198 wird Philipp auf einer Fürstenversammlung im thüringischen Mühlhausen zum König gewählt. Die andere Seite wählt am 9.6. den Neffen von Richard Löwenherz, Otto von Poitou, zum König. Am 12.7. wird er von Erzbischof Adolf von Köln in Aachen, dem traditionellen Ort, gekrönt, Philipp am 8.9. in Mainz. Diesem stehen die echten Throninsignien zur Verfügung, aber Mainz ist der falsche Ort, und der richtige Bischof wäre Adolf gewesen.

Nach dem Tod des Papstes Coelestin im Januar 1198 wird der jüngste Kardinal, der 37jährige Lothar von Segni, als Innozenz III. zum Papst gewählt. Im April 1199 stirbt Richard Löwenherz nach einer Verwundung, was den Anhang Ottos beträchtlich schwächt. Der neue Papst verhält sich im Thronstreit zunächst abwartend. Am 1.3.1201 entscheidet er sich aber für Otto: *»te in regem recipimus«*. Dieser verzichtet im Juni unter Eid auf seine Rechte in Mittel- und Süditalien. Am 3.7. wird der päpstliche Entschluß durch den Legaten Guido von Praeneste in Köln verkündet, gleichzeitig der Bann gegen Philipp und seine Anhänger ausgesprochen. Dennoch bleibt die Mehrzahl der Fürsten Philipp treu. Zum dritten Jahrestag der Krönung Philipps, am 8.9.1201, verabschiedet die Fürstenversammlung zu Bamberg eine Protestnote gegen das päpstliche Eingreifen, im Dezember in Hagenau und im Januar 1202 in Halle wiederholt sich dieser Vorgang. Obwohl seit Ende 1202 Geheimverhandlungen zwischen Innozenz und Philipp geführt werden, steht Ottos Sache 1203 noch gut. Nach Feldzügen Philipps gegen die welfische Anhängerschaft 1203/04 wendet sich der Thronstreit zugunsten der Staufer, zumal die Engländer unter Johann Ohneland von Philipp August von Frankreich vom Kontinent vertrieben werden. 1204 unterliegt Otto im Bürgerkrieg gegen Philipp. Nachdem sich schon zuvor ein Zerwürfnis zwischen Otto und Erzbischof Adolf angebahnt hat, tritt dieser im November offen auf die Seite des Staufers. Philipp wird am 6.1.1205 ein zweites Mal gekrönt: in Aachen durch Adolf von Köln, jetzt also am rechten Ort und von der rechten Hand. Erst jetzt hat Philipp recht eigentlich gegen Otto gesiegt. Doch der Bann des Papstes ist noch immer nicht aufgehoben. Erst im August 1207, nachdem der Papst Erzbischof Adolf abgesetzt hat, der Bürgerkrieg fortgesetzt worden, aber Philipps Anhang weiter gewachsen und Otto im Sommer 1206 auch militärisch geschlagen ist, hebt der Papst den Bann auf und bietet Philipp seine Vermittlung an, um Otto zur Abdankung zu bewegen. Im September 1207 wird ein einjähriger Waffenstillstand vereinbart, die Verhandlungen sollen in Rom zum Abschluß gebracht werden. Anerkennung Philipps und Kaiserkrönung werden im Mai 1208 in Aussicht gestellt. Da wird Philipp am 21.6. in Bamberg vom Pfalzgrafen Otto von Wittelsbach, dessen Hoffnungen, Philipps Tochter Beatrix heiraten zu können, durchkreuzt scheinen, ermordet. Zwei Monate später stirbt Philipps Gattin Irene/Maria an einer Frühgeburt. Der Papst nennt Philipps Tod ein Gottesurteil. Unverhofft ist nun der Weg für Otto frei geworden.

Die kritische Situation in Österreich wurde mit der Gefangennahme und Auslieferung von Richard Löwenherz durch Herzog Leopold V. schon angesprochen. Da der Engländer als Kreuzfahrer unter dem Schutz der Kirche stand, wurde Leopold mit dem Bann belegt und mußte den Sühneeid schwören. Nach seinem Tod Ende 1194 war sein Nachfolger Friedrich I. durch die Rückzahlungsforderungen der Kirche nicht nur wirtschaftlich in großen Schwierigkeiten, er mußte als Bußleistung Ende 1195 auch eine Kreuzzugsverpflichtung eingehen. Im Frühjahr 1197 brach er auf, im April 1198 starb er in Palästina. Sein Nachfolger wurde Herzog Leopold VI., der in Walthers Sangspruchdichtung über zweieinhalb Jahrzehnte lang immer wieder in Erscheinung treten wird (zu den österreichischen Verhältnissen vgl. im einzelnen Ashcroft 1983).

2.3.2 Der Reichston 8,4ff.

Da der Reichston zu den am meisten behandelten Tönen und seine Deutung zu den umstrittensten gehört und da an ihm exemplarisch gezeigt werden kann, daß Selbständigkeit der Einzelstrophe und enge Verklammerung der Sprüche eines Tons einander nicht ausschließen müssen, nimmt seine Interpretation hier vergleichsweise mehr Raum ein als die anderer Töne. Auch weil er in diesem Sinne als Paradigma fungiert, sei er an den Anfang gestellt, ungeachtet der Frage, ob nicht einzelne Strophen aus anderen Tönen früher entstanden sein können.

Die ersten Verse dieses Tons (*Ich saz ûf eime steine*) wirken wie eine Beschreibung des in den Handschriften B und C Walther gewidmeten Autorenbildes. Richtig ist: Die Miniaturmaler nehmen Walthers Text-Ich beim Wort, sie stellen den Dichter dar, wie er auf einem Stein oder Hügel sitzt, das linke Bein über das rechte geschlagen, den linken Ellenbogen auf das linke Knie gestützt, den geneigten Kopf in die Hand gelegt, die Kinn und linke Gesichtshälfte bedeckt (in B stützt sie die Schläfe). Das Bild (in der Illustration und im Text) ist voll von traditionellem Symbolgehalt. Auf einem Stein, das Kinn in die Hand gestützt, sitzt der apokalyptische Seher; die biblischen Visionen Abrahams, Jakobs und Josephs sind zu vergleichen. Die Gebärde bezeichnet aber nicht nur die visionäre Schau, sondern allgemein ein ›Hören‹ und ›Sehen‹, das einer übernatürlichen Wahrheit gilt. Es ist auch die Haltung der Meditation oder der Klage und Trauer. Das übergeschlagene Bein findet sich eher in Darstellungen von Richtern und Gesetzgebern. All dies ist für Walther mitzudenken; eine Deutung zu bevorzugen und eine andere zu verwerfen, würde die Interpretation unzulässig einengen (vgl. Wenzel 1989, S. 136ff., zum »Melancholietypus«, »Inspirationstypus« und »Sängertypus«). Die Miniatur setzt den Text genau um. Doch hat sich anscheinend ein mehrfacher Rezeptionsvorgang ereignet, vom Bild zum Text und vom Text zum Bild. Walther nimmt eine traditionelle Bildformel auf, diese wird dann wieder ins Bild rückübersetzt (vgl. Masser 1982, S. 92f.).

Symbolisch ist auch die Form: drei Strophen (s.o. S. 33) zu je 24 Versen (zweimal die heilige Zahl 12) und 100 Takten (die potenzierte 10, Zahl der Vollkommenheit), die Dreizahl wiederkehrend auch im Text: *driu dinc; wilt, gewürme, vogel* usw. (vgl. zusammenfassend Schirmer 1956, S. 98ff.; Schweikle 1994, S. 335).

Das Walthersche Ich ist, wie die Text-Bild-Analogien schon vermuten lassen, eindeutig ein Rollen-Ich, das für etwas Überindividuelles steht, ein gnomisches Ich, Verkörperung einer Autorität, nicht Ausdruck von Selbstbewußtsein. Die Möglichkeiten wohl etwas zu stark einengend, deutet Hahn die »extensive und intensive Form«, mit der Walther sein Ich ins Spiel bringt, als »werbenden Hinweis auf seine Leistungsfähigkeit« (1979b, S. 349). Eine genauere Betrachtung der Ich-Rolle und der Argumentationsstruktur in den drei Strophen wird zeigen, daß Walther schon am Beginn seiner politischen Dichtung eine künstlerische Höhe erreicht hat, die kaum noch zu übertreffen ist. (Auch Hahn, ebd., S. 347, legt Wert auf »das sukzessive Moment der Struktur, das Nacheinander der Motive und Argumentationsteile«.)

Die chronologisch wohl richtige Reihenfolge ist in Handschrift A bewahrt, während B und C die zweite und die dritte Strophe vertauschen (vgl. auch die zusammenfassenden Bemerkungen u. S. 52f.).

Strophe I (8,4ff.)

Aus dem Sitzen und Nachdenken (v. 1 u. 6) müßte typusgerecht das Lehren und Verkünden folgen, Walther formuliert aber negativ: *deheinen rât konde ich gegeben* (v. 8). Ratlosigkeit also ist die Antwort auf die Frage, wie ein ideales Leben als Verwirklichung der Harmonie der drei Werte *êre, varnde guot* und *gotes hulde* aussehen könnte (die Antwort kennt der Sprecher dann am Schluß der Strophe, die Ratlosigkeit ist also vorgetäuscht; vgl. Nix 1993, S. 18). Daß das *guot* der *êre* schaden, Gelderwerb oder auch Geiz das öffentliche Ansehen gefährden kann, ist gängige Münze. Aber Walther betont auch die umgekehrte Gefahr, daß *êre* das *varnde guot* schädigen könnte, etwa durch ein zügelloses Streben nach Ansehen und den Versuch, dieses Ansehen durch übergroße *milte* zu mehren. Indem Walther schon im weltlichen Bereich den Antagonismus zweier Werte am Werk sieht, weicht er bemerkenswert von der traditionellen Sicht ab, wonach der Besitz von *guot* die Seele in Gefahr bringt (vgl. Kaiser 1976, S. 9). Für ihn jedoch gehört ein vernünftiges Zusammenspiel dieser weltlichen Werte auch zu einem idealen Leben. Das höchste Gut ist auch für ihn selbstverständlich *gotes hulde* (v. 13f.). Indem er den Grund für die Unmöglichkeit benennt, daß die drei Werte gemeinsam in einen *schrîn*, in ein *herze* kommen können (v. 15ff.; zur Bildlichkeit des *schrînes* vgl. Edwards 1996, S. 251ff.), kleidet er ihn in die Metaphorik einer gestörten ›Straßenverkehrsordnung‹. Zwei negative Eigenschaften und zwei positive Werte erscheinen als Personifikationen (und sollten deshalb groß geschrieben werden, wie es Halbach 1968, S. 16f., im Abdruck und in der Interpretation der Strophe praktiziert): *Untriuwe, Gewalt, Fride, Reht* (als »lebende Wesen« bezeichnet sie schon Burdach 1900, S. 261). Die drei Werte, die unterwegs sind zum menschlichen Herzen, werden daran gehindert durch Wegelagerer im Hinterhalt, Gewalt bestimmt das Gesetz der Straße. Hier mag persönliches Erleben des Fahrenden einfließen, wenn denn Walther sich damals in einer solchen Situation befand (vgl. Mohr 1953, S. 56). Mit ähnlichen Worten schildert später der staufische Hofhistoriograph Burkard von Ursperg die in Deutschland nach der Wahl Philipps herrschenden Verhältnisse (Text und Übersetzung bei Burdach, ebd., S. 263f.). Zwei entscheidende Voraussetzungen eines Funktionierens gesellschaftlicher Ordnung sind Opfer der Wegelagerer und Gewalttäter geworden: *fride* und *reht* (v. 23). Ihre Lage faßt Walther in das Bild der Verwundung und der (fraglichen) Heilung. Erst wenn die beiden wieder installiert, d.h. *Untriuwe* und *Gewalt* aus der Welt geschafft sind, können die drei Werte wieder mit sicherem Geleit rechnen (zu *fride* und *reht* im Reichston vgl. Hagenlocher 1992, S. 166-180, und Hohmann 1992, S. 64-88).

Mit Heinrich VI., so heißt es in einer Chronik, starben auch *iustitia et pax* im Reich (vgl. Burdach 1900, S. 319). Darauf könnten Walthers Schlußzeilen anspielen. Aber auch im Krönungseid sind *pax* und *iustitia* entscheidende Begriffe (vgl. ebd., S. 261ff.). Wegen der Ähnlichkeit mit der Appellstruktur der anderen Strophenschlüsse scheint hier eher als die Trauer um den verstorbenen Kaiser das Bild der Königskrönung evoziert zu sein (vor einer zu ausschließlichen Anbindung von Walthers Formulierung an den Wortlaut des Krönungsordo warnt Hagenlocher 1992, S. 170ff.). Implizit heißt dies, daß nur ein starker König helfen kann, explizit sagt es dann der Schluß des zweiten Spruchs. Als zentrale Aussage der Strophe ergibt sich demnach: Der Einzelmensch kann ein ethisch vollkommenes Leben nur dann verwirklichen, wenn die gesellschaftlichen Zustände intakt sind, d.h. hier, wenn die königliche Zentralgewalt wieder funktioniert (vgl. Kaiser 1976, S. 7). Die Zeit zwischen der Wahl Philipps und seiner Krönung, zwischen März und September 1198, bietet sich als wahrscheinlichstes Entstehungsdatum dieses Sangspruchs an.

Strophe II (8,28ff.)

Anaphorisch an den Anfang des ersten Spruchs (*Ich saz*) anschließend, beginnt der zweite mit *Ich hôrte* und fährt mit visuellen Wahrnehmungen des Ichs (v. 2, 3, 7) fort, das die Haltung des alles überschauenden Sehers einnimmt (auf Bibelstellen – die Wahrnehmung von Wasser in der Apokalypse, die göttliche Erleuchtung von Propheten am Wasser – verweist Haag 1991, S. 55f.). Zunächst dominiert die Vierzahl (v. 1-11): vier Lebensbereiche, vier Tierarten, vier Bewegungsweisen. Da die Bibel die viergliedrige Tierordnung kennt (Iob 12,7-10; 3 Reg 4,33f.) und die zweite Stelle die Bedeutung Salomos als Weisheitslehrer zum Kontext hat, könnte Walther mit v. 5-16 »einen salomonischen Weisheitsanspruch des Text-Ich signalisiert haben« (ebd., S. 58f.). Formal kunstvoll werden den nach dem Wasser genannten drei anderen Bereichen die Bewegungsarten chiastisch zugeordnet (v. 4-6; vgl. Kienast 1950, S. 204). Was nimmt der Beobachter im Reich der Tiere wahr? Feindschaft, Streit und Krieg (v. 8-11) – Walther scheint hier eine Analogie zu dem für das menschliche Zusammenleben gebrauchten Gewaltbild am Ende der ersten Strophe evozieren zu wollen. Man hat einen Anklang an den Römerbrief 8,20-22 beobachtet, eine Stelle, die Mitte des 12. Jahrhunderts, nachdem sie bis dahin nur anthropologisch ausgelegt worden war, eine kosmologische Ausweitung erfahren hat: Der Fall des Menschen hat die ganze Kreatur betroffen (vgl. Schumacher 1962, S. 182f.). Dennoch, so fährt Walther fort, ist an den Tieren etwas vom Menschen Verschiedenes zu bemerken; in einem Punkt lassen sie Vernunft walten, haben sie die ursprüngliche Seinsweise bewahrt (*habent*, v. 12; vgl. ebd., Anm. 25): Sie schaffen sich eine starke Regierung, wählen Könige und Standesordnungen, weisen ihren Mitgliedern einen Platz in der Hierarchie zu. In der Übertragung sozialer Kategorien und gesellschaftlicher Ordnungsformen aus dem menschlichen Bereich auf die Tierwelt kann man Einflüsse aus der antiken Naturlehre und aus der Tierfabel wahrnehmen. (Zu jenen vgl. Kienast 1950, S. 210ff., und ausführlicher Cramer 1985; zu diesen Göhler 1967, S. 970ff., und Nix 1993, S. 24ff. Göhler, der den »politisch-operativen« Gehalt der Strophe herausarbeiten will, kritisiert Kienasts und Schumachers Interpretationen, die zu einseitig die Sphäre der Religion und der Theologie bemühten; dieses Urteil relativiert wiederum Nix 1993, S. 26f.) Genau zwei Drittel der Strophe nimmt die Betrachtung der Tierwelt ein, dann erfolgt mit v. 17 die Wende mit der Anrede an die *tiusche zunge*: In der menschlichen Gesellschaft, wie das Walthersche Ich sie beobachtet, funktionieren die unter den Tieren herrschenden Regeln nicht. Der Klageruf *wie stêt dîn ordenunge* nimmt Bezug auf den auf Sap 11,21 (*Omnia in mensura et numero et pondere disposuisti*) beruhenden *ordo*-Gedanken (hierzu und zum Folgenden vgl. Zitzmann 1951; zum Problem der *ordenunge* vgl. auch Kienast 1950, S. 211ff.). Alles Tun Gottes ist ein Ordnen. Alles Geschaffene kommt von Gott, er ist das Maß aller Dinge: *mensura*. Alles Geschaffene hat seinen festen Platz im hierarchisch gestuften Kosmos, alles ist planvoll zahlenmäßig gegliedert: *numerus*. Alles Geschaffene weist von seinem Platz auf den göttlichen Ursprung zurück: *pondus*. (Trotz der v.a. von Kaiser 1976, S. 7f. u. 15, an Zitzmann geübten Kritik darf mit Hohmann 1992, S. 76f., der *ordo*-Begriff nicht außer acht gelassen werden. Kaiser, S. 15, betont den »stark weltimmanenten Zug dieses Spruchs« – anders Nix 1993, S. 27f. –, Cramer 1985 dagegen seine kosmologische Dimension.) Dieser *ordo* fehlt gegenwärtig unter den Menschen im Reich, die *êre* der *tiuschen zunge* liegt darnieder, ein Rückbezug auf den ersten der drei Werte in 8,4ff., die nicht harmonisiert werden können, wenn nicht die legitime Königsgewalt herrscht. Und wie am Ende jener Strophe formuliert Walther auch hier einen Appell (v. 21ff.), kommt er auf die aktuellen politischen Zustände zu sprechen: Die *cirkel* der, wie er herablassend formuliert (nach Nix 1993, S. 31, gar mit dem »Ausdruck der Verachtung«), *armen künege* sind *ze hêre*, d.h., diese – gemeint sind wohl die Könige von England und Frankreich (vgl. ebd., S. 35f.) – benehmen sich zu anmaßend. Abhilfe kann nur einer schaffen: Philipp von Schwaben. Die *tiusche zunge* soll ihm, oder er soll sich selbst den *weisen*, pars pro toto für die Königskrone, aufsetzen (ob *Philippe* Dativ oder Vokativ ist, ist umstritten; vgl. die Aufstellung bei Kern 1992, Anm. 21; das Argument Göhlers 1967, Anm. 29, für den Dativ – auch die Tiere *kiesent künege unde reht* – sollte bedacht werden; daß 1198 der Dativ, 1201 der Vokativ gemeint sein konnte, erwägt Kern, S. 352ff.). Zahlensymbolisch bedeutsam ist, daß der *weise*, der einzigartige Stein, in der Waisenzeile genannt wird.

Hauptintention der Strophe ist die »Forderung nach Wiederherstellung einer starken königlichen Gerichtsgewalt« (Kaiser 1976, S. 14) und damit der Rückkehr zum göttlichen Willen. Die menschliche Ordnung soll der im Tierreich geltenden wieder gleichen, der nächste Schritt zurück zum Vollkommenen wäre dann der Verzicht auf Streit, Krieg und Feindseligkeit. (Die These Kaisers, Walther nehme Partei gegen die der königlichen Macht gefährlichen Territorialisierungsbestrebungen, wird widerlegt von Nix 1993, S. 17 u. 32f.)

Wie der erste, kann auch dieser Spruch auf die Zeit zwischen der Wahl Philipps und seiner Krönung datiert werden (für Kienast 1950, S. 217, ist er schon ab Weihnachten 1197 denkbar; Nix 1993, S. 36ff., hält ihn wie auch 8,4ff. für einen Wahlaufruf). Da der *weise* ihm ja schon 1198 aufgesetzt wurde (s.o. S. 43), verliert ein anderes vorgeschlagenes Datum, vor der zweiten Krönung 1205 (Serfas 1983, S. 79), an Wahrscheinlichkeit. Bestechend ist eine Beobachtung Schumachers (1962, S. 185), mit der sich die Entstehungszeit genauer eingrenzen läßt: Rom 8,20-22 wurde am vierten Sonntag nach Pfingsten verlesen, der im Jahr 1198 auf den 14.6. fiel; am 9.6. war Otto zum König gewählt worden. Ein brisanter Zeitpunkt also, das politische Ziel konnte in Einklang gebracht werden mit der kirchlichen Verkündigung.

Strophe III (9,16ff.)

Der anaphorische Anschluß an den Beginn der ersten beiden Strophen ist durch *Ich sach* gegeben, die Abfolge von Sehen und Hören steht chiastisch zu der des zweiten Spruchs (v. 1-4; vgl. Mohr 1953, S. 53). Wieder erhebt der Seher einen Totalitätsanspruch: Er kennt die Geheimnisse der Menschen, er hört und sieht alles (*swaz*), was sie tun und reden. Der Visionär versetzt sich an einen Ort, von dem aus er alles wahrnehmen kann; zunächst nach Rom, wo man log und *zwêne künige* betrog (v. 5f.). Anders als in den zwei vorangegangenen Sprüchen kommt Walther hier schon früh auf die aktuelle Politik zu sprechen. Mit den zwei Königen dürften Philipp und Friedrich eher gemeint sein als Philipp und der Stauferfeind Otto (auch v. 18 spricht dagegen; anders Nix 1993, S. 62f., der aber im Zirkelschluß argumentiert). Die Handlungsweise Roms ist die Ursache für den Konflikt zwischen *pfaffen unde leien* (v. 7ff.); der Seher hat den Schauplatz gewechselt. Mit den *leien* dürften die Anhänger Philipps gemeint sein, obwohl unter ihnen auch viele Geistliche waren, mit den *pfaffen* die Ottos, der als ›Pfaffenkönig‹ galt. Der Fortgang der Strophe suggeriert Beruhigung (v. 13ff.): Der Krieg scheint beigelegt, die Anmaßung zurückgenommen, die Geistlichkeit scheint in den ihr angestammten Bereich zurückgekehrt zu sein. Doch das letzte Drittel der Strophe (wieder derselbe Wendepunkt wie in der zweiten) erweist diesen Schluß als Trugschluß. Der Bann gegen Philipp wird angeprangert, Otto hätte zu Recht gebannt gehört (nicht Otto, der in v. 6 ja selbst als von Rom Betrogener genannt sei, sondern Guido von Praeneste sei gemeint, urteilt wenig überzeugend Nix 1993, S. 65f.). Im Gefolge dieser Willkür haben sich Übergriffe ereignet (wieder ein Schauplatzwechsel): die Zerstörung von Gotteshäusern oder die Störung des Gottesfriedens. Für die zweite Deutung könnte das Zeugnis Burkards von Ursperg sprechen: Gott selbst habe dieser Missetat (dem Bann) gewehrt und nicht zugelassen, daß in Deutschland Gottesdienst und kirchliche Würde zugrundegehen (das Interdikt ist gemeint, das gegenüber Gebannten ausgesprochene Verbot, an gottesdienstlichen Handlungen teilzunehmen; vgl. Burdach 1900, S. 268). Vom Sprachlichen her (*goteshûs*) ist die erste Deutung allerdings wahrscheinlicher. (Daß vor allem staufische Anhänger für Übergriffe gegen Kirchen verantwortlich waren, beweist für Nix 1993, S. 64, neben anderem, daß Philipp nicht Auftraggeber des Spruchs gewesen sein kann.) Noch einmal begibt sich das Ich an einen anderen Ort (v. 20ff.): in eine Einsiedelei, in der ein Klausner lebt. Sogar derjenige, der der Welt entsagt hat, ist betroffen von der Not, die im Reich herrscht. Wen der Klausner, der noch mehrfach in Walthers Werk auftauchen wird (s.u. S. 82 u. 89f. u. 112), meint, ist umstritten (eine akribische Aufstellung der vielen vorgeschlagenen Charakterisierungen findet sich bei Haag 1991, S. 17ff.). Da der Vorwurf verhalten formuliert und dazuhin einem Dritten in den Mund gelegt ist, kann man im *clôsenære* sowohl ein »Identifikationsangebot an Rezipienten aus apologetisch-kirchenloyaler Perspektive« als auch an »Sympathisanten neuer, individuellerer Frömmigkeit« sehen (ebd., S. 24 u. 28); doch auch die gegenteilige Ansicht kann man finden: die Wirkung der »vernichtenden Kritik« werde dadurch gesteigert (Kokott

1976, S. 157). Das *ze junc* ist aus parteiischer Sicht gesprochen, denn König Philipp war immerhin etwa 15 Jahre jünger als der Papst (vgl. Mohr 1953, S. 54).

Üblicherweise wird der Spruch auf die Zeit nach Philipps Bannung datiert, möglich ist sein Vortrag auf der Bamberger Fürstenversammlung (vgl. Burdach 1900, S. 47). Die Versuche von Serfas (1983, S. 76ff.) und Edwards (1985, S. 116), die Entstehung der Strophe auf März/Mai bzw. Sommer/Herbst 1205 zu legen, finden kaum Zustimmung (zu Serfas s.u., zu Edwards vgl. Kern 1992, S. 361f.; Nix 1993, S. 69f.).

Die Kleine Heidelberger Handschrift überliefert den Spruch ohne die ersten vier Verse und setzt mit *Ich hôrte in Rôme liegen* ein. U. Müller (1983a, S. 403f.) sieht diese Version als »nicht unbedingt ›fehlerhaft‹« an und hält auch eine zwanzigversige Strophe für vortragbar, da die ganze Strophe in Vierergruppen gegliedert werden könne (die Argumente wiederholt U. Müller 1996, S. 149f.). Edwards (1985, S. 106, der Müllers Aufsatz nicht kennt) nimmt die A-Fassung als »reflection of an earlier version of the song«. Doch hätte Walther die Strophe mit *Ich hôrte* begonnen, wäre dies eine wenig elegante Wiederholung des Anfangs von 8,28ff. In 9,16ff. ist das ›Sehen‹ wichtig, und es ist in der Kombination mit dem ›Hören‹ schon im vorigen Spruch angelegt, so daß es hier nicht fehlen darf. Als »unbeweisbare Hypothese« und als »weitgehend spekulativ« bezeichnet Kern (1992, Anm. 39) die Auffassungen Edwards' und Müllers; Nix (1993, S. 58 Anm. 171) führt die A-Version »auf eine Amputation des Spruchs in der mündlichen Überlieferung« zurück; selbst der gegenüber Kontaminationen sonst so streitbare Schweikle spricht von einem »Defekt« (1994, S. 335). Und dabei sollte man es belassen. Wäre es Walther, dem U. Müller für den Reichston zu Recht »große Meisterschaft« attestiert (1996, S. 150), wirklich zuzutrauen, daß er beim Rückgriff auf den drei Jahre zuvor geschaffenen Ton vergessen hätte, daß er aus 24 Versen bestand (s.o. S. 33), und sich erst später (Version BC) daran erinnert hätte, daß die Stimmigkeit nicht nur zusätzliche vier Verse, sondern auch den Stropheneinsatz *Ich sach* verlangte? Man müßte es fast glauben, betrachtet man die Wertungen, die der dritte Reichston-Spruch gelegentlich erfahren hat (vgl. noch Kaiser 1976, S. 15 u. 16f.: er habe »den geringsten Tiefgang«, sei »auf Effekt bedacht«, die »Sensibilität des Autors« sei hier »suspendiert«).

Zusammenfassung: Zur Einheit eines Tons

Die eingehenden Darlegungen Burdachs (1900, S. 135-270) sind, wenn auch im einzelnen korrigiert, für die Interpretation des Reichstons immer noch wichtig (seine Thesen werden denn auch in der jüngsten ausführlichen Untersuchung, bei Nix 1993, gründlich diskutiert, teils verworfen, teils übernommen). Im wesentlichen auf die Erhellung der den einzelnen Sprüchen zugrunde liegenden politischen Tatbestände bedacht, richtete Burdach sein Augenmerk weniger auf die Einheit des Tons. Diese ist vor ihm (vgl. Simrocks »Liedersprüche«, s.o. S. 22) wie in der Folgezeit immer wieder herausgestellt worden, und auch die obige Interpretation ist von ihr getragen. Anders als ein Lied, dessen Strophen in der Regel innerhalb eines knapp bemessenen, zusammenhängenden Zeitraums verfaßt werden, muß man sich den Reichston als ›gewachsene Einheit‹ vorstellen, wie sie auch bei anderen Tönen Walthers faßbar wird. Das Vorhandensein sprachlicher Dreiergruppen schon im ersten Spruch könnte darauf deuten, daß von Anfang an ein dreistrophiger Ton intendiert war, wie Walther ihn auch später verwendet (vgl. 1. Atze-Ton, Meißnerton, Rügeton). Doch stehen dem duale Strukturen zur Seite (vgl. Schweikle 1994, S. 337), die einen aus zwei Strophen bestehenden Ton erwarten lassen könnten, den es aber sonst bei Walther nicht gibt. Vom Ende her allerdings, von der dritten Strophe, wird die Einheit evident: »Nachdem sie alle drei entstanden waren, waren sie e i n Lied« (Mohr 1953, S. 49). Auch heute noch kann diese Auffassung, vielleicht abgesehen vom Lied-Begriff (vgl. aber Kern 1992), bestehen (vgl. Schweikle 1994, S. 335: »ein 3strophiger Zyklus«), wenngleich U. Müller (1983a u. 1996, S. 149) aus Überlieferungsgründen Zweifel daran hat, die aber nicht so schwer wiegen sollten; außerdem rechnet auch Müller (1983a, S. 406) mit einer Anpassung der dritten Strophe an die erste mittels Eingangsanapher und Rollenstilisierung. Es ist natürlich denkbar, daß Walther im nachhinein die ersten beiden Sprüche noch einmal überarbeitet und mit einheitsstiftenden Textsignalen versehen hat, doch muß dies Spekulation bleiben. Die Argumente für die Toneinheit hat Kern (1992, S. 350f.; mit Literatur) übersichtlich zusammengestellt. Eine schöne Verklammerung von Tonanfang und -schluß hat Haag bemerkt: Zum einen sind das Text-Ich am Beginn und der Klausner am Ende des Tons die einzigen Sprechinstanzen, »die regelrecht in Szene gesetzt werden« (1991, S. 62). Zum andern hat Walther, wenn man die von WM II 1924, S. 71, angeführte Parallele aus der *Kaiserchronik* heranzieht, »eine raffinierte Rahmung durch Motivspaltung vorgenommen«: Wie Kaiser Karl sitzt Walthers Text-Ich auf einem Stein, und der Klausner klagt, weint, wendet sich an Gott, wie Karl auch (Haag, S. 68).

Freilich sollte die Einheit nicht um den Preis erkauft werden, im Gefolge Maurers die Entstehung aller Strophen innerhalb eines engen Zeitraums zu postulieren, wie dies Serfas tut, der sich die drei Sprüche zwischen Ende 1204 und Mai 1205 entstanden denkt (zur Kritik vgl. Edwards 1985, S. 117; Kern 1992, S. 359f.; Nix 1993, S. 70f.; U. Müller 1996, S. 149), und letztlich auch Kern 1992 (vgl. S. 355), der den Gesamtton auf 1201 datieren möchte. Dem Postulat einer ›gewachsenen Einheit‹ muß nicht widersprechen, daß eine gemeinsame Aufführung aller drei Strophen undenkbar scheint (so U. Müller 1983a; Kern 1992) – was allerdings nur so sein muß, wenn man strikt die Aktualität des Vorgetragenen fordert –, diese Einheit ist auch vorstellbar als Werk-Einheit, die den Rezipienten als Leser voraussetzt, der das Ganze als *opus perfectum* zu goutieren weiß.

Die alte Auffassung, die beiden ersten Sprüche seien 1198 entstanden, der dritte 1201, hat noch immer die besten Argumente für sich (vgl. auch Schweikle 1994, S. 335ff.; U. Müller 1996, S. 148f.). Kontrovers diskutiert wird die Frage, für welchen Herrn, in wessen Auftrag Walther die Strophen verfaßt oder ob er sie aus freien Stücken gedichtet habe. Für Schweikle war Walther, als er die beiden ersten Sprüche sang, »eben erst am Stauferhof Philipps aufgenommen« worden (1994, S. 336); nach der etwas unklaren Argumentation bei Nix befand sich Walther zwar am staufischen Hof, dichtete aber noch nicht im Dienst Philipps, sondern entweder im Auftrag Leopolds VI. von Österreich oder aus eigener Initiative (1993, S. 38f.); 9,16ff. sieht Nix (aufgrund fragwürdiger Vorentscheidungen) nicht im Auftrag Philipps entstanden, sondern im Dienst eines sich vom König distanzierenden Reichsfürsten (S. 58). Für einen »staufisch gesinnten Herren« habe Walther alle drei Sprüche verfaßt, meint U. Müller (1983a, S. 405f.), wobei er es offen läßt, ob in »direktem Auftrag« oder nur im »Interesse« dieses Fürsten. 1996 wiederholt Müller diese Ansicht, hält die Entstehung im Auftrag des Königshofes selbst aber immerhin für »vielleicht« möglich (S. 150); einen Auftrag schließt Nellmann (1989, S. 44-46) aus, doch ist grundsätzlich – mit Nix (1993, S. 48) – zu unterscheiden zwischen »fester Anstellung« und okkasioneller Beauftragung. Die obige Interpretation hat deutlich zu machen versucht, daß Walther in allen Sprüchen des Reichstons für die Sache Philipps wirbt. Wäre der Name nicht schon besetzt, könnte man den Reichston auch 1. Philippston nennen.

2.3.3 Der 1. Philippston 18,29ff.

Im Reichston war Walther mit dem Appell zur Krönung Philipps von Schwaben für diesen als Garanten von *fride* und *reht* eingetreten. Die Krone ist auch ein zentrales Motiv in drei Strophen des 1. Philippstons: in 18,29ff. und 19,5ff. in rein objektbezogener Darstellung, in 19,29ff. steht wieder das Ich im Vordergrund, das seine Nähe zur *krône* feiert, es hat also offensichtlich eine andere Qualität als das Ich des Reichstons. Diese drei Sprüche, von Schweikle (1994, S. 344ff.) als »Kronenspruch«, »Magdeburger Weihnacht« und »Hofwechselstrophe« bezeichnet, verbinden sich durch enge thematische und formale Bezüge zur Philipps-Triade (vgl. Halbach 1974), die den Staufer preist. Die zwei später hinzutretenden, die »Philippschelte« 19,17ff. und die »Thüringer Hofschelte« 20,4ff., aus denen Distanz zum König spricht, runden das Ganze zur Pentade (vgl. Halbach 1953, S. 56-65, und 1970, der vor allem viele Details zur Formkunst herausgearbeitet hat). Der Ton ist in dem für Walther charakteristischen Dreischritt gestaltet: »Werbung, Dank/ Preis, Schelte« (Halbach 1965, S. 99). Doch ist dies hier eine ideale Folge, die nicht durch die Überlieferung gestützt wird und vielleicht auch nicht der Chronologie entspricht.

Eng miteinander verzahnt sind 18,29ff. und 19,5ff., denen auch die Tendenz zur sakralen Überhöhung des Königtums gemeinsam ist. Im Kronenspruch entwickelt Walther seinen Grundgedanken: »Philipp ist der Richtige, denn die Krone paßt zu ihm« (Ruck 1954, S. 7), indem er das *wunder* der Harmonie zwischen der Krone und ihrem Träger, das nur ein göttliches *wunder* sein kann, herausstellt. Wenn er Philipp als *jungen süezen man* bezeichnet, so schwingt in *süeze* das Gottesgnadentum mit (vgl. die Übersetzung bei Bumke 1979b, S. 19: »gesegnet«). Und wenn er in der politischen Schlußwendung der Strophe allen noch unentschlossenen Fürsten den *weisen* der Königskrone (vgl. dazu Nellmann 1978) als Orientierungspunkt, als *leitesterne* zeigt, so trägt diese Bezeichnung den Doppelsinn »Polarstern« und »Stern von Bethlehem« (vgl. Ruck 1954, S. 10). Die Tendenz zu religiöser Transzendierung ist im Spruch von der Magdeburger Weihnacht noch verstärkt; herausgearbeitet hat sie – nach Hinweisen Wallners (1909, S. 193) – vor allem Wapnewski (1967). Am Tag der Christgeburt schreitet Philipp selbst, der zugleich *eins keisers bruoder und eins keisers kint* ist, also der *namen drîge* [...] *in einer wât,* einher, Abbild der Dreieinigkeit, der Mensch als »Erlöser« (ebd., S. 75). Auch in dieser Strophe wird die gottgewollte Harmonie hervorgehoben: zwischen dem Tag, da Jesus *von einer maget* geboren wurde, dem Ort, an dem dieser neue Erlöser auftritt

(*Megdeburc*), und seiner Begleiterin: *ein hôhgeborne küniginne* [...], *rôse âne dorn, ein tûbe sunder gallen* – das sind Marienattribute, beigegeben der Königin, einer byzantinischen Kaiserstochter, die ihren Namen Irene nach der Heirat mit Philipp aufgab und sich Maria nannte (vgl. ebd., S. 75f.). Und wenn der Dienst der auch am Ende dieses Spruchs genannten Fürsten zum Wohlgefallen der *wîsen* ausfällt, dann meinen diese nicht nur die Kenner, das höfische Protokoll, sondern auch oder vornehmlich die Heiligen Drei Könige (nach Wallner 1909, S. 193, und Ruck 1954, S. 11, hat dies eingehend Wapnewski 1967, S. 78ff., gezeigt). Durch den gemeinsamen Bezugspunkt des Weihnachtsfestes stützen sich die Deutungen von *wîsen* und *leitesterne* im vorigen Spruch gegenseitig. Göttliche Trinität, Drei Könige: Natürlich hat Walther es sich nicht entgehen lassen, auch im Formalen die Dreiheit zu betonen, indem er den ganzen Ton nach dem »Kompositionsgesetz der triadischen Struktur« gebaut hat (ebd., S. 89).

Vor dieser sakralen Folie gewinnt das politische Anliegen der beiden Sprüche an Gewicht. Wenn Walther im Kronenspruch Philipps *keiserlîchez houbet* erwähnt, bedeutet dies, daß der König von Rechts wegen auch Kaiser werden muß. Und daß er rechtmäßig König ist, das sucht die Strophe mit ihrem thematischen Mittelpunkt, der Krone (vgl. auch v. 6 der Magdeburger Weihnacht: *er truoc des rîches zepter und die krône*), nachgerade zu beschwören: Es sei daran erinnert, daß Philipp am falschen Ort und von der falschen Hand gekrönt wurde, aber mit den Insignien des Reiches. Otto, der andere Gekrönte, ist im Hintergrund mitzudenken. Der zweite Spruch feiert Philipps Festkrönung mitten im Herrschaftsgebiet seines Gegenspielers (zum Zusammenhang von Walthers Darstellung mit mittelalterlichen Herrschaftsvorstellungen vgl. U. Müller 1974, S. 420ff.). Das Bild des ›Unter-der-Krone-Gehenden‹ wird durch Anfang und Schluß des Aufgesangs (*Ez gienc* [...] *krône*) regelrecht mit einem Rahmen versehen (auf das die Strophe dominierende Wortfeld des Gehens hebt Ruck 1954, S. 11, ab). Der Spruch feiert außerdem die Heimkehr unsicherer Kantonisten, der *Düringe* und der *Sahsen*, die von Otto zu Philipp umgeschwenkt waren. Die ganze Brisanz der Situation in Magdeburg wird deutlich, wenn man weiß, daß Otto am Dreikönigsfest 1200, also zwölf Tage nach der Magdeburger Weihnacht, den auf dem Dreikönigenschrein zu Köln, dem Hausheiligtum der Welfen, dargestellten Drei Weisen Goldkronen aufgesetzt und damit ein »Kaiserrecht« ausgeübt hat (vgl. Petersohn 1987, S. 52ff.). Daß Walther Philipps *keiserlîchez houbet* erwähnt, erhält dadurch zusätzlichen Sinn, wie auch die Deutung der *wîsen* als *magi*, die der Dichter für Philipp vereinnahmt, vollends unabweisbar wird. Denn: »Was jeweils in Köln und Magdeburg vor sich gehen sollte, wird im anderen Lager bekannt gewesen sein« (ebd., S. 62).

Diese Sachverhalte lenken uns auf die Datierungsfrage. Der Anfang von 19,5ff., *Ez gienc eines tages*, klingt, auch wenn man *ein* deiktisch (»an jenem Tag«) versteht, so, als sei zwischen dem Ereignis und der Abfassung der Strophe eine gewisse zeitliche Distanz anzunehmen. Weihnachten 1199 ist terminus post quem, und so kann Nellmann (1989, S. 40) den Spruch auf 1200 datieren; Nix (1993, S. 57) legt sich genauer fest und setzt, indem er Walther Zeit läßt, auf die Ereignisse am Dreikönigstag 1200 in Köln zu reagieren, den Vortrag auf Philipps Hoftag zu Nürnberg am 18.3.1200 an. Bei der Besprechung des Reichstons ist deutlich geworden, daß Walther noch nach mehreren Jahren eine Strophe eng mit den anderen eines Tons verknüpfen konnte. Von daher ist es nicht zwingend, die gleichzeitige Entstehung von 18,29ff. und 19,5ff. anzunehmen, wie Halbach (1953, Anm. 6, und auch in den späteren Veröffentlichungen) dies tut. Zwischen dem Schlußterzett des Kronenspruchs und dem der Magdeburger Weihnacht, dem Appell an die Fürsten und dem Beweis ihres Dienens, scheint eine gewisse Zeitspanne zu liegen (vgl. Ruck 1954, S. 13 u. 23). Der Kronenspruch wird meist auf den Termin von Philipps Krönung in Mainz (8.9.1198) gelegt. Walther spricht als Augenzeuge und im Präsens, d.h., die Strophe muß entweder bei jener Krönung oder anläßlich der Prozession in Magdeburg Weihnachten 1199 aufgeführt worden sein. Die Betonung des visuellen Moments (*schouwen* usw.; vgl. ebd., S. 7f.) wäre unnütz, würde man die Strophe irgendwann in das Jahr 1198 datieren (diese Inkonsequenz etwa bei Bumke 1979b, S. 20: Abfassung anläßlich der Krönung »kann sein«, Datierung auf 1198 »sicher richtig«). Da der *leitesterne* zur Weihnachtszeit sein richtiges Datum hat, im September aber eher deplaziert wäre, ist die Aufführung von 18,29ff. bei der Magdeburger Weihnacht wahrscheinlicher, 19,5ff. könnte – mit Nix – einige Monate später folgen. – Alle Strophen des 1. Philippstons auf Ende 1199/Anfang 1200 zu konzentrieren (so Kern 1992, S. 358), ist abwegig (s.u.).

Der dritte Spruch, in dem Walther die Krone zum Thema macht, ist 19,29ff. Zwar nur in einer einzigen Zeile tut er dies (v. 8: *mich hât daz rîch und ouch diu krôn an sich genomen*), aber sie ist die entscheidende: Zum ersten Mal ist der Dichter bei einem König, bei Philipp, untergekommen (die Einschränkung U. Müllers, 1996, S. 151, daß man darunter »auch ›nur‹ einen staufisch gesinnten Landesfürstenhof verstehen« könne, ist nicht überzeugend). Und obwohl das Gönnerlob in diesem Spruch noch nicht dominant ist, gehört er zur Panegyrik (vgl. Kokott 1976, S. 142). Wie in 19,5ff. spiegelt sich im Wortgebrauch der Bewegungscharakter, hier aber auf das Ich konzentriert (vgl. Ruck 1954, S. 16). Es ist ein anderes Ich als das des Reichstons. Zwar gehört im Genre des Sangspruchs die Thematik des Unbehaustseins und des Wieder-*ze fiure*-Kommens wesentlich zur Sängerrolle, doch ist hier auch der »Träger dieser Rolle« entscheidend betroffen (Wenzel 1983, S. 24). Es handelt sich um einen »Spruch, der offensichtlich persönliches Erleben des Dichters gestaltet« (Kokott 1976, S. 140). Er gestaltet es in Tierbildern, die jeweils einem Stadium der gesicherten Existenz, des ungewissen Fahrendendaseins und wieder der Sicherheit des Herrendienstes zugeordnet sind. Das stolze Schreiten des Kranichs, der geduckte Gang des Pfaus, Bilder, die sich leicht auflösen lassen; kontrovers diskutiert wird der Schluß: Bleibt Walther im Pfauenbild (so Wailes 1973), oder nimmt er das Anfangsbild des Kranichs wieder auf (vgl. Wapnewski 1983; Liebertz-Grün 1989; Röll 1989; die beiden letzteren lesen die Strophe im Kontext von Tierfabeln)?

Die Datierung des Spruchs scheint eng mit der Frage zusammenzuhängen, wann und aus welchem Grund Walther den österreichischen Hof verlassen hat. Die gängige Ansicht hierüber – im Sommer 1198 nach dem Tod von Herzog Friedrich und nach Unstimmigkeiten zwischen seinem Nachfolger Leopold VI. und Walther – hat Ashcroft (1983) zu erschüttern versucht. Da Friedrich bereits im Frühjahr 1197 Österreich verlassen, den Kreuzfahrereid gar schon im Dezember 1195 geleistet habe und finanziell überfordert gewesen sei (vgl. S. 5 u. 8), komme dieser Herzog als Gönner Walthers überhaupt nicht in Frage, dafür aber Leopold VI., und zwar seit 1195, spätestens aber seit Frühjahr 1197 (vgl. S. 10f.). Ob Walther sich mit diesem überworfen habe, wird aus Ashcrofts Darstellung nicht recht deutlich. Jedenfalls sei »die Krise in Österreich ab 1195« der Anlaß für Walthers Scheiden von Wien gewesen (S. 13). Dieses sei also für spätestens 1197 anzusetzen. Von »Selbstironie, mit der Walther seine Misere schildert«, ist bei unbefangener Lektüre der Strophe allerdings nichts zu spüren, auch eine »eher ironische Haltung gegenüber Friedrich« (S. 4) ist schwerlich zu entdecken (skeptisch hierzu auch Edwards 1990, S. 174 Anm. 4). Das von Walther in v. 1f. knapp resümierte Ereignis (Tod Friedrichs auf dem Kreuzzug) durch eine Neuinterpretation von *gewarp* (»danach trachtete, sich daran machte, ins Heilige Land zu ziehen«, S. 5; ähnlich übrigens schon Burdach 1900, S. 131f., den Ashcroft nicht nennt) in verschiedene Phasen aufzuspalten, geht nicht an. Erst durch den Tod des Herzogs ist die Metamorphose des Kranichschritts in den Pfauengang verursacht worden. So wird man bei der bisherigen

Deutung bleiben müssen, erst dieses Ereignis habe Walther zum Weggang von Wien veranlaßt, wenn man nicht dem Kompromißvorschlag Hoffmanns 1996, S. 100, nähertreten will, die »Trennung von Wien« könne bereits im Frühjahr 1197 erfolgt sein, die »definitive Trennung« aber erst nach Friedrichs Tod. Dann aber kann die Strophe frühestens nach Eintreffen der Nachricht in Wien (kaum vor Anfang Juni) verfaßt worden sein, jedoch auch nicht gleich danach, denn Walther hätte sich erst noch zum Hof Philipps begeben und dort um Aufnahme bitten müssen (zum chronologischen ›Gedränge‹ vgl. Nellmann 1989, S. 45f.). Die Datierung Schweikles (1994, S. 345: »wohl auf Sommer 1198«) ist demnach zu früh, auch wenn Walthers Erwähnung der Krone nicht auf die Krönung, sondern auf den 5.4.1198 anspielen würde, den Tag, an dem Philipp sich in Worms zum ersten Mal unter der Krone gezeigt hatte (vgl. Bertau 1973, S. 813). Den Vortrag nach der Krönung, »aber wohl noch 1198 an Philipps Hof«, nimmt Liebertz-Grün (1989, S. 282) an, während Halbach (1953, Anm. 6, fragend; 1974, S. 137 mit Anm. 25) 1198 für zu früh und eine Entstehung zusammen mit der Magdeburger Weihnacht – auch da noch sei Friedrichs Tod im Rückblick genügend aktuell gewesen – für denkbar hält (auch Wailes 1973, S. 947, setzt als terminus ad quem Weihnachten 1199 an, und auch neuerdings wird die Entstehungszeit der Strophe in RSM 5, 1991, S. 467, ohne Begründung mit »nach 1198« angegeben).

Wie die drei eng miteinander verknüpften Sprüche für Philipp durch das Hinzutreten zweier Scheltstrophen zur Pentade erweitert werden und der ganze Ton durch diese »Bindung des Kontrastes« seinerseits gerundet und zur ›gewachsenen Einheit‹ wird, hat neben Halbach (s.o.) Ruh (1968, S. 321) gezeigt. Zunächst, in 19,17ff., bleibt der ›Held‹ derselbe. Aber welch ein Gegensatz zu der sakralen Überhöhung des jungen Königs in den ersten beiden Sprüchen, zu dem Jubel über dessen Großherzigkeit, die Walther wieder eine Heimat gab, in der Dankstrophe! Kühl, distanziert setzt Walther ein: »Informierte Kreise behaupten...« Aber schon »die Spitzenstellung des Namens gibt [...] der Apostrophe fast eine Wendung ins Aggressive« (Halbach 1970, S. 46). Und der ganze Tenor der vordergründig Sprechakte des Ratgebens aneinanderreihenden Strophe erweist sie in Wahrheit als Schelte (vgl. Niles 1979b, S. 73: »Realisierung eines indirekten Sprechaktes«). Kern (1992, Anm. 50) verfehlt die Intention des Spruchs gänzlich, wenn er meint, daß Walther den König hier »um rechte *milte* bat«, und ihn nach 20,4ff. noch vor die Dank- und Preisstrophen an den Anfang des Tons setzen will. Um *milte* geht es gewiß, aber wohl weniger im Eigeninteresse des Dichters als in dem eines sich von Philipp abwendenden Fürsten, vermutlich Hermanns von Thüringen. »Walther dichtet nicht mehr für den König an andere, sondern für andere an den König« (Kokott 1976, S. 162). Die Erinnerung an eine der vornehmsten Herrscheraufgaben, an die Pflicht zur *milte*, gibt sich zunächst als »traditionelle Spruchdichteraktivität«, dann aber, im Abgesang, wird die Norm »konkretisiert« (Ortmann 1989, S. 29): Zwei Beispielfiguren, Prototypen des *milte*-Handelns, werden Philipp vorgehalten. Sultan Saladin, zwar Feind der Christen, wurde schon in zeitgenössischen Quellen wegen seiner Freigebigkeit gepriesen; ihn Philipp als Vorbild zu präsentieren, diskreditierte den König also weniger, als man glauben mochte (vgl. Nix 1993, S. 104). Dann aber Richard Löwenherz! Mit seiner Erwähnung »weckte Walther die Erinnerung an eine der schändlichsten Taten« der Staufer (ebd., S. 105). Die dem Engländer für seine Freilassung abgepreßten Unsummen als Beweis seines *milte*-Handelns zu deklarieren, ist bare Scheinheiligkeit. Ob Walther auch darauf anspielte, daß Richard sich, um freigelassen zu werden, mit bestimmten deutschen Fürsten verbünden und sie bezahlen mußte oder ihnen Geld in Aussicht stellte, darunter auch Philipps älterem Bruder Konrad von Rothenburg, und ob ein eingeweihtes Publikum diesen »considerable degree of irony« spürte, stellt Edwards (1990, S. 161f.) zur Diskussion. Am Schluß der Strophe steht ein Sprichwort. Daß sich der Dichter damit »aus dem prekären politischen Terrain« zurückziehe und sich »in der hieroglyphisch-gnomischen Rede« verberge (Ortmann 1989, S. 30), bestreitet Hofmeister 1995 (der S. 156ff. diesen »sprichwortartigen Mikrotext« analysiert) vehement: Er versucht zu zeigen, daß durch die Schlußzeile »erst die vorangegangenen Verse zu einem schlagkräftigen Ganzen« werden, indem Walther an einen Schaden erinnere, der Philipps Antipoden Otto »durch die Freilassung seines Onkels und Gönners Richard Löwenherz Nutzen gebracht habe und bringe« (S. 162f.).

Daß Walther diesen Spruch noch vor Philipp vorgetragen habe, gilt als ausgeschlossen (vgl. zuletzt Nix 1993, S. 103). Nix versteht ihn als »Versuch, im Sinne Hermanns von Thüringen die stauferfreundlichen thüringischen Grafen zu beeinflussen« (ebd.), und hält seine Entstehung zwischen spätestens Ende 1201 (»dem Bekanntwerden von Hermanns Plänen, von Philipp abzufallen«) und Ende 1202 für wahrscheinlich (ebd., S. 106). Halbach, der ihn zunächst noch auf »kaum vor, frühestens, Ende 1201« datiert hatte (1953, S. 58), setzt ihn später (z.B. 1970, S. 46) nach der »Alexandermahnung« (16,36ff.) aus dem 2. Philippston an, die er als zur zweiten Krönung Philipps (6.1.1205) gedichtet ansieht. Vergleicht man den für die folgende Strophe 20,4ff. vorgeschlagenen Datierungsrahmen, wäre diese Spätdatierung nicht undenkbar.

Noch »Einheit des Themas«, aber nicht mehr »Einheit des Helden« ist mit der »Thüringer Hofschelte« 20,4ff. (die Bezeichnung wieder mit Schweikle 1994, S. 351) gegeben (Halbach 1970, S. 46). Neben der thematischen Bindung an 19,17ff. ist auch die formale sehr eng (vgl. Halbach 1953, S. 60; Ruh 1968, S. 321). Könnte man sich die Meinung von Walther-Forschern des 19. Jahrhunderts zu eigen machen, für die der Dichter hier eine ergötzliche Schilderung des lustigen Treibens an Hermanns Hof bietet, das er beifällig aufnimmt (vgl. etwa Simrock ^{4}1869, S. 328), hätte man es einfach, sich den situativen und damit chronologischen und biographischen Zusammenhang mit der Philippschelte zurechtzulegen: In dieser wäre die Trennung vom König dokumentiert, hier der – wenn auch ironisch beleuchtete – Beginn eines neuen Dienstverhältnisses. Doch sind im Laufe der Forschungsgeschichte Züge der Strophe aufgedeckt worden, die ein solches Urteil nicht zuzulassen scheinen. Unter dem Mantel der staunend artikulierten ironischen Anerkennung – *zwîvellop* (vgl. Halbach 1970, S. 51) – wird sarkastischer Spott und Tadel sichtbar. Gemeinsam mit 19,17ff. hat der Spruch jedenfalls das Thema der *milte*, aber in antithetischer Zuspitzung: was Philipp zu wenig hat, hat Hermann zu viel (vgl. ebd., S. 48). Indem die Strophe zeige, »was es mit der Zucht der Thüringer auf sich hat«, werde nachträglich auch die Beteuerung des Schlusses der Magdeburger Weihnacht ironisiert, stellt Niles (1979b, S. 75) fest.

Dasselbe Thema wie Walther spricht auch Wolfram von Eschenbach im *Parzival* v. 297,16-29 an: Hermanns *wâriu milte* ziehe Leute höchst unterschiedlicher Qualität an seinen Hof, man finde dort *etswâ smæhlîch gedranc/ unt etswâ werdez dringen*. Deshalb, fährt Wolfram fort, *muoz hêr Walther singen/'guoten tac, bœs unde guot.'/ swâ man solhen sanc nu tuot,/des sint die valschen gêret*. Das *dringen* der Gäste scheint Walther wie Wolfram Eindruck gemacht zu haben, dieser hat den Spruch zweifellos gekannt (weniger auf eigene Erfahrungen der Autoren als auf eine literarische Tradition »hofkritischer Argumentationsmuster« möchte Peters 1981, S. 27, die beiden Texte zurückführen, doch krankt ihre These daran, daß es solche Modelle nur aus klerikaler Perspektive gibt). Nebenbei erfahren wir durch Wolfram noch von einer verlorenen Walther-Strophe, so scheint es wenigstens (ausführlich dazu Scholz 1966, S. 5-23; Schiendorfer 1983, S. 220f. u. 239-244). Allerdings muß der zitierte Vers nicht unbedingt die Anfangszeile eines Walther-Gedichts sein, so daß alle Versuche, ihn einem bestimmten Ton zuzuordnen, spekulativ bleiben (vgl. Scholz, ebd., S. 18f.). Wenn es ein solches Gedicht gegeben hat, kann Walther die Begrüßung sowohl der *guoten* als auch der *bœsen* nur ironisch gemeint haben (vgl. ebd., S. 21).

Doch könnte Wolfram mit seiner Walther-Anspielung auch auf 20,4ff. abzielen, wie zuerst Simrock (1870, S. 48f.) vermutet hat, und so etwas wie ein »konzentrierendes Zitat« dieser Strophe geben (Scholz, ebd., S. 10; anders Schiendorfer 1983, S. 240).

Die Strophe ist vor dem 6. Buch des *Parzival* entstanden, das auf Ende 1202 oder Anfang 1203 datiert wird, doch könnte die Walther-Anspielung auch ein späterer Einschub von 1204/05 sein (vgl. Mettke 1989, S. 5). Sie ist ab 1201, dem vermutlichen Beginn von Walthers Beziehungen zum Landgrafenhof, denkbar (vgl. zuletzt Schweikle 1994, S. 352; einige Datierungsvorschläge sind in der Tabelle bei Scholz 1966, S. 201, verzeichnet). Wenn Hermann in bezug auf die Auswahl seiner Gäste so indifferent-großzügig war, wie Walther ihm unterstellt, mochte er auch den Vortrag der Strophe an seinem Hof toleriert haben; doch auch andere Vortragsorte wurden von der Forschung ins Spiel gebracht (vgl. Scholz, ebd., S. 9f.).

Der ganze Ton ist nur in B überliefert, Handschrift C bringt lediglich die drei Philipps Namen enthaltenden Sprüche, doch läßt sie Platz für weitere vier Strophen (vgl. Schweikle 1994, S. 342). Je zwei weitere Strophen im 1. Philippston sind in der Haager Liederhandschrift und im Maastrichter Fragment enthalten (vgl. Cormeau 1996, S. 314f.). Die Zuschreibung an Walther sei, meint U. Müller (1996, S. 151) »natürlich nicht völlig auszuschließen«, doch sprechen Thematik und Stil eher für eine Entstehung nach Walthers Zeit.

Über die Melodie sind wegen der fragmentarischen Überlieferung in Z keine Anhaltspunkte über den Bau des Tons zu gewinnen (vgl. Brunner 1996, S. 66f.; ausführlicher Brunner/Müller/Spechtler 1977, S. 57*f., mit Literatur und Abdrucken der Melodie; ihre Identität mit der des Weihnachtsliedes *Nu sis uns willekomen herro Crist* wird skeptisch beurteilt).

2.3.4 Der Wiener Hofton 20,16ff.

In Walthers Anfänge als Sangspruchdichter könnte auch dieser Ton gehören. Der Umstand, daß in drei Strophen vom Wiener Hof oder vom österreichischen Herzog die Rede ist, hat ihm seinen Namen gegeben. Ob darüber hinaus noch mehr seiner Sprüche auf Wiener Verhältnisse gedeutet werden können, steht der Interpretation offen. Es ist der erste Vielstrophenton Walthers; weitere dieser Art werden erst im zweiten und dritten Jahrzehnt des 13. Jahrhunderts folgen. In den Haupttext der Ausgaben haben 14, bestenfalls 15 Strophen Eingang gefunden, weitere in der Form des Wiener Hoftons überlieferte Sprüche gelten meist als unecht; doch s.u. S. 64.

Die Besprechung dieses Tons will v.a. aufzeigen, nach welchen Ordnungsgrundsätzen ein Großton durch die Überlieferung (und womöglich durch den Autor selbst) organisiert sein kann. Während die Lachmann-Ausgabe der Strophenanordnung der Handschrift C folgte und folgt, die 14 Sprüche enthält, wird hier nach Wilmanns, der die 12 in D überlieferten Strophen als »zu dreien nach dem inhalt geordnet« erkannt hat (1867, S. 223), die D-Reihung zugrunde gelegt (zu ihr vgl. Scholz 1973; als bisher einzige Ausgabe folgt ihr die Ranawakes 1997). Die vier Dreier-Einheiten bilden eine Art Zyklus von Strophenkreisen und -ketten (nach Tervooren 1967, S. 112f., sind dies »Strophen, die eindeutig formale und inhaltliche Verwandtschaft zeigen, ein oder mehrere Themen entwickeln« oder »um ein Generalthema kreisen«).

Die erste Triade (23,11ff.; 23,26ff.; 24,3ff.) steht unter dem Thema ›Verfall der Jugend‹, der dem Versagen der Alten zugeschrieben und in die zeitlichen Pole Einst und Jetzt eingespannt wird. Mit dem biblischen Bezug im Eingang und dem zweimaligen Gottesanruf eignet sich der erste Spruch gut als Einleitung eines Tons, wie gelegentlich auch sonst religiöse Strophen diese Position einnehmen. In der zweiten Gruppe (21,10ff.; 21,25ff.; 22,3ff.) erhebt das Ich Klage über eine verkommene Welt, die ihren Schöpfergott verleugnet; die Thematik der ersten Triade wird also ausgeweitet. An der Zählung Lachmanns wird übrigens ersichtlich, daß auch in C die Dreiergruppierung und -folge der beiden ersten Gruppen erhalten ist; bei den zwei folgenden betrifft dies nur noch jeweils ein Strophenpaar. Wie die zweite Gruppe endet, mit einem Gottespreis, beginnt die dritte (20,16ff.; 22,18ff.; 22,33ff.), die das aus dem Reichston bekannte Thema des Verhältnisses der Menschen zu den drei Werten *guot, êre* und *gotes hulde* diskutiert. Die letzte Triade (24,18ff.; 24,33ff.; 20,31ff.) ist ich-bezogen, sie dokumentiert Probleme, die Walther mit dem Wiener Hof hat. Der Situationsablauf der drei Strophen läßt sich wie folgt fassen: Der den Anfang bildende Reisesegen konstatiert die Tatsache, wegziehen zu müssen; der zweite Spruch begründet das Verlassen Wiens mit dem Verfall höfischen Lebens; der dritte gibt der Erkenntnis Ausdruck, daß der Wiener Hof Walther verschlossen bleibt (zu den Ironie-Signalen der Strophe vgl. Nolte 1991, S. 325ff.), immerhin kommt am Schluß ein wenig Hoffnung auf.

Ebenfalls die D-Folge legt Cossar (1980) seiner Interpretation zugrunde, ordnet jedoch nicht in vier Triaden, sondern in zwei Pentaden (die beiden übrigen Strophen seien wahrscheinlich Ausgangspunkt des Tons gewesen, S. 545). Thema der ersten sei der Wandel der Zeiten, die zweite appelliere an den Menschen, die genaue Bedeutung der Nächstenliebe zu erfassen. Mannigfache motivische und formale Verknüpfungen zwischen je zwei Strophen, zwischen den beiden Pentaden und innerhalb jeder Pentade selbst lassen Cossar diese Gliederung für überzeugender halten als die von Wilmanns vorgeschlagene. Allerdings hat seine Argumentation Schwachstellen: In den Strophen IV und V seiner ersten Pentade ist der Gegensatz Einst-Jetzt nur punktuell bzw. gar nicht angesprochen, der von Jung und Alt in Strophe V nur beiläufig. Fraglich ist auch, ob mit den ersten sechs Versen von 22,3ff. wirklich das Thema der zweiten Gruppe erfaßt ist. Bedeutsamer – und das spricht für die triadische Struktur – ist, daß von den drei Werten nur in den drei Mittelstrophen von Cossars zweiter Pentade gesprochen wird. Schließlich kann in der letzten Strophe von einem Appell an die brüderliche Liebe keine Rede sein. Immerhin hat auch Cossars Studie erwiesen, daß in D ein sinnvolles Nacheinander der Strophen bewahrt ist. Die Grundstimmung, die sie vermitteln, ihr sie einendes Thema ist das der gestörten Ordnungen dieser Welt (vgl. Maurer 1954, S. 29), und wie andere Spruchtöne Walthers schreitet auch dieser in der D-Folge einen »Weg vom Allgemeinen zum Besonderen, vom Heilsgeschichtlich-Mythischen zum Persönlich-Privaten« ab (Scholz 1973, S. 20f.).

Da Handschrift D relativ früh, um 1300, geschrieben worden ist, muß man ihre Strophenanordnung ernst nehmen. Offen ist, ob sie von einem Redaktor stammt oder von Walther selbst (vgl. dazu Scholz, ebd., S. 22f.; Bein 1997, S. 65). Es liegt nahe, daß die Strophenreihe nicht in einem Zug entstanden ist (vgl. U. Müller 1996, S. 154). Ehnert (1976, S. 271) würdigt sie als »Formzyklus letzter Hand«, nachdem Walther wahrscheinlich von Anfang an Dreier- und Vierergruppen als solche konzipiert habe (Cossar 1980, S. 544f., postuliert für seine Pentaden dasselbe). Für die Aufführung seien verschiedene Strophengruppierungen geeignet gewesen. Mit Mohr (1983, S. 206) kann man sagen, daß die D-Folge »eher den Leser als den Hörer anzusprechen« scheint (zu den Hauptthemen und den Reimverhältnissen des Tons, unter Einschluß der C-Strophen, vgl. die Übersichten bei Ehnert 1976, S. 269f.; dort, S. 464f. Anm. 9, auch eine Scholz ergänzende Tabelle zu den formalen Bezügen innerhalb des Tons).

Die Reihenfolge der 14 in C überlieferten Sprüche macht – obwohl Bein (1997, S. 62f.) an ihr zeigen will, wie ein Großton »thematisch strukturiert und organisiert ist« – durch Umgruppierung oder gar inkonsequente Auflösung der Dreiergruppen den Eindruck mangelhafter Kohärenz (vgl. Scholz 1973, S. 12ff.).

Wie verhalten sich nun die verbleibenden Strophen zu der durch D repräsentierten Zwölfergruppe? Von den beiden in C stehenden paßt 25,11ff. nach Thema und Form am besten vor die Mittelstrophe der zweiten D-Triade, 21,25ff., als Austausch- oder Zusatzstrophe, die andere, 25,26ff., eine Wiener Strophe, ist ihrem Tenor nach eher etwas abgesetzt von den übrigen das Thema Wien behandelnden Sprüchen, könnte also Zusatz- oder Nachtragsstrophe sein (vgl. ebd., S. 17ff.). Die Echtheit der unter Walthers Namen tradierten Strophe 148,1ff. nur wegen der entlegenen Überlieferung anzuzweifeln (so noch ebd., S. 17), geht nicht an, zumal sie formal gut in den Ton eingepaßt ist und im Thematischen Nähe zu 24,18ff. zeigt (vgl. Ehnert 1976, S. 463 Anm. 4; Ranawake 1997, S. 94; vgl. auch U. Müller 1996, S. 155).

Wieder hat C freien Raum gelassen, dieses Mal für drei Strophen. Daß die fünf in H überlieferten Sprüche (vgl. Cormeau 1996, S. 316ff.), in deren letztem sich das Ich mit Namen nennt (*ich Walther*), oder ein Teil von ihnen echt sind, scheint nicht ausgeschlossen (vgl. Schweikle 1994, S. 454; U. Müller 1996, S. 156, hält sie wegen ihrer Lied-Form für später). Acht durch zwei Meisterlieder-Handschriften tradierte Strophen dieses Tons (vgl. Cormeau 1996, S. 319) stammen sicher aus späterer Zeit.

Genauer datierbar sind von den Strophen des Wiener Hoftons allenfalls zwei: 21,25ff., die man auf die Sonnenfinsternis vom 27.11.1201 bezieht (zu den Berührungen mit 8,4ff. vgl. Cossar 1980, S. 538), und 25,11ff., der Spruch von der Konstantinischen Schenkung, der in die Zeit nach Philipps Bannung (Juli 1201) gesetzt wird (zu diesem vgl. zuletzt Nellmann 1989, S. 46-52, mit Exkurs I S. 55ff.). Nun hat Ashcroft (1983) versucht, weitere Strophen zeitlich genauer zu situieren. Den Zusammenhang von Walthers Scheiden aus Wien mit der Klosterneuburg-These (die Verlegung der Residenz Leopolds VI. von Wien nach Klosterneuburg sei von Walther im Namen einer Opposition kritisiert worden) lehnt er, S. 11f., wie andere nach ihm, ab (vgl. Knapp 1989, S. 58f. mit Anm. 41; Nellmann 1989, S. 42f.; Nolte 1991, S. 58f. mit Anm. 179; Hoffmann 1996, Anm. 5). Statt dessen setzt er die beiden D-Pentaden (die er von Cossar übernimmt) mit den Ereignissen in Österreich nach 1195 in Beziehung und will etwa für 24,33ff. und 22,18ff. zeigen, daß sie gegen Leopold V. gerichtet sind, während der *Junc man* in 22,33 auf Leopold VI. (was schon Cossar 1980, S. 545, erwogen hatte) oder auf ihn und Friedrich gehe. Ashcrofts Neudatierung hat, obwohl sie diskutabel und kaum zu widerlegen ist (vgl. U. Müller 1996, S. 156), dennoch ihre Schwachstellen, ein Indiz muß das andere stützen. Allgemeine Lebenslehre ohne aktuell-politischen Bezug gehört zu den Themen der Sangspruchdichter, und so klingt z.B auch der Spruch 22,33ff. (wäre es wirklich »taktvoll« – so Ashcroft, S. 19 –, einen der Fürsten als *Junc man* zu titulieren?).

Ashcrofts These, Walther sei nicht erst unter König Philipp, sondern bereits am Wiener Hof als Spruchdichter in Erscheinung getreten und seine Kritik an der Situation in Österreich nach 1195 habe ihn zum Verlassen Wiens genötigt (s.o. S. 57 zum 1. Philippston), sollte weiter in der Diskussion bleiben. Es wird darüber nachzudenken sein, ob wirklich, wie man bis dahin fast allgemein geglaubt hat, 1198 Walthers ›Schicksalsjahr‹ war (Zweifel daran jetzt auch bei Hoffmann 1996) und ob die Seßhaftigkeit eines Sängers Spruchdichtung ausschließt (Nellmann 1989, der Anm. 9 Stimmen nennt, die den Vortrag von Spruchstrophen am Wiener Hof für möglich halten, bleibt bei dieser These; vgl. besonders S. 39). – Hält man daran fest, daß Walther nur als Fahrender Sangspruchdichter war, kann man den Wiener Hofton mit seinem Abschied aus Österreich (wann immer dieser war) einsetzen lassen und seine Vollendung im Laufe des ersten Jahrfünfts des neuen Jahrhunderts vermuten (Cossar 1980, S. 545, denkt sich die D-Folge zwischen 1200 und 1202 entstanden; Schweikle 1994, S. 456, hält einen Vortrag vor allem der zehn Strophen didaktisch-gnomischer Dichtung bis 1208/10 für möglich). Die Nachtragsstrophe 25,26ff. könnte wegen der Nähe zu 84,1ff. aus dem Leopoldston (s.u. S. 72) erst in der zweiten Hälfte des ersten Jahrzehnts verfaßt sein (vgl. Scholz 1973, S. 19f.; andere datieren sie auf 1200 oder 1203; vgl. z.B. Cossar 1980, S. 546; Ashcroft 1983, S. 22); umstritten ist, ob die Erwähnung der *alten schulde* 26,1 autobiographisch gemeint sein muß (vgl. Ashcroft, ebd.; Schweikle 1989a, S. 82) oder nicht (vgl. Hoffmann 1996, Anm. 5).

Die in Meistersingerhandschriften bewahrte Melodie des Wiener Hoftons, die Hof- oder Wendelweise (vgl. die Beschreibung bei Brunner 1996, S. 67), gilt als echt. Dafür spricht auch die besonders von Mohr (1954/55) herausgearbeitete weitgehende Übereinstimmung von Melodie und Text, und zwar der Syntax, nicht der metrischen Gegebenheiten. Die in fast allen Strophen zu findenden Einschnitte im Satzbau nach v. 9 und v. 13 werden auch vom melodischen Duktus übernommen, was Aarburg zu der vielleicht überspitzten Bemerkung veranlaßt, die Weise trete völlig hinter den Text zurück, »dessen Deklamation sie nur stilisiert und steigert« (1957/58, S. 207). Die Melodie der etwa 250 Jahre nach Walthers Komposition entstandenen Kolmarer Handschrift hat die Struktur des Tons bewahrt, hat im Detail aber wohl geändert durch weitgehenden Verzicht auf Melismatik und Verkleinerung des Tonumfangs (vgl. Brunner).

2.4 Weitere Töne um König Philipp, Hermann von Thüringen und Leopold VI. von Österreich

Die drei Höfe, um die Walthers erste Sangspruchtöne kreisen, sind auch in den Anfangsjahren des neuen Jahrhunderts Zentren seines Dichtens. Hatten die chronologischen Interferenzen zwischen Reichston, 1. Philippston und Wiener Hofton Maurers These, Walther habe zur selben Zeit immer nur in einem Ton gedichtet (vgl. Maurer 1954, S. 8), widerlegt und die Verwendung dreier Töne nebeneinander erwiesen (vgl. Schröder 1974, S. 98f.), so wird sich dieses Ergebnis bei der Betrachtung der folgenden drei Töne bestätigen. Es wird sich zeigen, daß mindestens eine Strophe des 2. Philippstons früher gedichtet ist als die letzte des 1. Philippstons und daß sich eine Strophe aus diesem mit dem 1. Atze-Ton und einem Spruch aus dem Leopoldston überschneidet. Ob diesen Überlagerungen zum Trotz Walthers Weg zwischen den drei Höfen rekonstruiert werden kann, wird im Anschluß an die Besprechung der drei Töne zu prüfen sein.

2.4.1 Der 2. Philippston 16,36ff.

Die Benennung des Tons rührt daher, daß König Philipp Thema von zwei der insgesamt fünf Strophen ist, die nur in A und C vollständig überliefert sind (in C allerdings an drei verschiedenen Stellen), während B nur einen Spruch bringt und Z nur wenige Zeilen.

Wie in 19,17ff. steht auch in 16,36ff. die *milte* im Zentrum. Wird in jenem Spruch dem König aber neben Saladin Richard Löwenherz als nachahmenswertes Vorbild präsentiert, so ist es hier – weit unverfänglicher – Alexander der Große. Dem entsprechen auch die Namen, die den Strophen traditionell beigelegt werden: »Philippschelte« oder »Löwenherz-Schelte« dort, »Alexandermahnung« hier. Der mildere Ton, in dem Walther spricht, legt es nahe, 16,36ff. früher anzusetzen als 19,17ff. Die *Milte*, als Kämmerer personifiziert (vgl. WM II, 1924, S. 100f.), gibt mehr zurück, wenn man sie walten läßt, als man ihr anvertraut hat. Wie in der Philippschelte formuliert Walther den *milte*-Appell vermutlich auch hier nicht in eigenem Namen, sondern im Interesse eines Fürsten. Wenn es Hermann von Thüringen war, wie Nix (1993, S. 79ff.) annimmt, der sich neuerdings am eingehendsten mit dem Spruch befaßt hat und ihn mit Mackensen (1950, S. 57) auf 1202, genauer: auf die Jahreswende 1201/02 datiert, hat Walthers Mahnung offenbar nichts gefruchtet, denn Hermann ging schon Anfang 1202 wieder zu Otto über. Nix versteht v. 2 *si gebent dir alle heiles wort* »als Kommentar zur Abfassung des Halleschen Fürstenprotestes« (S. 81).

Mit einer Schärfe, die die in 19,17ff. geäußerten Invektiven noch übersteigt, gibt Walther seinem König im Spießbratenspruch 17,11ff. endgültig den Abschied. Mit Bildern aus der Küchensphäre (vgl. den Exkurs »Küche und Politik« bei U. Müller 1974, S. 519ff.) evoziert Walther die Erinnerung an das, was sich jüngst in Byzanz ereignet hat, und warnt die ›Köche‹ des Reiches davor, *der vürsten brâten* zu klein zu portionieren, weil dies ähnlich verhängnisvolle Folgen zeitigen könnte wie die Ereignisse im Osten und letztlich den König sein Amt kosten würde. Betroffen von dem, was zwischen 1195 und 1204 in Konstantinopel geschehen war – Staatsstreich, Gefangennahme, Blendung, Mord –, waren der Vater und der Bruder von Irene/Maria, also Philipps Schwiegervater und Schwager (vgl. ausführlich Bertau 1973, S. 857-867). Und wie die an einigen dieser Vorfälle unrühmlich beteiligten Kreuzfahrer mit Graf Balduin von Flandern einen neuen Kaiser von Ostrom wählten, so könnten, meint Walther mit abruptem Wechsel vom Dort zum Hier, vom Gestern zum Heute (*nû* v. 13), ja auch die Fürsten im Reich verfahren. Nix (1993) hat »die sorgfältig komponierte Gehässigkeit«, den »kalten Hohn« (S. 114f.), mit dem das einst von Walther heiliggesprochene Königspaar hier bedacht wird, überzeugend herausgearbeitet (S. 106-117). Wenn Hucker (1990, S. 156ff.) recht hat, richtet sich Walthers Spitze sogar ganz direkt gegen Philipp, denn dieser habe selbst die Machtübernahme in Konstantinopel angestrebt und in Friedensverhandlungen mit dem Papst die Unterwerfung der Ostkirche unter die römische zugesagt. – Die Datierung nach Juni 1204, nach dem Bekanntwerden der Kaiserwahl von Byzanz, ist am wahrscheinlichsten (ebd., S. 111; ähnlich schon Burdach 1900, S. 62), ebenso ein Auftrag von seiten Hermanns von Thüringen, der sich bereits im September wieder Philipp unterwarf.

Die Entstehung in Thüringen wird auch nahegelegt durch die Anspielung Wolframs von Eschenbach, *Willehalm* 286,19ff.: *hêr Vogelweid von brâten sanc:/dirre brâte was dick unde lanc:/ez hete sîn frouwe dran genuoc,/der er sô holdez herze ie truoc.* Die Verlagerung in einen anderen Kontext macht Wolframs Zitierung Walthers vielleicht nicht minder boshaft als das Vorbild (zu Forschungsurteilen über die Anspielung vgl. Scholz 1966, S. 34-41).

Bei den drei übrigen Sprüchen des Tons gerät der moderne Interpret rasch an die Grenzen der Verstehbarkeit. Ob die Strophen 17,25ff., 18,1ff. und 18,15ff. überhaupt als politisch angesprochen werden können oder ob sie gar in den Kontext um Philipp gehören, muß ungeklärt bleiben. Auffallend ist immerhin, daß sie (worauf Schweikle 1994, S. 353, hinweist) jeweils zwei- oder dreifach bezeugt, also wohl mehr sind als nur für den Tag bestimmte Gelegenheitsdichtung.

17,25ff. ist eine Weigerung, von Frau Bohne zu singen, der als positives Pendant der *halm* entgegengesetzt wird. Daß Walther sich damit nicht lediglich in die Diskussion über eine naturkundliche Detailfrage einmischt, liegt auf der Hand. Die Position der Strophe in den Handschriften (nach dem Spießbratenspruch) hat manche vermuten lassen, daß auch hier Politisches im Gewand des Küchenhumors verhandelt wird. Ein Deutungssignal könnte in der Schlußzeile liegen: *frowe Bône, set liberâ nos â mâlô*, indem etwa auf *bona* ›Einkünfte‹ angespielt und die Minderwertigkeit einer Gabe, die der Sänger erhalten hätte, kritisiert würde (vgl. Kroes 1950).

Der in zwei Fassungen überlieferte Spruch gegen einen Herrn *Volcnant* oder *Wîcman* (18,1ff.) und seine Abqualifizierung der *meister*, als deren Vertreter *her Walther* in bestem Licht erscheint, ist Kunstpolemik mit heute nicht mehr deutbarer Fachterminologie. Ihn wegen der Namensnennung in dritter Person und aus anderen Gründen für unecht zu erklären (vgl. Herrmann/Wenzel 1971), genügt einem modernen Fiktionsverständnis nicht mehr.

In der Strophe 18,15ff. ist vom *Mîssenære* die Rede, der *von Franken* dem Sänger ein *liet* oder *lieht* überbracht habe, *daz vert von Ludewîge*. Außer dem Überbringer, dem Markgrafen Dietrich von Meißen, dem Walther später einen ganzen Ton widmet, ist so gut wie alles unklar. Der Gegenstand, für den Walther dankt, dürfte wegen der besseren und reicheren Überlieferung eher ein *liet* (also eine Strophe) gewesen sein als ein *lieht*. Aber ist mit *Franken* Frankfurt oder Bamberg gemeint? Und muß unter Ludwig der Herzog von Bayern verstanden werden, der sonst in Walthers Werk keine Rolle spielt? Hat ein *Ludewîc* Walther die Strophe gesandt, oder war er eher ihr Verfasser oder ihr Thema (für Wachinger 1973, S. 109, liegt vom Sprachlichen her beides näher als die erste Annahme)? Die wichtigsten Forschungsmeinungen zu diesem Spruch erörtert auf knappem Raum Schweikle (1994, S. 359f.).

Daß diese drei Strophen den Interpreten im Zustand der Resignation zurücklassen, ist ein Befund, der einen auch in bezug auf andere Texte gegenüber allzu sicheren Urteilen wachsam und skeptisch sein lassen sollte.

Ein Spruch im kürzlich entdeckten Maastrichter Fragment (vgl. Tervooren/Bein 1988, S. 4f., Text, S. 22f., zum Inhalt; Cormeau 1996, S. 313) könnte von Walther stammen (vgl. U. Müller 1996, S. 34 u. 159), sofern man die unter der vorangehenden Strophe stehende Namensnennung *Der tugent scriber* nicht auf diesen Spruch beziehen muß (Tervooren/Bein tun dies nicht, im Gegensatz zu RSM V, S. 439).

2.4.2 Der 1. Atze-Ton 103,13ff.

Der dreistrophige Ton, der seinen Namen von dem im dritten Spruch erwähnten Rechtsstreit mit Gerhart Atze hat, ist, da seine Strophen vermutlich in einem Zug entstanden sind, in noch höherem Maß als der Reichston ein Beispiel für die tendenzielle Liedhaftigkeit einer Sangspruchreihe. Die formalen und thematischen Bindungen zwischen den einzelnen Strophen sind von Scholz (1966, S. 27-29) und Ruh (1968, S. 312f.) aufgewiesen worden. Ähnlich wie in der D-Folge des Wiener Hoftons (s.o. S. 63) zeigt sich im Gedankenaufbau ein folgerichtiges Fortschreiten vom Allgemeinen zum Besonderen, ablesbar auch an der Verwendung des Personalpronomens der ersten Person: in 103,13ff. fehlt es noch ganz, in 103,29ff. vollzieht das Pronomen *uns* die Beziehung auf den Sprecher, in 104,7ff. wird durch *mir* das Geschehen endgültig aufs Persönliche gelenkt. Ruh sieht eine von Strophe zu Strophe fortschreitende Steigerung der »Aussagekraft und Wirkung« (S. 312). Der Aufbau des Tons beweist die Richtigkeit der überlieferten Strophenfolge. Sie ist nicht diskutierbar, nicht eine von mehreren sinnvollen Möglichkeiten, wie Niles, noch allzusehr im Fahrwasser Maurers, zu demonstrieren sucht (1979a, S. 168-180). Wo die handschriftliche Folge Sinn macht, hat ingeniöse Tüftelei nichts mehr auszurichten.

Das Generalthema des Tons ist »die Bedrohung des Guten durch das Minderwertige und die Möglichkeiten der Abhilfe« (Scholz 1966, S. 29). Die erste Strophe, vordergründig eine Anweisung zum richtigen Gartenbau, stellt sich bei näherem Hinsehen als »Mahnung an einen Fürsten, seinen Hofstaat zu lichten«, heraus (WM II 1924, S. 359). Die zweite, in der Kunstthematik verhandelt wird, gibt in direkter, z.T. karikierender Sprechweise einem Engagierten das Wort, der sich zum Sprachrohr einer Interessengruppe am Hof macht und in Formulierungen, die an die Thüringer Hofschelte 20,4ff. erinnern, unmusische Schreihälse abkanzelt. Im dritten, von der Forschung am intensivsten diskutierten Spruch scheint das Ich nicht rollenhaft zu sein, wenngleich die Meinungen darüber, ob die Ereignisse real oder fiktiv sind, auseinandergehen.

Walther führt Klage beim Landgrafen gegen Herrn Gerhart Atze, weil der ihm in Eisenach ein Pferd erschossen habe, nun aber Schadensersatz verweigere mit der Begründung, das *pfert* sei mit dem *ros-*

se verwandt gewesen, das ihm, Atze, einen Finger abgebissen habe. Die Pferde hätten einander überhaupt nicht gekannt, schwört Walther mit beiden Händen – wozu Atze, so die boshafte Implikation, gar nicht mehr imstande wäre, da er seinen Schwurfinger verloren hat. Früher (K. K. Klein 1952) konnte man daraus ein ganzes Kapitel aus der Lebensgeschichte des Ritters Walther rekonstruieren, neuerdings ist man vorsichtiger geworden. Nichts spricht für Kleins Prämisse, Walther habe dem Ritterstand angehört, und seine daraus gezogenen Schlüsse sind ähnlich zweifelhaft. Walthers Stand ließ es wohl gar nicht zu, gegen einen Adligen an Hermanns Hof zu prozessieren (Gerhart Atze ist urkundlich gesichert), wie Bumke gegen Klein darlegt; allerdings sei Walthers »soziale Empfindlichkeit« in dem Spruch zu spüren (1979a, S. 380f. Anm. 515). Für Mohr, der die Erwägungen Bumkes weiterführt, hat die Strophe etwas von der ›Rache des kleinen Mannes‹ an sich (1983, S. 191), und sein Versuch, Fakten und Fiktion zu scheiden, ergibt, daß der Prozeß Erfindung ist, Realität aber, daß Atze ein Finger fehlte und daß er Walthers Pferd erschossen hat (S. 189).

Die von diesen drei Strophen vermittelte Atmosphäre erinnert an die von Wolfram und Walther selbst in 20,4ff. ironisierten Zustände. Es spricht nichts dagegen, den Ton in die zeitliche Nachbarschaft jener Hofschelte zu verlegen, nichts auch gegen einen Vortrag in Thüringen. Walther wie Wolfram vermochten wohl abzuschätzen, wieviel »Narrenfreiheit« man ihnen zugestand. Und hätte Walther sich mit diesen Strophen »völlig unmöglich gemacht, dann wären sie wohl kaum überliefert worden« (ebd., S. 188).

2.4.3 Der 2. Atze-Ton (Leopoldston) 82,11ff.

Zwei Handschriften überliefern insgesamt sechs Strophen, eine dritte das Fragment einer siebenten. Diese Tatsache läßt den Schluß zu, »daß allerlei Strophen verloren gegangen sein müssen« (Mohr 1983, S. 199), wofür auch das Folgende spricht: Der C-Schreiber hatte ursprünglich Platz freigelassen, der aber für die später nachgetragenen Strophen nicht ausreichte, so daß unten auf der Seite weitergeschrieben werden mußte; überdies fehlt in C, was für diese nach Vollständigkeit strebende Handschrift ungewöhnlich ist, eine der beiden a-Strophen (vgl. Schweikle 1994, S. 477f.).

Der Strophenbestand macht auf den ersten Blick einen recht heterogenen Eindruck. Neben einer Atze-Strophe (die dem Ton seinen einen Namen gab) steht ein (für die zweite Benennung verantwortlicher) Spruch, der Herzog Leopold nennt; daneben finden sich zwei

Nachruf-Strophen auf Walthers Sängerkollegen Reinmar den Alten (sie werden später im Kontext der Reinmar-Fehde behandelt, s.u. S. 140ff.) und zweieinhalb Sprüche ohne einen fürs erste deutlichen Bezugspunkt. Wenn die letzteren eine Verbindung zu Thüringen erkennen lassen, ist die Nähe zur Atze-Strophe größer, die alternativ gebrauchte Bezeichnung »1. Thüringer Ton« aber unglücklich, weil der Atze-Spruch im 1. Atze-Ton dieser Strophe – falls sie thematisch verbunden werden können – vorausgeht. Wenn, wie man lange geglaubt hat, in letzter Zeit aber bezweifelt, Reinmar mit dem Wiener Hof in Verbindung gebracht werden kann, stünde die den Herzog nennende Strophe nicht allein, und der Name Leopoldston wäre zu Recht gewählt. Je nachdem, ob man einzelne Sprüche des Tons stärker nach Thüringen oder nach Wien orientiert sein läßt, ist mit Mohr eine je andere »Sinn- und Vortragsvariante« anzusetzen (1983, S. 200). Jedenfalls ist die Einheit hier schwerer zu fassen als bei den bisher behandelten Tönen (zur »offenen Themenpalette« des Tons vgl. auch Schweikle 1989a, S. 85; daß dennoch Beziehungen zwischen den Reimen der Strophen bestehen, zeigt die Aufstellung bei Ehnert 1976, S. 280f.). Der Versuch von Niles (1979a, S. 192-206), einzelne »Liedstufen« zu rekonstruieren (»Kritik am Kaiser« – er meint offenbar König Philipp –, »Thüringer Mahnlied«, »Thüringer Spottlied«, »Wiener Bittlied«), bleibt spekulativ.

Die Anknüpfung der Atze-Strophe 82,11ff. an die entsprechende im 1. Atze-Ton ist durch das Motiv des Reitens evident, eine gemeinsame Entstehung liegt nahe. Ihr Vortrag war nur vor einem Publikum von Insidern, also in Thüringen, sinnvoll (vgl. Peters 1981, S. 14). Die Wahl verschiedener Töne für die beiden Strophen scheint dagegen zu sprechen, erklärt sich aber wohl eher daraus, daß Walther sich vor dem Landgrafenhof noch einmal mit seiner Vielseitigkeit produzieren und dem Publikum vorzeigen wollte, was man mit ihm zu verlieren im Begriff sei. Die Schadensersatzforderung für das erschossene Pferd war anscheinend ins Leere gegangen – soweit ist der Spruch bei all den Rätseln im Detail deutlich –, und jetzt verkündet Walther (prägnant formuliert von Ehnert 1976, S. 277): »ich bin frei für Wien, und dies ist der Grund.«

Wenn einzelne Strophen des Tons noch im Interesse Hermanns gesungen sein sollten, müßten sie dem Atze-Spruch vorangegangen sein. Ältere Vermutungen aufgreifend, hat Mohr (1965, S. 33ff.) auf Ähnlichkeiten zwischen 83,14ff. und dem Sibech-Fragment XXVII,1ff. einerseits und Personen und Ereignissen in Buch VIII von Wolframs *Parzival* andererseits (Landgraf Kingrimursel, König Vergulaht, der Ratgeber Liddamus) aufmerksam gemacht. Wenn bei Wolfram und Walther Probleme zwischen Landgraf Hermann und

König Philipp gespiegelt sein sollten, stellt sich die Frage der Abhängigkeit und damit der Datierung. Mettke (1989, S. 11f.) glaubt Wolframs Buch VIII und Walthers Strophe gleichzeitig entstanden (zwischen 1205 und 1208). Das würde zwar Walthers Spruch nach Thüringen situieren, gleichzeitig aber die Abfassungszeit der Atze-Strophe zu weit nach hinten verlegen – es sei denn, man dächte sich 83,14ff., das Sibech-Fragment und vielleicht auch 83,27ff. bei einem späteren Aufenthalt Walthers in Thüringen gedichtet. Die Wiederaufnahme eines Tons nach mehreren Jahren wäre ja nichts Ungewöhnliches.

Nun hat Nix (1993, S. 84ff. u. 94ff.), seinerseits an frühere Forschung anknüpfend, wahrscheinlich zu machen gesucht, daß 83,14ff. und »Sibechs Rat« Appelle an die adlige Standessolidarität der thüringischen Grafen darstellen, gegen die staufischen Reichsministerialen und ihren Einfluß auf König Philipp gerichtet und 1202 bzw. 1202/03 entstanden sind. Seine Argumentation neigt gelegentlich zum Spekulativen, und es bleibt künftiger Forschung vorbehalten, die Tragfähigkeit der von ihm vorgebrachten Gründe zu prüfen und vor allem die Bezüge zum *Parzival* und damit die Datierung neu zu überdenken.

Das Sibech-Fragment und die Strophen 83,14ff. und 83,27ff. sind durch das Ratgeber-Motiv miteinander verbunden, was einen gemeinsamen Bezugspunkt nahelegt. Andererseits stellt die Dreizahl (drei *guote* und drei *bœse ræte* sowie *drîe sorge*) das Bindeglied zwischen 83,27ff. und 84,1ff. dar, einer Strophe, die, wie 20,31ff. an Leopolds einstige *milte* erinnernd (anläßlich seiner Schwertleite 1200 oder seiner Hochzeit 1203?), um den Wiener Hof wirbt, deshalb aber noch nicht in Wien vorgetragen sein muß. Sie, die in C den Ton beschließt, kann vielmehr mit der in C an den Tonanfang gestellten Atze-Strophe den Thüringern Walthers Entschluß zum Hofwechsel kundtun, ohne daß gewährleistet ist, daß die Pläne des Sängers in Erfüllung gegangen sind. Aus den unmittelbar folgenden Jahren jedenfalls besitzen wir keine Spruchstrophe Walthers zum Thema Wien. Freilich ist es gut möglich, daß er in Österreich eine längere Bleibe gefunden und sich dort für Jahre als Minnesänger betätigt hat. Denn als Sangspruchdichter werden wir ihm erst 1212 wieder begegnen (daß seine Schärfe ihm nach Hermanns Unterwerfung unter Philipp am 17.9.1204 eher geschadet habe, sieht Nix 1993, S. 117, als möglichen Grund für Walthers Schweigen als politischer Dichter an).

2.4.4 Fragen zu Walthers Weg zwischen drei Höfen

Der Wiener Hof ist allem Anschein nach der erste gewesen, an dem Walther sich aufgehalten hat. Ob er dort nur als Minnesänger oder auch als Spruchdichter tätig war, ist ebenso offen wie die Frage, wann er Wien verlassen hat, sei es, wie Ashcroft meint, nach 1195 und spätestens im Frühjahr 1197, sei es Anfang 1198 (Nix 1993, S. 38), sei es nach dem Eintreffen der Nachricht vom Tod Herzog Friedrichs im Sommer 1198. Gleichermaßen ungeklärt ist der Zeitpunkt, zu dem er sich König Philipp angeschlossen hat: bereits Anfang 1198 als Teilnehmer einer Gesandtschaft Leopolds, der möglicherweise Auftraggeber des Wahlaufrufs in den Sprüchen 8,4ff. und 8,28ff. war (so Nix, ebd., S. 39), oder im Sommer 1198 als Begleiter Leopolds (Burdach 1900, S. 129f.; Schweikle 1994, S. 344) oder erst Weihnachten 1199 (Kern 1992, S. 359). In Magdeburg könnte Walther Kontakt zum Landgrafen Hermann von Thüringen aufgenommen haben, der zwischen Ende 1199 und Anfang 1200 am Königshof war. Gegen die Möglichkeit, daß der Dichter sich nach dem Verlassen Österreichs zunächst nach Thüringen und erst später zu Philipp begeben hat (Serfas 1983, S. 82f.; Kern 1992, S. 358), spricht, daß Hermann erst Mitte August 1199 von Otto zu Philipp übergegangen ist (vgl. Burdach 1900, S. 52). Ob Walther von Anfang an staufisch gesinnt war, wissen wir nicht. Kaum aber wird er sich vom staufertreuen Leopold ab- und dem Welfenfreund Hermann zugewandt haben, um anschließend, wie wenn nichts gewesen wäre, dessen Parteiwechsel mitzuvollziehen.

Walthers Abfall von Philipp dürfte frühestens nach Ende 1201, vielleicht 1202 oder noch später anzusetzen sein. Denkbar wäre, daß der ganze 1. Philippston in der Umgebung Hermanns gedichtet ist (Niles 1979b, S. 76), die drei Sprüche für Philipp in der Zeit zwischen Weihnachten 1199 und März 1200 entstanden sind, die Philippschelte und die gegenüber Philipp kritischen Strophen des 2. Atze-Tons, nachdem Walther von den Wechselplänen des Thüringers wußte (seit Ende 1201), 20,4ff., der 1. Atze-Ton und die zweite Atze-Strophe schließlich, als er des Eisenacher Hoftrubels allmählich überdrüssig zu werden begann.

Walthers (vielleicht nur kurze) Wiedereinkehr an den Wiener Hof kann für Leopolds Schwertleite Pfingsten 1200 und/oder Hochzeit im November (?) 1203 – man vermutet, daß er Bischof Wolfger dahin begleitete – postuliert werden.

Die Grenzen zwischen Hofsässigkeit eines Dichters und Fahrendenleben sind fließend, zumal wenn man die Tatsache der Mobilität des Königshofes in Rechnung stellt sowie die Möglichkeit von Walthers Auftreten beim Hoftag in Nürnberg im März 1200 oder beim Bamberger Fürstentag im September 1201. So kann Walther in den ersten Jahren des Jahrhunderts z.B. auch Strophen des Wiener Hoftons vorgetragen haben, als er unterwegs war.

2.5 Zu den politischen Ereignissen seit König Philipps Tod bis zum Niedergang Kaiser Ottos

Nach Philipps Ermordung wird Otto IV. allgemein anerkannt und am 11.11.1208 noch einmal zum König gewählt. Nach zehn Jahren Bürgerkrieg erläßt er einen Reichslandfrieden. Die Stauferpartei weiß er sich besonders dadurch zu verbünden, daß er Philipps Mörder verfolgt und sich mit der Königstochter Beatrix verlobt, die er 1212 heiraten wird. Papst Innozenz III. schenkt ihm sein ganzes Wohlwollen und krönt ihn am 4.10.1209 in Rom zum Kaiser. In einem Zusatz zum Krönungseid verspricht Otto, den Besitz und die Rechte der Kirche zu mehren. Doch alsbald schickt er sich an, in das Papstlehen Sizilien einzudringen und den jungen Friedrich zu vertreiben. Da trifft ihn am 18.11.1210 der Bann, der am Gründonnerstag 1211 erneuert wird. Ende 1210 finden Verhandlungen zwischen dem Papst und dem (von Otto und England bedrohten) französischen König Philipp August statt, der für die Errichtung eines Gegenkönigtums eintritt. Beide Seiten unterstützen die im September 1211 erfolgende Wahl (durch eine Anzahl von Fürsten) des Staufers Friedrich zum künftigen Kaiser. Otto bricht sein Sizilienunternehmen ab und kehrt nach Deutschland zurück. Einige Fürsten wenden sich ihm wieder zu (darunter der seit Frühjahr 1211 zur Opposition zählende Dietrich von Meißen), und mithilfe zweier Hoftage, am 18.3.1212 in Frankfurt und an Pfingsten 1212 in Nürnberg, kann er seine Position für kurze Zeit festigen. Doch im September desselben Jahres trifft Friedrich in Deutschland ein, macht sich die Fürsten gewogen und erneuert das Bündnis mit Frankreich gegen England und die Welfen. Der 1196 schon einmal gewählte Friedrich wird im Dezember 1212 zum deutschen König gewählt und gekrönt. Otto zieht sich zunächst nach Köln, dann nach Sachsen zurück. Die Entscheidung im Thronstreit fällt in Flandern: In der Schlacht bei Bouvines wird Otto, der den englischen König im Krieg gegen Frankreich unterstützt, am 27.7.1214 vernichtend geschlagen.

2.6 Die Töne für Kaiser Otto (und für/gegen Markgraf Dietrich von Meißen)

2.6.1 Der Ottenton 11,6ff.

Drei Kaiser-Strophen und drei Anti-Papst-Strophen – eine auf den ersten Blick klar strukturierte, ausgewogene Konstellation. Doch die Überlieferungsverhältnisse sind recht diffizil. Nur C hat alle sechs Sprüche, allerdings in thematischer Mischung, B überliefert nur drei (zwei Papst-Strophen, eine Kaiser-Strophe), und nur Handschrift A, der freilich eine der sechs Strophen fehlt, ordnet thematisch: drei Kaiser- und zwei Anti-Papst-Sprüche. Am Ende wird zu diskutieren sein, ob die Tradierung Vortragsvarianten spiegelt.

Zwei Fragen sind es vor allem, die die Deutung der drei Kaiser-Strophen zum Problem machen. Zum einen geht es darum, wie ernst in der Begrüßungsstrophe 11,30ff. die Versicherung der treuen Gefolgschaft der Fürsten und namentlich des Meißners zu nehmen ist. Das Interpretationsproblem, das der zweite und der dritte Spruch bieten, besteht darin, daß umstritten ist, ob hinter der Aufforderung zum Kreuzzug ein Auftrag des Kaisers oder der Fürsten steht, ob Kreuzzugspläne überhaupt bestanden oder ob Walther das Ganze von sich aus lanciert hat. Das Pikante beim ersten Problem ist, daß Markgraf Dietrich von Meißen sich erst kürzlich aus der Opposition zu Otto zurückbegeben hatte. Nur wenn man *iemer* in v. 11 mit Ruck (1954, S. 27) und Nellmann (1979, S. 41) ausschließlich auf die Zukunft bezieht, wird man die Versicherung als frei von Hintergedanken lesen können (dann käme Dietrich von Meißen auch als möglicher Auftraggeber ins Spiel); hat man aber des Meißners Vergangenheit wie die Lucifers im Blick, wird man den Eindruck des Doppelbödigen nicht abweisen wollen (vgl. Hofmeister 1995, S. 165 Anm. 354 u. S. 170; U. Müller 1996, S. 165; anders Nellmann 1979, S. 41f. Anm. 93, der S. 27 auch auf den am 20.3.1212 zwischen Dietrich und Otto abgeschlossenen Bündnisvertrag hinweist). Man wird aber nicht so weit gehen müssen wie Wells (1978), der alle Strophen von Walther bewußt doppeldeutig formuliert sieht. Das »Meißnerproblem« ist im übrigen bei Nellmann, in dessen Darstellung sich die Präsentation der geschichtlichen Quellen und die philologische Analyse der Walther-Texte mustergültig verbinden, ausführlich erörtert (1979, S. 34-43; vgl. auch S. 31f. die Aufstellung zu den Ereignissen der Jahre 1210 und 1211, S. 35f. die Übersicht über die Zusammenkünfte der Gegner Ottos im Jahre 1211).

Der *engel* verbindet auf doppelte Weise die erste mit der zweiten Kaiser-Strophe: Der Schluß von 11,30ff. bezieht sich sowohl auf den Anfang von 12,6ff. (*engel* – *frônebote*) als auch auf den Schluß (*engel* und *tievel* stehen in derselben Position im Vers – ein Lucifer-Signal?). Daß mit *frônebote* weniger der Gerichtsbote als der Engel Gottes gemeint ist, hat erst U. Müller (1971) festgestellt und auf Parallelbelege in der Kreuzzugsepik, zumal dem *Rolandslied*, hingewiesen, wo gleichfalls Gott durch einen Engel dem Kaiser den Auftrag zur Heidenbekämpfung erteilt. Dieser Bezugsrahmen sollte als gesichert gelten, obwohl Worstbrock (1989, S. 70f.) die Nähe zur Liturgie der Kaiserkrönung (*Ecce mitto angelum meum*) stärker gewichtet. Wenn Walther sein Ich zu dem eines Engels macht, der dem Kaiser direkt Botschaften Gottes und seines Sohnes zu überbringen hat, dann läßt eine derart in die Transzendenz ausgreifende Kommunikationskonstellation kaum Zweifel daran zu, daß Otto Kreuzzugspläne hegte (zum Gewicht der göttlichen Autorität vgl. auch Nix 1984, S. 286) und Walther dies auch noch für die Anfangsmonate des Jahres 1212 annehmen mußte. Dafür, daß er die Strophen in Ottos Auftrag verfaßte oder auf Anregung dem Kaiser nahestehender Kreise (dafür Nix 1984; Hucker 1990, S. 118; dezidiert dagegen Nellmann 1979 u. 1989, S. 58), spricht der Befund, daß bestimmte Details (so auch Elemente der Krönungsliturgie) offenbar nur durch Informationen aus der kaiserlichen Kanzlei für Walther erreichbar waren (vgl. Worstbrock 1989, S. 72f.). Daß ein kaiserlicher Kreuzzug zwischen März und August 1212 (dem Zeitpunkt, da Friedrich in Deutschland erscheint) nicht ganz ausgeschlossen war, gesteht auch Nellmann (1979, S. 30) zu; etwas anderes anzunehmen, hieße Walther der Rückständigkeit zeihen. Daß es ihm in erster Linie darum ging, die Wirkung des päpstlichen Banns zu relativieren und die Handlungskompetenz Ottos als *imperator christianissimus* zu betonen, wie Nellmann (ebd., S. 45f.) darlegt, ist freilich nachvollziehbar.

Nellmanns Deutung der Sprüche als Propaganda für Otto wird bestätigt durch den Nachweis, daß Walther für die Verbindung von Herrscherpreis und Kreuzzugsappell auf Beispiele in der okzitanischen Lyrik zurückgreifen konnte, wo sich etwa auch der Gedanke findet, daß Gott selbst zum Kreuzzug aufruft (vgl. Ranawake 1989, v.a. S. 319ff. u. 328ff.).

Von den drei Papst-Sprüchen hat nur einer die den Kaiser-Strophen parallel laufende Anrede *Herre bâbest* (11,6ff.). Wie Walther den Papst dabei durch das Zitieren eines Bibelworts (Bileamssegen Num 24,9; vgl. Ruck 1954, S. 34) den Fluch auf sich selbst laden läßt und ihn mit logisch stringenter Argumentation zur Rücknahme des gegen Otto verhängten Banns nötigt, ist ein Meisterstück spruchdichterisch-rhetorischer Inszenierung. Gespielte Verwunderung über die Widersprüche in den Verlautbarungen der *pfaffen*, d.h. Ottos Erwählung und bald darauf folgende Bannung, kennzeichnet den Spruch 12,30ff., während die Strophe über das Gleichnis vom Zinsgroschen (11,18ff.) nur biblisches Geschehen berichtet und auf diese Weise die Schrift zur einzigen Instanz darüber macht, was Gottes und was des Königs *reht* sei – von der Kirche und dem Papst ist in der Bibel natürlich nicht die Rede. Die dreifache Überlieferung dieses Spruchs ist mit Schweikle (1994, S. 368) vielleicht ein Zeichen dafür, daß er in den andauernden Auseinandersetzungen zwischen Kaiser und Papst auch später noch als Waffe eingesetzt werden konnte.

Der Vortrag der Begrüßungsstrophe an Ottos Hoftag zu Frankfurt am 18.3.1212 gilt als sicher. Vor dem zum ersten Mal seit seiner Krönung in Rom nach Deutschland zurückgekehrten Kaiser und zu demselben Anlaß konnten sicher auch die drei Anti-Papst-Strophen vorgetragen werden, die das *reht* des Kaisers propagieren und dem Papst die Unrechtmäßigkeit des Banns vor Augen führen. Der Versuch Nellmanns (1979, S. 57f.), die beiden zum Kreuzzug aufrufenden Sprüche als später, etwa Pfingsten 1212 in Nürnberg, vorgetragen zu erweisen, ist nicht zwingend. Wenn alle Strophen des Tons auf die Anhänger des Papstes gemünzt waren, konnte Walther doch gerade beim Fest des ersten kaiserlichen Hoftags den Protest gegen die Rechtmäßigkeit des Banns verbinden mit dem Appell zum Kreuzzug, einer der vornehmsten Aufgaben des rechtmäßigen Kaisers (den gleichzeitigen Vortrag des gesamten Tons halten auch Ruck 1954, S. 44, und Hofmeister 1995, S. 171, für möglich).

Noch einmal zurück zur Überlieferungssituation. Nach dem Urteil U. Müllers (1974, S. 298ff.) könnten alle drei (oder vier) unterschiedlichen Überlieferungen Autorvarianten sein. Daß diese Möglichkeit wie überhaupt die Überlieferungslage dieses Tons von der Forschung stärker zu berücksichtigen ist, wie U. Müller (1996, S. 164) fordert, ist unbestritten. Daß die Deutungsproblematik in Zusammenhang steht mit der Frage, wann, wo und vor welchem Publikum die Strophen vorgetragen wurden (ebd., S. 166), gilt für diesen wie auch für andere Töne. Auch daß es 1212 für die zwei Reihen der C-Überlieferung drei Verständnismöglichkeiten gegeben habe (ebd., S. 167), ist eine einleuchtende Vermutung. Daß aber alle Überlieferungsgruppen (auch die A-Version) noch zur Zeit Friedrichs II. verwertbar gewesen seien (ebd., gegen Nellmann), ist schwer nachzuvollziehen. ›Stimmen‹ wirklich alle Anspielungen auch noch einige Jahre später, und konnte Walther sich dem Risiko aussetzen, sich vorwerfen lassen zu müssen, er habe einst für Otto Gesungenes für Friedrich nur ›aufgewärmt‹? Konnte ihm billig sein, was Michel Beheim Jahrhunderte später recht war?

Drei Meistersinger-Handschriften überliefern die Melodie des Feinen Tons, dessen Identität mit dem Ottenton unbestritten ist (vgl. Brunner/Müller/Spechtler 1977, S. 69*, mit Literatur; Brunner 1996, S. 68, zur Struktur). Nach Brunner ist damit zu rechnen, daß die Melodie im Zuge der langen Tradierung typische Vereinfachungen erfahren hat, wie sie bereits beim Vergleich der ältesten Fassung mit den beiden jüngeren zu beobachten sind (hier sind beide Abgesangsteile, wie im Text, identisch, während dort die letzte Zeile den Stollenschluß aufgreift und die Strophe zur Rundkanzone macht). Auf eine besondere Feinheit der melodischen Struktur hat Mohr (1954/55, S. 41f.) aufmerksam gemacht: Indem nach der ersten und der vierten Zeile des Abgesangs ein Einschnitt erfolgt, stimmen die melodischen Spannungsverhältnisse mit den syntaktischen überein, nicht aber mit der metrischen Struktur. Text und Melodie zeigen die Interferenz zweier Gliederungsprinzipien, eines symmetrischen, dem Versbau, und eines asymmetrischen, dem Satzbau zugeordneten.

2.6.2 Der Meißnerton 105,13ff.

Namengebend für diesen Ton waren die Strophen II (105,27ff.) und III (106,3ff.), die Walthers Enttäuschung über den Markgrafen Dietrich von Meißen Raum geben, während die erste (105,13ff.) beim Kaiser für den Landgrafen eintritt. Ein inhaltlicher Zusammenhang zwischen diesem Spruch und den beiden andern ist nicht offensichtlich (abgesehen vom verwandtschaftlichen Verhältnis der zwei Grafen). Vielleicht hat der Meißner bei Walther die für seinen Schwiegervater intervenierende Strophe in Auftrag gegeben; Walther hätte dann später, als Differenzen mit dem Markgrafen aufgetreten waren, die beiden übrigen angefügt.

Daß es sich beim ersten Spruch um eine Fürbitte für Hermann von Thüringen handelt, setzt voraus, daß das handschriftliche *vur brechen* in v. 2, auflösbar in *vürbrechen* oder *verbrechen*, als ›gesondert beurteilen‹ (Schweikle 1994, S. 285) oder ›zunichte machen‹ verstanden wird, was möglich scheint. Die Konjektur *versprechen* ›verzeihen‹ (v. Kraus 1935, S. 380; Bein 1993a, S. 410 Anm. 1) erübrigt sich dann. Mit Paul (1876, S. 553) und Nix (1993, S. 169f.) *verbrechen* im Sinn von ›strafen‹ vorzuziehen, ist wenig plausibel, weil die Feststellung, der Landgraf sei des Kaisers *vîent offenbâre* gewesen, positiv konnotiert sein muß, wenn sie – wie hier – in Kontrast steht zu der anderen, wonach *die zagen truogen stillen rât*, deren Tun zudem als Treulosigkeit, Verrat, Diebstahl bezeichnet wird. Die Strophe könnte nach dem Nürnberger Reichstag oder kurz vor Ottos Aufbruch zum Rachezug gegen Hermann im Juli 1212 entstanden sein (vgl. Bein 1993a, S. 420; bei Ottos Hochzeit am 22.7.1212, der dritten von Bein erwogenen Möglichkeit, wäre der Spruch sicher deplaziert gewesen). Den gewünschten Erfolg hat sie offenbar nicht gebracht, denn erst kurz vor seinem Tod 1217 versöhnt sich Hermann mit Otto.

Die Abrechnung mit dem Meißner in den beiden folgenden Strophen scheint auf den ersten Blick Entlohnung für literarische Unterstützung einzuklagen (*lop* gegen *lop*). Wenn Walther aber in beiden Sprüchen von seinem *dienen/dienst* spricht und dies vom *lop* abhebt und wenn er beteuert, er habe dem Markgrafen *gevüeget menic mære*, dann scheint er ein Dienen zu meinen, das sich nicht im einmaligen dichterischen Eintreten für den Meißner in Strophe 11,30ff. erschöpft, sondern in außerliterarischen Zusammenhängen verstanden werden kann. Möglicherweise sind diese Formulierungen ein Zeugnis dafür, daß ein Sangspruchdichter wie Walther im Dienst seines jeweiligen Herrn auch mit anderen Aufgaben betraut werden konnte (vgl. die durch Hucker 1989 angeregten Überlegungen bei Scholz 1994, S. 316ff.; s. auch o. S. 39f.).

Vor Dietrich von Meißen selbst dürfte Walther die beiden letzten Sprüche, die vom ersten zeitlich etwas abzurücken sind, kaum vorgetragen haben (Bein 1993a, S. 421, denkt an den Thüringer Hof, Schweikle 1994, S. 490f., an ein Publikum »an anderen Höfen und *an der strâzen*«). Seine Drohung jedenfalls, er könne auch anders als loben, hat er bereits mit den Strophen, in denen er sie ausspricht, wahrgemacht, indem er dem Meißner »unverzüglich den verheißenen Schaden in Form einer Rufschädigung zufügt« (Hofmeister 1995, S. 179).

2.6.3 Der Unmutston 31,13ff.

Zu Recht trägt der Ton seinen von Burdach (1900, S. 66) vorgeschlagenen Namen (früher: 2. Ottenton), denn wie kaum ein anderer ist er »überwiegend kritisch-polemisch ausgerichtet« (Schweikle 1994, S. 397). Der direkte Bezug zu Kaiser Otto ist in einer Strophe gegeben (31,23ff.), in einigen weiteren könnten seine Interessen vertreten sein. Nach dem Wiener Hofton ist dies der zweite Vielstrophenton: Insgesamt 18 Strophen sind in drei Handschriften tradiert (16 in C, 13 in A, 7 in B), aber nur vier von ihnen haben alle Textzeugen gemeinsam. Hinsichtlich Strophenzahl und -folge ist die Überlieferungslage recht kompliziert (für U. Müller 1996, S. 171, macht sie »insgesamt an verschiedenen Stellen keinen besonders geordneten Eindruck«, während Behr 1989, S. 397f., jeweils bestimmte Ordnungsprinzipien feststellen will). Die als Kernstück des Tons betrachteten sieben Strophen gegen den Papst und die Kurie z.B. sind in keiner Handschrift komplett vertreten. Andererseits ist allen drei Handschriften gemeinsam, daß sich inmitten der Strophen aus dem Unmutston auch solche anderer Töne befinden. Neben eindeutigen Fremdkörpern wie 16,36ff. aus dem 2. Philippston in B sind es v.a. teils auch thematisch passende Sprüche aus dem metrisch ähnlichen König-Friedrichs-Ton sowie aus anderen Tönen mit nur leicht abweichender Struktur, so daß zu erwägen ist, ob die Melodie des Unmutstons solche geringfügigen Unterschiede im Strophenbau vielleicht noch zugelassen hat, die fraglichen Sprüche also noch diesem Ton zuzuschlagen wären (vgl. U. Müller 1996, S. 171 u. 173; vgl. auch Schweikle 1994, S. 425-432, zu den »Unmutston-Varianten«).

Was die Eingangsstrophe des Tons angeht, so stimmen B und C darin überein, daß sie mit 31,13ff. und 31,23ff. die Fahrendenthematik an den Anfang stellen (in B mit einer dazwischen stehenden Strophe aus einem anderen Ton). A dagegen setzt mit einer Art Gebet ein (31,33 *ich wil beginnen*), und auch durch die Ankündigung in v. 3 *daz ich gesingen müeze in dirre wîse alsô* wird der Einleitungscharakter des Spruchs präzise bezeichnet, vielleicht nicht nur ein »Indiz, daß die Strophe am Anfang einer Strophenfolge stehen sollte« (Ranawake 1997, S. 105), sondern daß der Ton tatsächlich mit ihr begann (vgl. auch 78,29 im Bognerton: *der sî der êrste in mîner wîse*). Da sich die ersten beiden Sprüche in A (die auch in C ein Paar bilden) an Herzog Leopold von Österreich richten, war der Unmut über die in Wien herrschenden *unhöveschen* Sitten, die einem, der in Österreich *singen unde sagen* gelernt hat, besonders nahe gehen mochten, möglicherweise der Auslöser für die Abfassung des Unmutstons.

Von den insgesamt fünf Leopold-Strophen hinterläßt nur eine (34,34ff.; dazu vgl. Scholz 1994, S. 301-307) den Eindruck eines ungetrübten Verhältnisses zwischen Walther und dem Herzog, der für den Dichter sein *höfscher trôst* ist (v. 4). Dieselbe Wendung gebraucht er in 32,7ff. (v. 10), wenn er der Hoffnung Ausdruck gibt, Leopold möchte dem unhöfischen Treiben Einhalt gebieten. Hat der Herzog ihn daraufhin in den Wald (zum Teufel?) gewünscht (35,17ff.)? Und ist die sich in C anschließende, offenbar nach Leopolds Rückkehr vom Kreuzzug 1219 verfaßte Strophe 36,1ff., die auf ein *zwîvellop* des Bruders Werner für den ›sparsamen‹ Herzog anzuspielen scheint (vgl. U. Müller 1974, S. 97), Walthers letztes Wort in Sachen Leopold (als »Schelte der (penetrant) Leopoldstreuen« und als Abrechnung mit dem Herzog und dessen »kriecherischen Vasallen« nimmt jetzt auch Hofmeister 1995, S. 197 u. 202, die Strophe)? Wieder stehen die Fragezeichen für das Nichtwissen des Interpreten.

Im einzelnen rätselhaft bleiben auch die sich an Herzog Bernhard II. von Kärnten wendenden, auf Irritationen und Mißverständnisse zwischen dem Dichter und dem Gönner Bezug nehmenden Strophen 32,17ff. und 32,27ff. (dazu vgl. Schiendorfer 1982; zuletzt zu »Walther in Kärnten« Nolte 1991, S. 43-52), während der den Landgrafen Hermann preisende Spruch 35,7ff. sich so präsentiert, als habe es nie Probleme im gegenseitigen Verhältnis gegeben.

Das Fahrendenthema vom *gast*, der gerne *wirt* wäre, behandelt die einzige Strophe des Tons, die mit einiger Sicherheit auf Kaiser Otto bezogen werden kann (31,23ff.). Man geht kaum fehl, wenn man hinter dem typusgerechten Rollen-Ich den um eine Heimstatt bittenden Sänger Walther wahrzunehmen meint (vgl. Wenzel 1983, S. 23). Mit der Anspielung auf das Schachspiel in den beiden Schlußversen wird eine Situation evoziert, in der Ottos Herrschaft durch den Gegenkönig Friedrich bedroht war; man setzt den Spruch daher in die Jahre 1212/13. Auffällig und in der Argumentationsstruktur an die Schlußzeile der später an Friedrich gerichteten Lehensbitte 28,1ff. erinnernd ist der Vertrag auf Gegenseitigkeit, den Walther dem Kaiser anbietet: Wenn Ihr mein Gastsein beendet, wird Gott die Schach-Drohung von Euch nehmen – Selbstbewußtsein eines Künstlers von Gottes Gnaden.

Als Heptade, wie sie in der Forschung meist bezeichnet werden, sind die Strophen gegen Papst und Klerus in keiner der Handschriften bewahrt; aus den einzelnen Überlieferungen aber »ergeben sich verschiedene sinnvolle Kombinationen« (Mohr 1983, S. 205). Die Sprüche stellen die schärfsten, bösartigsten und z.T. ungerechtesten Attacken dar, die bis dahin aus Deutschland gegen Rom geschleudert worden sind. Im April 1213 hatte Papst Innozenz in der Bulle *Quia major* zur Vorbereitung eines Kreuzzugs aufgerufen und die üblichen Ablaßversprechungen gemacht. Der Ablaß richtete sich nach der Höhe der geleisteten Hilfe und der frommen Absicht. Eine freiwillige Kollekte sollte das nötige Geld erbringen; dazu wurden in allen Kirchen Opferstöcke aufgestellt, mit drei Schlössern versehen und die Schlüssel jeweils einem Kleriker, einem Laien und einem Mönch übergeben.

Zwei der Strophen Walthers (34,4ff.; 34,14ff.) beziehen sich direkt auf den Opferstockerlaß, der im Sommer in Deutschland bekannt geworden sein dürfte, und sind wohl kurz darauf entstanden. Der erste Spruch, der den Papst ›zitiert‹ (zu ›fingierten Szenen‹ vgl. U. Müller 1974, S. 471ff.), ist in der Überlieferung von A einige Verse länger, in C dagegen ist die letzte Zeile um drei Takte zu kurz. Beide Abweichungen von der Norm könnten Reflexe einer improvisierenden Vortragspraxis sein, zu der gerade diese Strophe besonders einladen mochte (vgl. auch Schweikle 1994, S. 403; U. Müller 1996, S. 176f.). Auch der zweite Spruch, der den personifizierten Opferstock anredet, eignet sich gut für eine theatralische Präsentation; es überrascht daher, daß er nur einfach überliefert ist. Ihr Publikum könnten die beiden Strophen bei allen vom Erlaß Betroffenen und nicht nur in Kreisen des Adels gefunden haben (vgl. Nolte 1991, S. 37; Schweikle 1994, S. 405).

Der Papst als Zauberer, Verführer, Teufelsbündler, Judas, nicht zuletzt als Italiener, der scharf ist auf das deutsche Silber, seine Anhänger als willige Werkzeuge, die Lug und Trug von ihm gelernt haben, die anders reden als handeln oder, schlimmer noch, deren Werke mit ihren Worten übereinstimmen – all diese Auswüchse zeichnet Walther mit parteiischer Ironie und beißendem Sarkasmus. Die in A wie in C das Ende dieser Gruppe bildende Strophe 34,24ff. ruft am Schluß den schon im Reichston aufgetretenen *clôsener* in Erinnerung: Ihm bleibt angesichts solcher Perversionen nichts als zu klagen und zu weinen.

Es ist möglich, daß einige der gegen den Papst und die *pfaffen* gerichteten Sprüche schon vor 1213 gedichtet worden sind; soweit sie nicht auf bestimmte Ereignisse gemünzt waren, konnten sie auch später, zur Zeit Friedrichs, noch zum Vortrag gelangen (vgl. U. Müller 1996, S. 176). Nach Nolte (1991, S. 41) könnten neben 31,13ff. und 31,23ff. auch die gegen den Abfall von Otto Stimmung machenden Strophen 33,1ff. und 33,11ff. noch vor dem Kaiser aufgeführt worden sein, am ehesten Ende 1212 oder Anfang 1213. Nix (1993, S. 223-239) sieht die Auftraggeber der antiklerikalen Strophen in den Führungsschichten des kaisertreuen Köln.

Walthers Invektiven, besonders die gegen die Opferstockpraxis, haben gewirkt. Ist es Zufall, daß es ein Italiener ist, der die Wirkung bezeugt? Der im Dienst des Patriarchen Wolfger von Aquileja stehende Thomasin von Zerclaere hat in seinem für ein deutschsprachiges Publikum geschriebenen Lehrgedicht *Der welsche Gast* einen in der ersten Jahreshälfte 1216 entstandenen Exkurs über den Papst und ›unsere‹ Einstellung zu ihm eingeschaltet (v. 11091ff.; vgl. Schupp 1974, S. 47). Der Papst sei auch nur ein Mensch und könne daher irren. Infam aber sei es, ihm in allem, was er unternehme, eine böse Absicht zu unterstellen, so auch beim Sammeln von Geld für den Kreuzzug. Da gebe es einen *guoten kneht*, der behaupte, *daz der bâbest wolt mit tiuschem guot/vüllen sîn welhischez schrîn* (v. 11191ff.). Mit diesem Wort habe er großen Schaden angerichtet und *gemacht enwiht/manige sîne rede guot*. Die *herren*, die *predigære* und die *tihtære* hätten eine besondere Verantwortung für die *wârheit*, und gerade die letzteren könnten kraft der Macht des Wortes mehr Unheil als Gutes anrichten (v. 11201ff.). Noch einmal kommt Thomasin auf den als *guoter kneht* Titulierten zurück: *ich wæn daz allez sîn gesanc,/beide kurz unde lanc,/sî got niht sô wol gevallen/sô im daz ein muoz missevallen,/ wan er hât tûsent man betœret,/daz si habent überhœret/gotes und des bâbstes gebot* (v. 11219ff.). Hatte Walther eine krasse Diskrepanz zwischen dem Willen Gottes und dem des Papstes gesehen, so gilt dem Verfasser des *Welschen Gastes* beider Intention als identisch, und es ist nur konsequent, daß er gleich im Anschluß an die zitierten Verse zwischen Boten des Himmels und Boten der Hölle unterscheidet, was wie eine scharfe Zurückweisung der Rolle klingt, die sich Walther unlängst angemaßt hatte: *Her keiser, ich bin frônebote*. Für eine eingehende Interpretation von Thomasins Exkurs im historischen Kontext kann auf Schupp (1974) verwiesen werden (vgl. auch Edwards 1991, S. 102f.). Er vermutet auch, »daß Walthers Strophen nicht nur eine breitere, sondern auch intensivere Wirkung gehabt haben, als in ihnen anvisiert wird« (S. 57). Ihre schmale Überlieferung steht in einem seltsamen Mißverhältnis zu dieser Wirkung (vgl. Schweikle 1994, S. 405), sollte aber nicht als Argument dafür verwendet werden, Thomasins Behauptung für übertrieben zu halten. Als Gegenbewegung zur Verklärung und Mythisierung Walthers in früherer Zeit ist es zwar nachvollziehbar, wenn man ihn heute oft als kleiner, politisch unbedeutender, wirkungsloser hinstellt, als er es vielleicht war, doch droht dieses Walther-Bild nicht minder zum Klischee zu geraten als jenes.

Walthers Reaktion auf Thomasins Schelte hat man sich früher als sehr intensiv und detailliert vorgestellt (vgl. v.a. K. K. Klein 1959; vgl. auch Scholz 1966, S. 53-68; Halbach [3]1973, S. 23f.). Davon ist später kaum mehr etwas übriggeblieben, die Fehde zwischen Walther und Thomasin gilt als »weit überbewertet« (Schiendorfer 1983, S. 8; vgl. auch Wachinger 1973, S. 107f.).

2.7 Die Töne für König und Kaiser Friedrich II.

2.7.1 Zum politischen Hintergrund

Auf dem 4. Laterankonzil im November 1215 wird Kaiser Otto angeklagt und verurteilt, Friedrich II. bestätigt. Otto hat am Ende fast nur noch seinen Braunschweiger Besitz; im Mai 1218 stirbt er auf der Harzburg. Unterdessen ist Friedrich im Juli 1215 in Aachen noch einmal durch den Mainzer Erzbischof zum König gekrönt worden, mit symbolischer Geste nimmt er auf dem Thron Karls des Großen Platz. Überraschend, vor allem für die Kurie (die darin die Gefahr eigenmächtiger Politik wittern mußte), legt er ein Kreuzzugsgelübde ab. Am 1.7.1216 läßt der Papst sich versprechen, daß Friedrich nach der Kaiserkrönung das Königreich Sizilien seinem Sohn Heinrich überlassen werde (ein letzter, vergeblicher, Versuch, die Kaisermacht von Süditalien fernzuhalten); zwei Wochen später stirbt Innozenz. Sogleich läßt Friedrich seinen fünfjährigen Sohn nach Deutschland bringen, überträgt ihm das Herzogtum Schwaben und läßt ihn im April 1220 in Frankfurt zum deutschen König wählen. Als Reichsverweser und Vormund Heinrichs wird Erzbischof Engelbert von Köln eingesetzt, der am 7.11.1225 ermordet wird.

Am 22.11.1220 wird Friedrich durch Papst Honorius III. zum Kaiser gekrönt. Er gibt die Zusicherung, daß das Königreich Sizilien niemals staatsrechtlich zum Imperium gehören solle. Friedrich kehrt in sein sizilisches Erbreich heim; nur einmal noch, 15 Jahre später, wird er nach Deutschland kommen. Für 1221 hat Friedrich die Kreuzfahrt zugesagt, wird jedoch durch seine intensive Italienpolitik immer wieder von der Verwirklichung abgehalten, und immer wieder verlängert der Papst die Frist. Im Juli 1225 verpflichtet sich der Kaiser feierlich, bei Strafe des Banns, spätestens im August 1227 aufzubrechen. Zu diesem Termin hat sich in Brindisi ein großes Kreuzheer versammelt, meist aus Deutschen bestehend, darunter jedoch nur wenige Reichsfürsten. Obwohl schwere Seuchen im Heer wüten, bricht man auf, doch nach zwei Tagen kehrt der kranke Kaiser um. Der neue Papst Gregor IX. läßt die Erkrankung nicht als Grund gelten und verhängt im September über Friedrich den Bann, der im November durch Rundschreiben öffentlich gemacht und in Rom vom Papst verkündet wird. Nach einem halben Jahr wird er noch verschärft: Über jeden Aufenthaltsort des Kaisers wird das Interdikt ausgesprochen, sein Kreuzzugsplan ist jetzt verboten. Friedrich verfaßt ein Rechtfertigungsschreiben und bricht Ende Juni 1228 auf. Am 17.3.1229 hält er Einzug in Jerusalem. Zum Kampf kommt es nicht, vielmehr zu Verhandlungen mit dem Sultan von Ägypten: Nazareth, Bethlehem und Jerusalem werden zunächst auf zehn Jahre den Christen überlassen. Friedrich setzt sich selbst die Krone des Königreichs Jerusalem auf. Am 10.6.1229 landet er wieder in Brindisi.

2.7.2 Der König-Friedrichs-Ton 26,3ff.

Mit 20 oder 21 überlieferten Strophen ist dies der umfangreichste Ton Walthers (fraglich ist, ob 31,3ff. ihm oder Ulrich von Singenberg gehört; sicher von diesem ist die Kontrafaktur zu 28,1ff.; vgl. zu Singenbergs Parodie Schiendorfer 1983, S. 59-97, zu ihrem Vorbild und einigen anderen Strophen des Tons S. 24-36 u. 49-58). Auch hier ist Politisches mit Gnomischem und Autobiographischem zu einem Großton verbunden, wobei der Grad der Zusammengehörigkeit umstritten und die Suche nach einem einheitsstiftenden Moment unverbindlich bleibt. Wapnewski glaubte dies im Thema der *triuwe* und in der »Figur der Dreiheit« (1979, S. 400) gefunden zu haben, um den Preis allerdings, nur zwölf Sprüche als echt gelten lassen zu können (vgl. die Kritik bei U. Müller 1996, S. 179). Demgegenüber ist die Entscheidung für voneinander unabhängige Einzelstrophen (Edwards 1982, S. 156) sicher zu rigoros, und man wird eher der Ansicht Schweikles zuneigen, der den Ton »aus unterschiedlich langen Teilzyklen« aufgebaut sieht (1989b, S. 177; vgl. auch Ranawake 1997, S. 111, die auf die Paarbildung der gnomischen Strophen hinweist).

Als Einleitungsstrophe darf der religiöse Spruch 26,3ff. gelten, den vier der sechs Handschriften an erster Stelle bieten. Ob er als captatio benevolentiae für die Scheltstrophen dieses und des Unmutstons gedacht war (wie erwähnt, sind Strophen beider Töne in der Überlieferung vermischt), fragt sich Schweikle (1994, S. 369). Unterlegt man der Not, die der Sprecher mit der Feindesliebe hat (v. 8 *Wie solde ich den geminnen, der mir übel tuot?*), ein politisches oder gönnerbezogenes Verständnis, schließen sich die beiden Ottos *triuwe, milte* und *êre* denunzierenden Strophen 26,23ff. und 26,33ff. sinnvoll an (die erste folgt in A direkt auf 26,3ff.). Die Abrechnung mit dem Kaiser bringt die Hinwendung zum jungen König Friedrich mit sich: Vier Sprüche befassen sich mit dem Namengeber des Tons. Auf drei von ihnen wurde schon im Zusammenhang mit Walthers Lehen eingegangen (s.o. S. 15); der vierte, der ironisch die unterschiedlichen Interessen der Freunde und Gegner des sich angeblich für den Kreuzzug rüstenden Königs anspricht, könnte im April

1220 auf dem Frankfurter Hoftag vorgetragen worden sein (vgl. Schweikle 1994, S. 377). Ist damit der terminus ad quem für den ganzen Ton gegeben, so ist der Zeitpunkt, zu dem Walther ihn begonnen hat, umstritten. Meist wird sein Wechsel von Otto zu Friedrich in die Monate zwischen Ende 1213 und Frühjahr/Sommer 1214 verlegt und die Schelte Ottos nach der Katastrophe von Bouvines für nicht mehr aktuell angesehen (vgl. ebd., S. 374). Doch hat Worstbrock (1989, S. 75ff.) die Friedrichs kleine Gestalt gegen Ottos Körpergröße ausspielende Strophe 26,33ff. als »exakte Replik« einer frühestens in der zweiten Hälfte des Jahres 1213, wohl aber erst nach Bouvines 1214 oder gar erst 1215 entstandenen *Disputatio inter Romam et Papam* ausgemacht. Seiner Vermutung nach ist Walthers Wechsel von Otto zu Friedrich erst im Herbst 1214, »vielleicht noch um einiges später« anzusetzen (S. 74). Schon Halbach (1965, S. 23 u. 102) hat Walther mit 26,23ff. auf eine Stelle in Thomasins *Welschem Gast* (v. 11039-11064), wo ein *bœser man* als *herre* erscheint, reagieren sehen und den Übergang zu Friedrich in die Zeit nach 1215/16 verlegt, und v. Kries 1974 hat sich ihm angeschlossen. Nach Worstbrocks Fund wäre die Frage einer neuen Diskussion wert. Eine Entscheidung hängt wieder einmal davon ab, welchen Grad an Aktualität man für die Abfassung und den Vortrag einer Strophe fordern zu müssen meint.

Zwei Sprüche handeln von Herzog Leopold von Österreich: XXIX,1ff. (so jetzt nach Cormeaus Zählung), eine Bittstrophe mit der o. S. 1 berührten autobiographischen Wendung *dâ heim in Osterrîche*, und der zeitlich und im Tenor der Strophe 36,1ff. aus dem Unmutston benachbarte Spruch 28,11ff.

Alles übrige hat mehr oder weniger gnomischen Charakter, wobei die Feststellung von Edwards zu beachten ist, »that in the Walther context a song is only gnomic until proven otherwise« (1982, S. 151). Machen die Sprüche XXX,1ff. und 30,29ff. mit ihrem Beginn *Swelich man* und *Swer* genauso wie die beiden über die Trunkenheit (29,25ff.; 29,35ff.) oder die zwei Frauenpreisstrophen 27,17ff. und 27,27ff. oder 26,13ff. mit seiner an den Reichston erinnernden Wegelagerer-Motivik den Eindruck allgemeingültiger Lehrhaftigkeit, so könnten andere durchaus auf bestimmte Ereignisse an bestimmten Höfen abzielen: 28,21ff. gegen verlogene Ratgeber, 29,4ff., 30,9ff. und 30,19ff. gegen Falschheit und Doppelzüngigkeit. In der handschriftlichen Bezeugung zeigt sich übrigens auch hier, daß gerade Strophen von allgemeinerer Thematik mehrfach überliefert sind und daher wohl häufiger vorgetragen wurden als solche »ephemeren Interesses«, die nur einmal tradiert sind (Schweikle 1989b, S. 176ff.).

Von der Melodie des König-Friedrichs-Tons sind im Münsterschen Fragment Z nur die letzten drei Zeilen überliefert. Da dieser Ton wie auch der spätere Kaiser-Friedrichs-Ton in der Form der gespaltenen Weise abgefaßt ist (auf den ersten Stollen folgt vor dem zweiten der Abgesang), kann auch die Melodie des ersten Stollens rekonstruiert werden; vgl. Brunner/Müller/Spechtler 1977, S. 57* (mit Literatur); Brunner 1996, S. 60 u. 67; McMahon 1990, S. 93-95.

2.7.3 Der Kaiser-Friedrichs-(und Engelbrechts-)Ton 10,1ff. und 84,14ff.

Die insgesamt elf Strophen des Tons sind nur in C komplett erhalten, allerdings in zwei voneinander getrennten Gruppen (C 4-8, 35-40), deren erste auch durch B bezeugt ist, wo sie am Beginn der Walther-Sammlung steht. Der Doppelname erklärt sich daraus, daß es in der ersten Gruppe (10,1ff.; 10,9ff.; 10,17ff.; 10,25ff.; 10,33ff.) um die Kreuzzugspläne Kaiser Friedrichs und um seine Auseinandersetzungen mit dem Papst geht, während die zweite (84,14ff.; 84,22ff.; 84,30ff.; 85,1ff.; 85,9ff.; 85,17ff.) neben einer Dankstrophe an den Kaiser u.a. einen Lobspruch und eine Totenklage auf den Reichsverweser Erzbischof Engelbert von Köln enthält. Die Entstehungszeit der zweiten Gruppe liegt zwischen frühestens 1220 und spätestens 1227, läßt sich aber womöglich auf die Jahre 1224/25 eingrenzen (vgl. Nolte 1991, S. 92). Da fast alle dieser sechs Sprüche – soweit der Sinn entschlüsselbar ist – auf bestimmte Ereignisse bezogen sind und daher wohl bald an Aktualität verloren haben, könnte Walther den Ton wenige Jahre später bewußt noch einmal aufgenommen haben, obwohl im Thematischen (außer der Person des Kaisers und der Situation im Reich) keine engere Bindung zwischen den beiden Gruppen festzustellen ist (vgl. Schweikle 1994, S. 433).

Drei, wenn nicht fünf Sprüche aus der ersten Entstehungsphase berühren das Thema *milte* bzw. Walthers Verhältnis zu Gönnern. Bemerkenswert ist, daß nach Ausweis von 84,30ff. noch Beziehungen zwischen Walther und Friedrich II. bestanden, der schon vor einigen Jahren Deutschland verlassen hatte; was die *kerze* bedeutet, für die der Dichter dem Kaiser danken läßt, ist allerdings noch nicht zweifelsfrei geklärt (vgl. ebd., S. 437f.). – In 85,17ff. ist zum einzigen Mal bei Walther von Landgraf Ludwig von Thüringen die Rede; die Details sind unklar, vielleicht spiegelt der Spruch die Bemühung um einen neuen Gönner (vgl. ebd., S. 441; daß es um die

Gönnerfrage und nicht um Ludwigs Kreuzfahrt geht, macht jetzt auch Hofmeister 1995, S. 203f. u. 206f., wahrscheinlich). – Daß Engelbert – in Stellvertretung des Kaisers – Walthers Mäzen war, wird ebenfalls erwogen (vgl. Schweikle 1994, S. 438); daraus erklärte sich der hyperbolisch preisende Ton des Lobspruchs 85,1ff. wie die Ergriffenheit der Klage 85,9ff.

Die Strophe 84,14ff. hat seit jeher namentlich deshalb das Interesse der Forschung hervorgerufen, weil die Erwähnung der *heimlichen fürsten* (v. 7) möglicherweise Aufschluß über Walthers Heimat geben könnte. Sind, wie man seit Lachmann vermutet hat, die österreichischen Fürsten gemeint, und gibt sich der Dichter damit als Österreicher zu erkennen? Man hat sich gefragt, ob ein ironisches Verständnis von *hovebære* nicht einen Gegensatz von heimischen und fremden Fürsten, von Leopold und den anderen Fürsten voraussetzte (vgl. WM I 1916, S. 438 Anm. 338). Und man hat bemängelt, daß auf die Fürsten, die für die Fahrenden heimische waren, nicht mit *unser*, sondern mit *ir* hätte Bezug genommen werden müssen, auf die aus Walthers Perspektive heimischen aber mit *mîne* (v. Kraus 1935, S. 329). Die Hauptschwierigkeiten erledigen sich, wenn wir einen in der mittelalterlichen Literatur nicht unüblichen Wechsel von indirekter zu direkter Rede annehmen (was dann auch die Konjektur *sîn* statt *sint*, zu der seit Lachmann immer wieder gern gegriffen wurde, vollends obsolet macht): *die seiten mir, ir malhen schieden dannen lære:/»unser heimlichen fürsten sint sô hovebære,/ daz Liupolt eine müeste geben, wan daz er ein gast dâ wære.«* Für die Heimatfrage gibt die Formulierung dann nichts her, die *heimlichen fürsten* sind die des *varnden volkes*, können also aus allen möglichen Gegenden des Landes stammen. Ohnedies ist die eigentliche Spitze des Spruchs, wie man schon früh gesehen hat, gegen Leopold gerichtet. Als Situation, bei der dieser zur *milte* verpflichtet gewesen wäre, sich aber auf seinen *gast*-Status herausgeredet haben könnte, bietet sich am ehesten der Nürnberger Hoftag Ende November 1225 an, bei dem der Herzog sowohl seine Tochter (mit König Heinrich) als auch seinen Sohn verheiratete und eigentlich eher Gastgeber als Gast war (vgl. Meißner 1930; Maurer 1954, S. 105; U. Müller 1974, S. 48). Doch verträgt sich der ironische Ton von Walthers Spruch mit dem anderen diesen Hoftag prägenden Ereignis, der Nachricht von der Ermordung des Erzbischofs Engelbert, woraufhin die Reichsacht über den Mörder ausgesprochen wurde, und wäre Walthers Formulierung *ze Nüerenberc was guot gerihte* nicht »ein etwas farbloser, matter Kommentar« dazu (Schweikle 1994, S. 435)? Wenn Walther aber im ersten Stollen Bezug nimmt auf eine ihm, wann immer er von einem Hoftag kommt, häufig gestellte Frage nach Geschehenem und Gesehenem, dann entwirft er diese Fragesituation in räumlicher und zeitlicher Unbestimmtheit und greift im folgenden aus dem Repertoire alles möglichen Berichtenswerten ein bestimmtes Ereignis heraus: *ze Nüerenberc*. Aus dieser Distanz kann er dann die Ächtung des Mörders lediglich andeutend als *guot gerihte* bezeichnen und das Erlebte im übrigen auf scheinbar Beiläufiges, das *milte*-Handeln der in Nürnberg Anwesenden, reduzieren. Indem er, der halbe Wahrheiten verabscheut (v. 3), die Verantwortung für das Mitgeteilte auf das *varnde volk* abschiebt, distanziert er sich nicht nur selbst von diesem, sondern läßt vielleicht »diskret« einfließen, er habe beim Hoftag »dienstlich zu tun gehabt und zwar, ohne auf Lohn Leopolds von Österreich angewiesen zu sein« (Mohr 1983, S. 193).

Ob auch der Spruch vom *drîer slahte sanc* (84,22ff.), von den drei genera dicendi, »etwas Politisches unter Spielmannsgehabe zu verstecken« scheint (ebd.), läßt sich nur vermuten. Schweikle (1994, S. 436), der *edlr küniges rât* (v. 7) traditionell auf den Reichsverweser Engelbert bezieht, erwägt, ob mit der Strophe dessen Aufgabe, zwischen Adel, Klerus und Ministerialität eine gemeinsame Verständigungsbasis zu finden, angesprochen sein könnte (die genera dicendi als Metaphern für die drei Stände aufgefaßt). Urbanek (1993, S. 228ff.) dagegen versteht unter *küniges rât* das zur damaligen Zeit für die Politik zuständige *consilium regium* und sieht in Walthers Appell, ein *ungehazzet liet* zustande zu bringen, die gemeinsame Aufgabe der »Mobilisierung aller bislang zerstrittenen Parteien für den Kreuzzug des Kaisers« (S. 245) formuliert. Als literarisches Sprachrohr dieser Bewegung habe Walther selbst das Palästinalied 14,38ff., das Kreuzlied 76,22ff., die Aufforderung zum Kreuzzug 13,5ff. und die Elegie 124,1ff. beigesteuert (S. 245ff.).

Bemerkenswert an der Gruppe der fünf später entstandenen Strophen sind die verschiedenen Rollen, die Walther einnimmt. In den beiden ersten wendet sich das Ich direkt Gott zu: Auf den gebetsartigen Gottespreis 10,1ff. folgt mit 10,9ff. die Einstimmung auf das Thema des Kreuzzugs, der wie in Strophe 12,6ff. des Ottentons als Sache Gottes, mit der sich der Kaiser zu identifizieren hat, hingestellt wird. War das Ich dort selbst als Bote aufgetreten, schickt es in 10,17ff. einen Boten mit seinem, des *armen mannes*, Ratschlag an Friedrich. Die Stilisierung zum *armen man* kann sowohl auf ein Dienstverhältnis zum Kaiser hinweisen, wie auch als Demutsformel gedacht sein (vgl. Nolte 1991, S. 98f.). Als potentieller Ratgeber gegenüber den *pfaffen* tritt das Ich dann in 10,25ff. auf, bevor es in der letzten Strophe diese Rolle ganz an einen anderen delegiert, den Klausner. Man kann geradezu von einer »Repräsentation des Text-

Ich durch den Klausner« sprechen, der auch dessen »Artikulationsebene« einnimmt (Haag 1991, S. 38f.). Ihn läßt Walther immer dann auftreten, wenn er »auf politische Situationen höchster Brisanz anspielt«, im Reichston auf den Bann gegen Philipp, im Unmutston auf den gegen Otto, hier auf die Bannung Friedrichs (Schweikle 1994, S. 446).

2.8 Die übrigen Töne

Im folgenden werden zunächst zwei Töne kurz gestreift, für die eindeutige Datierungsindizien fehlen, die aber meist in Walthers letztes Jahrzehnt gesetzt werden. Abschließend sei danach noch ein Blick geworfen auf einige Töne, die nur durch eine Einzelstrophe erhalten sind.

2.8.1 Der Rügeton (König-Heinrichs-Ton) 101,23ff.

Es überrascht, wie die Forschung – auch die neuere – nahezu einmütig diesen Ton auf König Heinrich (VII.) bezieht (vgl. zuletzt Ruh 1989; Schweikle 1994, S. 447ff.). Zu Recht wurden Vorbehalte gegenüber einem solchen einsinnigen Verständnis angemeldet (vgl. Nix 1993, S. 263-270, zu Strophe I; U. Müller 1996, S. 189f.). U. Müller will den Bezug auf Friedrichs Sohn nur als eine denkbare Möglichkeit neben der allgemein-gnomischen Intention der drei Strophen gelten lassen. Schon in vergangener Zeit hat man sich in dieser Hinsicht eher vorsichtig geäußert: Burdach (1900, S. 88f. u. 100) möchte die Sprüche nur bedingt auf den jungen König bezogen sehen. Für Michels hat 102,1ff., »wie es scheint«, einen Bezug auf Heinrich (WM II 1924, S. 356), hinsichtlich der beiden anderen Sprüche gilt dies nur »vielleicht« (ebd., S. 354 u. 357). Auch für v. Kraus hat die erste Strophe »neben der möglichen Beziehung auf Heinrich doch wohl in erster Linie allgemeine Bedeutung« (1935, S. 375), und noch Schaefer billigt dem ganzen Ton »darüber [über den Bezug auf Heinrich] hinaus allgemeine didaktische Geltung« zu (1972, S. 516).

Der Spruch über die Minne (102,1ff.) ist leicht ohne einen konkreten Bezugspunkt verständlich, ähnlich den zwei Strophen 81,31ff. und 82,3ff. im Bognerton. Erst recht reiht sich der dritte (102,15ff.) in ähnliche Klagen Walthers über eine jetzt bei Hofe herrschende verkehrte Welt ein, wie sie z.B. durch Strophen aus dem Wiener Hofton – *Sô wê dir, Welt* (21,10ff., mit der Wendung gegen die *argen rîchen* v. 11), *Die veter hânt ir kint erzogen* (23,26ff.), *Wer zieret nû der êren sal* (24,3ff.) – oder *Swâ der hôhe nider gât* (83,14ff.) aus dem 2. Atze-Ton repräsentiert werden. Auch 101,23ff. hat in den Sprüchen des Wiener Hoftons gegen eine verkommene Jugend seine Parallelen. Schon Burdach hat hinter dem *selbwahsen kint* »die entartete W e l t , die junge vielleicht, [...] die höfische Dichtung und höfische Gesellschaft, wie sie ihm im Kreise des jungen Königs, Heinrichs VII. schließlich am unerträglichsten entgegentrat«, gesehen (1900, S. 100, ähnlich S. 89). Es mag sein, daß die Zustände unter dem Regiment Heinrichs besonders tadelnswert waren und Walther Anlaß für seine Vorhaltungen gegeben haben mochten. Die vergleichbaren Texte aus dem Wiener Hofton aber machen diesen Bezug nicht notwendig, allenfalls möglich, und zudem gehört die Klage über zuchtlose Jugend seit alters zum Repertoire gnomischer Literatur.

Wenn mit dem *selbwahsen kint* König Heinrich gemeint wäre, wie hätte man sich dann Walthers Rolle in dieser im ersten Spruch geschilderten Zweierbeziehung vorzustellen, nachdem sich das Bild vom Prinzenerzieher Walther, wie man es sich im 19. Jahrhundert ausgemalt hat, schon bald als Produkt romantischer Verklärung entpuppt hat? Die Deutung Ruhs (1989, S. 12), daß Walther durch die Wahl der Erzieher-Rolle »hautnah an den minderjährigen König herantreten« konnte, befriedigt nicht. Wenn das Ich von vielfältigen Bemühungen um sein Gegenüber spricht, hätten diese doch ihren Niederschlag in Waltherschen Strophen finden müssen. Doch bereits Wilmanns (WM I 1916, S. 161) hat irritiert das Fehlen irgendeines Textes vermerkt, in dem Walther sich »mahnend oder warnend oder entschuldigend« zu Heinrich geäußert hätte.

Was die Spätdatierung des Tons wahrscheinlich macht, ist also allein seine Form. Maurer erkennt die »kunstvolle Form des späten Walther in ihrem Zusammenklang von metrischer und sprachlicher Bauweise« (1954, S. 113), und Halbach spricht von »großartigstem Alters-Manierismus der Strophik« (1965, S. 97). Für Ruh hat »die kaum mehr hörbare Reimstruktur« einen Sinn: »Verweigerung der Harmonie« (1989, S. 10). Dies braucht aber nicht an die Person des Königs Heinrich gebunden zu sein.

2.8.2 Der Bognerton 78,24ff.

Die Überlieferung dieses 17 Strophen enthaltenden Tons (nur in C) bewahrt, deutlicher als die anderer Töne, das thematisch Zusammengehörige: Auf das »Engellied«, vier Strophen, die in absteigender

Hierarchie Gott und Maria preisen, das Lob der Engel aber wegen ihrer nicht wahrnehmbaren Präsenz bei der Heidenbekämpfung in Frage stellen, folgen je drei Sprüche über die Freundschaft und über Maß und Übermaß, dann zwei Gönnerstrophen; die nächsten drei handeln getrennt je ein Thema ab, die beiden letzten über wahre Minne bilden wieder ein Paar.

Wieweit einzelne Strophen dieses »fast rein didaktisch/gnomischen Groß-Zyklus« (Halbach 1965, S. 104) bestimmte politische Sachverhalte widerspiegeln, ist eine Frage, die sich bei gnomischer Sangspruchdichtung immer wieder stellt. Mohr (1983, S. 202f.) nimmt den Bognerton als Paradigma für das Problem der Unterscheidung zwischen persönlichem und gnomischem Ich und vermutet hinter Walthers allgemein didaktischen Formulierungen häufiger politische als persönliche Inhalte. Auf der anderen Seite kann man, wie Goheen (1989) dies tut, den Ton als Walthers Beitrag zur allgemeinen Wertediskussion in den Rahmen des mittelalterlichen *ordo*-Denkens stellen und den Zusammenhang der Strophen durch den Wert der *mâze* bestimmt sehen. Deutlich steht der Bognerton in der Tradition des durch Spervogel zum ersten Mal greifbar werdenden moralisch-didaktischen Sangspruchs (vgl. Schröder 1989a; U. Müller 1996, S. 186). Dies braucht freilich nicht zu bedeuten, daß Walther den Ton bereits in seiner Frühzeit konzipiert hat – eine Auffassung, die bedenklich mit dem Werturteil gekoppelt wird, die Sprüche gehörten »nicht zu den besten« Walthers (Schröder 1989a, S. 165) –, daß er »womöglich über seine gesamte Schaffenszeit verteilt« (ebd., S. 176) und die Einreihung in die Altersdichtung falsch sei (ebd., S. 172). Wie Schröder selbst zugeben muß (S. 175), fehlt jedes Indiz, daß auch nur eine Strophe in Walthers Anfänge gehört. Und ein anderer Ton, der über Jahrzehnte reichen würde, ist ebensowenig nachweisbar. Die etwas unklare und nur einfach scheinende Strophenform (vgl. Brunner 1996, S. 60) und vor allem die große Zahl von bei Walther erstmals begegnenden Wörtern oder gar Hapaxlegomena (vgl. Bonath 1973, S. 19) deuten eher auf eine späte Entstehung des Tons hin. Daß die sprachlichen Extravaganzen den Verdacht der Unechtheit unterstützen könnten (ebd.), nimmt heute niemand mehr an.

In einzelnen Strophen enthaltene mögliche Hinweise auf die Abfassung seit frühestens 1220 werden nicht allgemein akzeptiert. Eine Beziehung der Engelstrophen »auf die Friedrichs politischen Plänen widerstrebenden Fürsten, vielleicht auch auf die kirchlichen Kreise« (Burdach 1900, S. 83), konkret auf das Kreuzzugsunternehmen 1227/28 (vgl. Schweikle 1994, S. 505), wird von U. Müller (1996, S. 185) und Ranawake (1997, S. 118) eher zurückhaltend bewertet.

Gleichfalls das Kreuzzugsthema berühren könnte das Lob *des von Katzenellenbogen* in 80,35ff., wenn damit Dietrich II. aus dem Geschlecht der rheinischen Grafen von Katzenelnbogen gemeint ist, der 1219 ins Heilige Land aufgebrochen ist, es aber 1220 schon wieder verlassen hat (vgl. WM I 1916, S. 180). Die in letzter Zeit als fraglos geltende Identität des in 80,35ff. Angesprochenen mit dem in 80,27ff. erwähnten *Bogenære* wird jetzt bezweifelt von Pfeil (1998, v.a. S. 35ff.), die diesen für einen der bayerischen Grafen von Bogen hält (weil die von Katzenelnbogen nie als *Bogenære* bezeichnet worden seien und höfisches Leben sich an ihrem Sitz erst in der zweiten Hälfte des 13. Jahrhunderts entwickelt habe – Walthers Spruch 80,35ff. existiert aber!). Wegen der Ähnlichkeit der Namen und wegen der *milte*-Thematik wären die beiden Strophen dann vom Schreiber oder einem Kompilator zusammengestellt worden.

2.8.3 Einzelstrophen

Bei Sprüchen wie 37,24ff. und 37,34ff., die die Form des Unmutstons durch variierende Kadenzen bzw. zusätzliche Zeilen abwandeln, muß offen bleiben, ob sie von Walther selbst als mit der Melodie des Tons noch vereinbare Strophen konzipiert wurden, ob sie durch die Überlieferung Schaden genommen haben oder aber als singuläre Überreste anderer Töne auf uns gekommen sind. Daneben gibt es eindeutige Einzelstrophen, die zu keinem der Waltherschen Töne formale Affinität zeigen. Auch sie könnten Überbleibsel von ursprünglich mehrstrophigen Tönen sein (zu möglichen Verlusten s.o. S. 25ff.), doch es wäre ebenso denkbar, daß es sich bei ihnen jeweils um den von Walther aus irgendwelchen Gründen nicht fortgesetzten Versuch handelt, einen neuen Ton zu etablieren.

Die Strophe 104,33ff. ist in C und A überliefert, vielleicht, wie Schweikle (1994, S. 509) erwägt, als Rest eines umfangreicheren Tons. Sie macht den Eindruck, als sei sie zu einer bestimmten, nicht mehr zu ermittelnden Gelegenheit verfaßt (vgl. WM II 1924, S. 363). Eine andere, 85,25ff., »ein vereinsamt stehendes daktylisches Liedchen«, könnte vom Inhalt her auf die Regierung König Heinrichs bezogen werden (WM I 1916, S. 118), eine These, die Schweikle (1994, S. 508f.) unterstützt, indem er auf eine Parallele zu Strophe III des Rügetons hinweist.

Die bei weitem berühmteste und am häufigsten untersuchte Einzelstrophe Walthers ist 104,23ff., der Tegernseespruch. Seine Forschungsgeschichte von Uhland (1822) bis Schaefer (1972) hat Kraft (1978, S. 118-208) mustergültig aufgearbeitet. Allen auf die Strophe verwendeten Bemühungen zum Trotz wissen wir nicht – so Krafts Fazit (S. 183) –, wovon sie handelt (vgl. auch Schaefer 1972, S. 517-520, der alle Fragen verzeichnet, die bei diesem Spruch offen geblieben sind). Sollte es für Walthers Publikum wirklich von Interesse gewesen sein, daß er einmal mit großen Erwartungen im Kloster einkehrte, sich aber mit *wazzer* bescheiden und enttäuscht wieder fortziehen mußte? Könnte nicht eher Politik den Hintergrund der Strophe bilden (vgl. Ranawake 1997, S. 117)? Mohr hält es für möglich, daß es sich um eine »traditionelle Stilisierung« handle, »die ein Fahrender seinen Reisen gab, wenn er dabei mit einer vertraulichen Mission beauftragt war«, und daß Walther habe signalisieren wollen, »einen dringenden Auftrag pflichtgemäß ausgeführt« zu haben (1983, S. 193). Daß Walther, wenn er den Abt als *münch* bezeichnet, dem Sprachgebrauch Kaiser Ottos folgt, hat bereits Lachmann ([2]1843, S. 209) notiert (auch die o. S. 86 zu 26,33ff. herangezogene *Disputatio inter Romam et Papam* verwendet diese Sprachregelung; vgl. Hucker 1990, S. 545). Dies könnte wenigstens einen Datierungshinweis liefern. Mit Mohrs Überlegungen sind wir wieder bei der grundsätzlichen Frage angelangt, für welche Art von Dienst außer dem *dienen mit sange* ein Sangspruchdichter von seinen Herren eingesetzt werden konnte (s.o. S. 39f. u. 79). Auch der Tegernseespruch kann sie nicht schlüssig beantworten. Die Lehre, die wir aus der Analyse einer Strophe wie dieser ziehen können, hat Kraft treffend formuliert: »We are dealing with a poem which seems to teach us that the avoidance of ›definitive‹ conclusions is sometimes the more virtuous course« (1978, S. 120). Wenn das schon für die Sangspruchdichtung gilt, um wieviel mehr dann für die Minnelyrik, zu deren Realitätshorizont wir noch weit weniger Zugang haben!

3. Minnesang

Die Darstellung von Walthers Minnelyrik muß auf zweierlei verzichten: auf eine zeitliche Anordnung der Lieder und auf Vollständigkeit, wie sie im Kapitel zur Sangspruchdichtung angestrebt wurde, wenn auch bei der Behandlung der einzelnen Töne unterschiedlich zu gewichten war.

»Die Schwierigkeiten einer auch nur relativen Chronologie« (Hahn 1996, S. 79) sind heute fast jedem Editor oder Interpreten des Minnesangs bewußt, und dabei ist eine solche Erkenntnis nicht einmal neu, hat doch bereits Menzel 1865 auf die Probleme, Walthers Liebesgedichte »in eine chronologische Ordnung zu bringen«, aufmerksam gemacht (S. 86) und die Gefahr der »Willkür« bei allen derartigen Versuchen klar gesehen (S. 90). Eine Ordnung der Lieder »nach zeitlichen und sonstigen Gruppen« (v. Kraus 1935, S. 489ff.; zu diesem und späteren Versuchen vgl. Maurer 1956, S. 11ff.) muß in jedem Fall als forschungsgeschichtliches Konstrukt bewertet werden, ob man nun die »Entwicklung von Walthers Minne-Auffassung« zugrundelegt (Maurer ebd., S. 19ff.) oder die der Strophenformen (ebd., S. 22ff.). Wenn noch neuerdings Nolte 1991, S. 255ff., einem Abschnitt seines Buches die Überschrift »Chronologie und Überlieferung der Lieder der ›Preisliedgruppe‹« gibt, ist dies als heuristisches Unterfangen legitim, darf aber keinerlei Verbindlichkeit beanspruchen. Die Zahl der Waltherschen Lieder, die sich deutlich auf frühere zurückbeziehen, ist sehr klein. (Als Paradefall zitiert wurde bisher gern der Anfang von 117,29ff. *Nû singe ich, als ich ê sanc:/wil aber ieman wesen vrô?* mit seinem Rückbezug auf 42,31 *Wil aber ieman wesen vrô.* Walthers Autorschaft für 117,29ff. ist aber jetzt durch Steinmetz 1997 zweifelhaft geworden.) Abgesehen von den Fällen klar bestimmbarer relativer Chronologie haben wir keine Anhaltspunkte, seine Gedichte zu reihen. Die Gruppierung sachlich zusammengehöriger Lieder ist als ordnungsstiftendes Arbeitsinstrument hilfreich, sollte aber nicht zu dem Trugschluß verleiten, daß etwa die »Mädchenlieder« oder die »Lieder der neuen hohen Minne« (um zwei der bei Maurer 1956 enthaltenen Gruppen zu nennen) je einer bestimmten Phase Waltherschen Dichtens zugeordnet werden müßten (zur Skepsis gegenüber der Datierbarkeit von Minnelyrik vgl. noch Scholz 1976, S. 1247, und v.a Ehlert 1980, S. 18-35, die von der Forschung ins Spiel gebrachte Datierungsindizien kritisch überprüft; vgl. außerdem Sievert 1990, S. 121-134, sowie jetzt Schweikle 1998, S. 47f.).

Bislang gesichert scheinende Erkenntnisse zu Walthers Minnesang sind durch die Forschung der letzten Jahrzehnte fragwürdig geworden. Demgemäß wird die folgende Darstellung – statt Vollständigkeit anzustreben – Akzente setzen und in erster Linie solche Lieder diskutieren, an denen die neue Sicht auf Walther exemplifiziert werden kann. Im Vordergrund werden dabei diese Fragestellungen und Themen stehen:

- Die Frage nach dem Wesen der Minne
- Das Minnelied im gesellschaftskritischen Kontext
- Walthers *frouwe*
- Das Problem der Mädchenlieder und der *herzeliebe*
- Die Fehde mit Reinmar

Walthers Verhältnis zur Minnesang-Tradition und die Frage nach seinen Innovationen werden bei alldem die konstanten Bezugspunkte sein. Hahn 1996, S. 74ff., hat mustergültig Walthers »neue Akzentuierung innerhalb tradierter Vorstellungen« anhand eines Rasters einzelner »Akzentpunkte« skizziert und deutlich gemacht, daß dies zwar kein »in sich geschlossenes neues ›Minneprogramm‹« ergibt, gleichwohl aber einen Wendepunkt dessen markiert, was in der Zeit um und nach 1200 Minnesang sein konnte.

3.1 Was ist Minne? Hohe, niedere, rechte und falsche Minne

Der in romanischer Tradition stehende Minnesang seit Friedrich von Hausen und Heinrich von Veldeke wird gemeinhin als Lyrik der hohen Minne bezeichnet. Wenn auch häufig unterschiedliche Vorstellungen damit verbunden werden, ist der Terminus der Forschung geläufig, in den Texten selbst begegnet er freilich höchst selten. In Hausens Lied aus der Ferne MF 51,33ff. beginnt die zweite Strophe mit den Worten: *Hete ich sô hôher minne/mich nie underwunden,/mîn möhte werden rât.* Das Ich ist, so beteuert es, die Beziehung *âne sinne* eingegangen, und seine *stæte* hindere es daran, sich wieder zu lösen. Das Paradoxe an seiner Situation: die er *alre sêrste* liebt, war ihm stets feindlich gesinnt (Strophe III), und dennoch ist es ihm die größte Freude, sie sich *nâhe* zu denken (Strophe IV). Mit *sô hôher minne* soll anscheinend die für den Sänger schmerzliche Unerreichbarkeit der Frau (räumlich und im übertragenen Sinn verstanden) kenntlich gemacht werden. – In einem anderen Lied Hausens (MF 49,13ff.) resultiert der von einer *schœnen vrouwe* ausgehende Schmerz des Ichs letztlich mit Notwendigkeit daraus, daß sein Herz sich *ze hôhe huop* (Strophe III). Die Gefährdung, die mit dieser Art Minne einhergehen kann, wird am Ende klar formuliert:

wirt mir diu minne unguot,/sô sol ir niemer man volle trouwen. – Ist bei Hausen eine Beziehung von der Art der hohen Minne ohne Verstand eingegangen worden, so konstatiert ein Lied Veldekes (MF 56,1ff., Strophe III), daß sie das Ich um den Verstand gebracht hat. Leider fehlen in der Überlieferung zwei oder drei Silben, die diese Minne vielleicht noch näher qualifiziert hätten (konjiziert wurde *gernde*): *Al ze hôhe <...> minne/brâhten mich ûz dem sinne.* Wenn das Ich in der Schlußstrophe bekennt, daß es die Dame *was gerende ûz der mâten*, könnte mit dieser Maßlosigkeit dasselbe ausgedrückt sein wie mit dem *ze hôhe.* – Ein Lied Heinrichs von Morungen schließlich (MF 134,14ff.) verbindet eine Minne *an sô hôher stat* mit einem *dienst*, der vergebens und daher schmerzlich ist (Strophe I). Die Unerreichbarkeit der Frau wird in Strophe III noch einmal durch das Bild der Sonne veranschaulicht, die für das Ich *ze hôh und ouch ein teil ze verne* ist und von der es erhofft, daß sie sich am Abend *her nider* zu ihm begibt. – Ein letztes Lied, das zwar nicht den Begriff der hohen Minne verwendet, an dem sich aber deren Haltung demonstrieren läßt und das darüber hinaus als Bindeglied zu dem einzigen Gedicht Walthers fungieren kann, das von der *hôhen minne* spricht: Hartmann von Aue MF 206,19ff. Anfangs gibt sich der Sprecher als Lehrmeister, der allgemeine Regeln des Minnedienstes aufstellt, aber bald gestehen muß, daß ihm selbst das Befolgen dieser Grundsätze nichts eingebracht hat (Strophe I). Minnesang ist ihm nur Notbehelf, Surrogat direkter Kommunikation (Strophe II). Kein *sanc* ist sein Lied, sondern eine Klage, auf sein Bitten antwortet Versagung, er ist in einem ausweglosen Dilemma (Strophe III).

3.1.1 46,32ff. – ein Programmlied?

Die spärlichen Belege für *hôhe minne* in der Lyrik vor Walther und das zuletzt angesprochene Hartmann-Lied sind hilfreich als Folie für die Interpretation eines der berühmtesten und am häufigsten behandelten Lieder Walthers, für das hier eine neue Lesart präsentiert wird.

Beiseite bleibt, da es primär um die vorgeblich programmatische Begrifflichkeit gehen soll, die Frage, ob die beiden Strophen zusammen mit dem formal leicht differierenden Lied 45,37ff. eine Einheit bilden oder ein selbständiges Lied darstellen (Kuhn 1982, S. 59, hält es für denkbar, daß die Formdifferenz beabsichtigt ist, um die Unterschiede zwischen der »Inszenierung« jenes Liedes und der »Begriffsdiskussion« der zwei Strophen deutlich zu machen). Im übrigen läßt sich durch zweisilbigen Auftakt in v. 8 der zwei Strophen das Metrum vereinheitlichen. Zugrunde gelegt wird die Version A.

Gegenüber der häufig vertretenen Ansicht, daß die beiden Strophen Bekenntnischarakter haben, ein Schlüssellied sind, einen Wendepunkt in Walthers Dichten darstellen und daß das Verständnis der ersten Strophe sich rückwirkend aus der zweiten erschließt, plädiert die vorliegende Deutung für ein Verständnis des Liedes als Verlaufsform, als Lernprozeß, an dessen Ende das Ich ein anderes ist als zu Beginn. Auffallend ist die äußerst durchdachte Struktur der Strophen, der klare Aufbau, eine selbst für Walther ungewöhnliche Anzahl von Parallelismen und Antithesen (vgl. Johnson 1982, S. 44). In beiden Strophen wird in v. 1-5 ein Allgemeines konstatiert, das Ich fehlt, während ab v. 6 der persönliche Fall präsentiert wird und in jedem Vers außer II,10 das Ich erscheint. Dadurch wird eine Überlagerung der metrisch-formalen Struktur bewirkt, es besteht keine Koinzidenz zwischen dem Wechsel vom Aufgesang zum Abgesang und dem Wechsel vom Überpersönlichen zum Ichbezogenen, und v. 6 gewinnt so den Charakter eines Schwellenverses. Des weiteren bemerkenswert ist der Aufmarsch personifizierter Mächte in einer sonst nicht gekannten Zahl. Alle sind sie irgendwie tätig oder sollten es sein: *Frowe Mâze, Unmâze, Nidere Minne, Hôhe Minne, Herzeliebe.* Irgendwo dazwischen befinden sich das Ich und *ein wîp*. Der Gebrauch der Verben (in I haben sie vorwiegend statischen, in II dynamischen Charakter) und die in beiden Strophen fast identische Zeitstruktur machen den planvollen Aufbau des Textes zusätzlich evident.

Die Interpretation im einzelnen läßt manches offen, läßt Widersprüche stehen, stellt Fragen und setzt sich so von Deutungen ab, die restlos aufgehen. Wenn das Text-Ich am Ende keinen Rat weiß, hat auch der Interpret das Recht dazu. Bei allen Differenzen bleibt die folgende Analyse der reichen Forschungstradition im ganzen wie im Detail verpflichtet (die Forschung ist eingehend bei Hübner 1996, S. 481f., verzeichnet; vgl. außerdem Halbach 1965, S. 60-64, und neuerdings Hahn 1996, S. 117-120).

Ein Kenner spricht am Anfang, einer, der seine Lektion gelernt hat, der weiß, daß die *lêre* der *Frowe Mâze* zu jeder Art *werdekeit* verhilft (»pathetisch-hochgestochen« nennt Ruh 1985, S. 191, diese Anrufung). Auch er selbst möchte ihren *rât* nutzen, um *ebene werben* zu lernen, denn sein *nider-* und *hôhe-*Werben stand und steht unter dem Walten der *Unmâze*. Im Horizont der gängigen Liebeskriegsmetaphorik dürfte das Publikum *versêret* und *tôt*, *siech* und *nôt* zu allererst in diesem Sinne verstanden haben, und daher liegt es nahe, auch *werben* im Minnekontext anzusiedeln. Das Ich steht vor uns als jemand, der aus seiner negativen Erfahrung mit zwei Arten des *werbens* eine Theorie ableitet: Er postuliert die Existenz von *ebene werben*, von dem er sich vorstellt, daß es die Mitte zwischen den beiden Extremen ist, und für die Mitte ist niemand anders als *Frowe Mâze* zuständig.

In Strophe II spricht zunächst wieder der Theoretiker mit Definitionskompetenz und zugleich noch immer der, der mit zwei Arten des *werbens* Erfahrung hat. Das *nidere* und *hôhe* aus Strophe I wird jetzt konkretisiert als Minne und gleichzeitig definiert. *Nidere Minne* und *Hôhe Minne* erscheinen als Mächte, die etwas bewirken; der *muot* in v. 2 und 5 ist das ausführende Organ. *Nidere Minne* ist eindeutig negativ konnotiert. Ebenso eindeutig scheint *Hôhe Minne*, da sie den *muot* sich nach *hôher wirde* aufschwingen läßt, etwas Positives zu bedeuten. Da der Parallelismus für diese Strophen ein so zentrales Strukturierungsmittel darstellt, müßte demnach der dritte Vers des zweiten Stollens einen Gegensatz zu v. 3 ausdrücken, etwa: **diu minne ist hiute lobelîch als ê.* Doch statt der Opposition haben wir eine Leerstelle.

Wird durch das Nicht-Aussprechen einer lobenden Qualifizierung der *Hôhen Minne* ein Defizit angedeutet? Immerhin ist das Ich durch das *hôhe*-Werben *siech* geworden, wie auch die Sprecher in den Gedichten Hausens und Veldekes unter der hohen Minne Schaden zu leiden hatten. Diese Vergleichstexte (samt dem die Walther-Strophen rezipierenden Lied Nr. 3 Ulrichs von Lichtenstein) machen es im übrigen wahrscheinlich, daß *Hôhe Minne* und *Nidere Minne* eine minnetheoretische Bedeutung haben (so zuletzt Hübner 1996, S. 483f., der auch weitere Vertreter dieser Auffassung nennt), daß sie weder Stilbegriffe sind (das Singen von Minne im *genus grande* bzw. *humile* o.ä.) noch soziologische Termini (Minne *ze hove*, zu einer Dame von Stand, bzw. *an der strâze*, zu einer Frau von niederer sozialer Stellung). Wie das konkurrierende Oppositionspaar höfische/unhöfische Liebe zielt auch das von hoher und niederer Minne weniger auf den Gegensatz von Entsagung und sexueller Erfüllung als vielmehr auf die Alternative langwieriges Werben/schneller Liebesgenuß, für die auch in der Trobadorlyrik Beispiele zu finden sind, wobei die Entscheidung zugunsten der ersten Möglichkeit fällt (leicht gewonnener Besitz nämlich versperre den Weg zur menschlichen Vollendung).

Die Vermutung einer Leerstelle, die eine positive Qualifizierung der *Hôhen Minne* enthalten müßte, greift zu kurz. Denn mit v. 6 wird die Theorie der vorangegangenen Verse von der Wirklichkeit eingeholt, es vollzieht sich eine Überlagerung der Ebene des Besprochenen durch die Ebene des Sprechens. Die *Hôhe Minne* dringt in den Text ein. Besser könnte ihre Übermacht nicht zur Sprache gebracht werden als dadurch, daß ein Definitionsbestandteil ungesagt bleiben muß, weil sich im Blickfeld des Definierenden eine Person bemerkbar macht, die alles Definieren zunichte werden läßt. Im Bewußtsein, daß *Hôhe Minne* ihn *siech* gemacht hat, hofft der Sprecher, als sie ihm winkt, auf ein Eingreifen der *Mâze*, hofft im Sinne des *ebene werbens* auf eine Minne zwischen den Extremen, die er als Theoretiker vielleicht als *Ebene Minne* bezeichnen würde. Doch die gibt es nicht, und deshalb hält sich *Frowe Mâze* zurück. Sie hat in Liebesdingen nichts auszurichten. Wir können vermuten, daß *Frowe Mâze* sieht, was der Sprecher nur ahnt: daß die *Herzeliebe* sich nähert, die Liebesleidenschaft (zur *herzeliebe* s.u. S. 116ff.). Das Ich, das so viel wußte und noch mehr wissen wollte, hat seine Lektion erhalten, aber nicht mit Hilfe der *Mâze*, sondern durch einen schmerzlichen Lernprozeß: Es wird *siech* bleiben, die *nôt* wird es nicht verlassen, ihm kann *schade* geschehen. Darin ist das Ich jenem sich als Lehrmeister aufspielenden, in der Praxis der Liebe aber scheiternden Sänger in Hartmanns Lied MF 206,19ff. vergleichbar. Der Prozeß, den das Walthersche Ich durchläuft, ist zugleich einer der Desillusionierung: Die Annahme, *Frowe Mâze* bringe *alle werdekeit* zuwege, werde also auch beim Streben nach *hôher wirde* tätig, hat getrogen. Der Sprecher spürt den durch die *Herzeliebe* verursachten Zwang, der *Hôhen Minne* zu folgen. (Vgl. Willms 1990, S. 246: »Das ist die kläglich-komische Einsicht, die von dem so pompösen Aufschwung des Verstandes, nun den Bund mit Frau *mâze* einzugehen, am Ende übrig bleibt.«) Seine Augen haben eine Frau *ersehen*, ihre *rede* ist *minnecliche* – zwei der fünf Stufen der Liebe hat er beschritten, vor ihm liegt noch ein langer Weg (zu den *quinque lineae amoris* vgl. Schnell 1985, S. 26ff.).

Ein Interpretationsversuch unter vielen, mehr nicht will das Vorstehende sein, will also keinesfalls der Überzeugung Ausdruck geben, daß »mit Ausnahme des jeweils letzten Versuchs das Lied noch nicht recht verstanden worden sei« (Willms 1990, S. 236). Dennoch sei Wert gelegt auf zwei grundsätzliche Prämissen: Ein Lied sollte als Vorgang analysiert werden, als Verlaufsform, so, wie es der mittelalterliche Hörer wahrgenommen hat. Zum zweiten ist die Rollenhaftigkeit von Minnelyrik ernst zu nehmen, was im vorliegenden Fall bedeuten kann, daß Walther ein Ich in den Text setzt, das durchaus seine Schwächen hat, das nicht als Sprachrohr des Dichters fungiert, woraus folgt, daß der Text kein Bekenntnis Walthers darstellt und kein Programm definiert. Schon Schweikle 1963, S. 526, war der »steif-programmatische Ernst«, mit dem man das Lied traditionell belastet hat, suspekt, und für Ruh 1985, S. 190, ist es wichtig, hier wie sonst im Minnesänger Walther auch den »Unterhalter des Hofes« zu sehen. Man braucht dem nur noch hinzuzufügen, daß Walther sein Spiel auch mit dem Ich treibt, auf dessen Kosten der Hof unterhalten wird.

3.1.2 Frau Minne

Schon in der vorwaltherschen Liebeslyrik tritt die Minne als Personifikation auf, die das Ich seiner *sinne* beraubt und deren Handlungsweise mittels der Topik des Liebeskrieges als *twingen, verwunden, sêren* bezeichnet wird (vgl. z.B. Veldekes Strophe MF 66,16ff. oder Hausens Lied MF 52,37ff.). Walther nimmt diese Tradition auf, und bei ihm begegnet die Minne zum erstenmal in der Lyrik als *Frouwe.* Sein ganz von der Liebeskriegsmetaphorik durchsetztes Freudenlied 109,1ff. (die Leitworttechnik und andere Responsionen hat Schaefer 1972, S. 414f., herausgearbeitet) weist charakteristische Variationen der gängigen Motivik auf: Die Dame ist bei der Minne in die Schule gegangen, auch sie hat das *twingen* gelernt, soll es aber richtig, mit *güete,* anwenden (Strophe III), gemäß der *güete* der Minne, die damit *wunder* an *liebe* verursachen und durch ihr *twingen* viel Freude verschwenden (oder vernichten? *swenden* scheint ambivalent) kann (Strophe V). Das Lied endet mit der Erkenntnis des paradoxen Wirkens der Minne, deren *sêren sanfte unsanfte tuot* (hier könnte Morungens *Vil süeziu senftiu tœterinne* nachklingen, wie man überhaupt für Walthers Lied Morungen-Einfluß festgestellt hat). – In 54,37ff. hat die Minne den *sin* des Ichs als Boten zur Dame geschickt und wohnt jetzt ihrerseits im Herzen des Sprechers (Strophe II). Da der Bote aber nichts ausrichten kann, soll Frau Minne selbst das Herz der Dame besetzen und – die für Walther kennzeichnende Forderung von Gegenseitigkeit ist hier nur angedeutet – auch sie *twingen* (Strophe IV). Denselben Appell richtet das Ich in der Schlußstrophe des Liedes 97,34ff. (dazu s. auch u. S. 107) an die Minne. – Den Gegensatz von rechter und falscher Minne entwickelt ein Lied, das wohl z.T. Hartmann, z.T. Walther gehört, und dies in einer Strophe, die zudem noch Reinmar-Anklänge aufweist (Cormeau 1996, Nr. 93, Strophe 219,10ff.; zur Frage der Einheit und zum Verfasserproblem vgl. Cormeau 1987). Gegen die Behauptung, Minne sei *sünde,* wird das positive Ideal gesetzt: viel Preisenswertes, *êre,* gehört zu ihr, Beständigkeit und Glück hat sie im Gefolge; die *valschen minne* dagegen möchte der Sprecher besser *unminne* nennen. Einer der seltenen Fälle von Bezugnahme eines Liedes auf ein anderes liegt mit Strophe 172,1ff. aus dem Lied 44,23 (44,11)ff. vor, in der Walther an sein Singen von der sündenfreien *rehten min-*

ne und ihrem Gegenstück, der *valschen*, der *unminne*, erinnert (die mehrfache Betonung des *ich sprach* usw. sollte Zweifel an Walthers Autorschaft der Strophe 172,1ff., wie sie noch bei Cormeau, ebd., S. 65 u. Anm. 34, anklingen, verbieten).

Vom Gegensatz zwischen wahrer und falscher Minne spricht auch das Lied 13,33ff. (vgl. dazu Kuhn 1982, S. 1ff.). Minne ist als *wort* zwar gängig, wird *mit den werken* aber fast nie gebraucht, heißt es in Strophe II (die Formulierung erinnert an den Anfang des Spruchs 102,1ff. aus dem Rügeton), Minne verstanden als Inbegriff aller anderen Qualitäten und als Vorbedingung der *fröide*, übergehend in die Minne als Macht, die personifizierte *frouwe Minne*. Ihre Aktivität soll, so deuten es die übrigen Strophen an, dazu führen, daß die Geliebte – stünde die *valsche minne* nur nicht so hoch im Kurs! (Strophe IV) – dem Sprecher genauso *holt* ist wie er ihr, ihn *liebes unde guotes* [...] *gewert* und ihm einen *gruoz* aus *friundes herzen* schenkt. Aus der Antithese, Gegenwärtigkeit der *valschen minne* und Hoffnung auf partneradäquates Verhalten der Frau, erwächst implizit die Definition der *rehten minne*, die aus dem Herzen kommen, auf Gegenseitigkeit beruhen muß.

3.1.3 Die Forderung nach Gegenseitigkeit

Die Minne soll beide Partner gleichermaßen *twingen*, hieß es in 54,37ff. und 97,34ff., und gegen die Ungleichbehandlung erhebt das Ich auch im Lied 40,19ff. seine Stimme, der Inszenierung einer Klage vor dem Gericht der Frau Minne, die zugleich als Lehnsherrin des Sängers und seiner Angebeteten wie als Richterin fungiert (vgl. Kuhn 1982, S. 17-22), überdies aber auch ihre traditionelle Rolle als Kriegsherrin spielt, die mit ihren Pfeilen verwundet (vgl. Hahn 1996, S. 92f.). Die Forderung des Sprechers besteht nun darin, daß Frau Minne der Geliebten, deren Handlungsweise des Versagens und der Undankbarkeit der Konvention entspricht, dieselben Wunden zufügen möge wie ihm selbst, auf daß sie sein werde. Falls das nicht geschieht, droht er mit der Aufkündigung des Lehnsverhältnisses, dann hätte die Minne aber auch als Richterin und als Verursacherin der Liebe bei ihm ausgespielt (Strophe IV) – eine fingierte Absage an die Minne (und den Minnesang?). – In Strophe IV des Liedes 50,19ff. (dazu s.u. S. 120f.) wird »mit einer der eindringlichsten Formulierungen der Gegenseitigkeit, die Walther gegeben hat« (Hahn ebd., S. 107), Minne definiert als *gemeine*, als Neigung, die von zwei Herzen ausgeht, nicht nur von einem, aber auch nicht von mehr als zweien.

3.1.4 69,1ff.: *Saget mir ieman, waz ist minne?*

Daß Minne *wê* tut, hat das Ich bei Friedrich von Hausen schmerzlich erfahren (MF 52,37ff., III,2) und genauso das Walthersche (54,37ff., IV,2). Während aber der Sprecher bei Hausen die Minne am liebsten tot sähe, um nicht mehr *betwungenlîche* leben zu müssen (Strophe IV), kehrt Walthers Ich die Stoßrichtung um und appelliert an die Minne, ihr *twingen* auch der Frau zuteil werden zu lassen, um Gleichheit herzustellen. Einen radikalen Schritt zur Umwertung des Wesens der Minne vollzieht Walther im Lied 69,1ff. Es existiert in zwei sinnvollen Fassungen, einer fünfstrophigen in EFO und einer deren Schlußstrophe an den Anfang setzenden vierstrophigen in C; die A-Folge (ebenfalls vier Strophen) zeigt dagegen wenig Kohärenz (vgl. Scholz 1989a, S. 216-219; Knape 1994, der die C-Version auf drei Ebenen analysiert, der des »minnetheoretischen Argumentierens«, der »Entwicklung des lyrischen Ichs« und des »sprachlich-kommunikativen Spiels«; zur Strophenfolge vgl. auch Eikelmann 1988, S. 288ff.; die verschiedenen Fassungen sind bequem zu vergleichen bei Heinen 1989a, S. 214f.). Schon in der ersten Strophe der EF-Folge (O setzt wegen Beschneidung des Blatts erst mit Strophe II ein) wird die Absage an die *wê*-Minne thesenhaft formuliert: Ihr gebühre der Name *minne* nicht, so dürfe nur eine *minne* heißen, die *wol* tue. Damit sie das tut, damit »Minne als Beglückung erfahren und wirksam werden kann« (Hahn 1996, S. 92), bedarf es der ausgewogenen Verteilung von *zweier herzen wunne*, denn *ungeteilet* belastet sie ein einzelnes Herz zu sehr. Hilfe von seiten der Frau tut not – ein Sprung vom Minne-Definieren zum persönlichen Interesse des Sprechers –, aber das bedingt, daß sie seiner Definition erst einmal zustimmt (Strophe II). Folgerichtig redet er die Dame direkt an, klagt darüber, daß die Last der Liebe nicht gleichmäßig verteilt ist, und bittet nochmals um Hilfe. Der Frau wird die traditionelle Rolle der Minneherrin zugebilligt, doch Entscheidungsfreiheit hat sie nur scheinbar, nur um den Preis, daß er sein Bemühen aufgibt und wieder ein *ledic man* wird. Dies aber impliziert, daß er von seinem Lob, von dem er in superlativischer Selbstdarstellung spricht, Abstand nehmen wird. – Da es in unserem Zusammenhang nur um Walthers Plädoyer für die Gegenseitigkeitsminne geht, kann auf eine Besprechung der übrigen Strophen verzichtet werden.

Mit diesem Lied kehrt Walther in gewisser Weise zur unkomplizierten Liebesauffassung des früheren Minnesangs zurück, wie sie sich etwa beim Kürenberger ausgedrückt findet (MF 9,23f.: *lieb unde leide daz teile ich sant dir*) oder, eingehender, bei Albrecht von

Johannsdorf, wo im Lied MF 91,22ff. eine Frau ganz ähnliche Gedanken äußert: *Swâ zwei herzeliep gevriundent sich,/und ir beider minne ein triuwe wirt* (II,1f.); *ê daz sich gesamne ir zweier muot* (III,2). Die Idee der gleichgerichteten, Freude und Leid auf beide Partner verteilenden Liebe war also nichts Neues, aber Walther hat sie als erster zur These geprägt (verwiesen sei auf die großangelegte Untersuchung von fünf Liedern der Gegenseitigkeit bei Ehlert 1980, S. 134-245).

3.2 Minne und Zustand der Gesellschaft

Eine Ausweitung der Minne-Diskussion in Richtung auf eine kritische Diagnose der gesellschaftlichen Zustände vollzieht Walther in einer Reihe von Liedern, die z.T. schon im Zusammenhang der Gattungsinterferenzen von Spruchdichtung und Minnesang erwähnt worden sind (s.o. S. 23f.). Es geht darin um Zeitkritik, die der Gegenwart den Spiegel einer besseren Vergangenheit vorhält, um Kritik an der Indifferenz der Gesellschaft gegenüber bestimmten Werten, um die Verurteilung einer allenthalben festzustellenden Gleichmacherei, um die Klage über den Verlust der *fröide*. Wie können in dieser Situation allgemeinen Verfalls die Liebe und das Singen von Liebe ihre Stellung behaupten? Die Frauen, so sagt es das eine oder andere Lied, tragen einige Schuld an diesen Zuständen. Daß *leit* an die Stelle von *liep* getreten ist, *übel*-Tun an die Stelle von *zuht* und *triuwe*, dafür werden die Frauen verantwortlich gemacht, deren Sinn nicht mehr nach *êre* steht und deren *minne* man im Gegensatz zu früher mit *unfuoge* erwerben muß (90,15ff., Strophe I-III). Von diesen Vorwürfen nimmt Walther *ein wol bescheiden wîp* aus, eine Frau, die es versteht, zu *scheiden*, zu differenzieren zwischen denen, die ihrer *minne* wert sind, und den anderen, und er versichert *reiniu wîp und guote man* auch weiterhin seines Dienstes, setzt aber kühl hinzu, daß er, wofern die Gesellschaft sich nicht bald verändert, sein Singen aufgeben werde (Strophe IV-V).

Auch im Lied 44,35ff. wird die Forderung des *scheidens* zum Thema. Zu Recht hat Hahn diese für Walther zentrale Option als einen seiner »Akzentpunkte« aufgeführt (1996, S. 76f.; vgl. schon Kircher 1973, S. 88-94, zur Bedeutung des *scheidens* in Walthers Werk). Die zweite Gemeinsamkeit mit dem vorigen Lied ist die, daß wieder den Frauen (dort hieß es *wîp*, hier *frowen*, eine Spezifizierung?) die Verantwortung für den desolaten Zustand der Gesellschaft zugeschoben wird, dieses Mal aber nicht vom Ich, sondern –

ein Schein von Objektivität – von den *hêrren* (Strophe I). Und drittens hebt auch dieses Lied die Ausnahme hervor, preist eine *schœne unde reine* Frau als vollkommenes Geschöpf Gottes und als eine, die es leicht erträgt, daß man die *guoten* lobt (Strophe III). Darin nämlich, die zu loben, *die ze lobenne wæren*, keinesfalls aber die *lôsen*, sieht der Sänger seine Aufgabe (Strophe II; vgl. den entsprechenden »Akzentpunkt« bei Hahn, ebd., S. 77). Dieses Bekenntnis ist gerichtet an *mîn frowe*, die ihm spöttisch vorhält, er habe *ûz gelobet* (offen bleibt, ob die Anrede mit Kuhn 1982, S. 45, »nicht persönlich, sondern fast wie ›Madame‹« zu verstehen ist oder ob, gemäß v. Kraus 1935, S. 155f., die Strophen II und III zwei Minneverhältnisse spiegeln, eines, von dem sich das Ich verabschiedet, und ein erhofftes). Wieder ins Allgemeine und in die Nähe des Sangspruchs wendet sich Strophe IV, wo der Sänger, der in I,10 als Kläger aufgetreten war, sein Urteil spricht (vgl. Kuhn, ebd.): *frowen unde pfaffen* entwürdigen sich, wenn sie sich nicht *scheiden* lassen.

Wirft Walthers Sänger im Lied 90,15ff. nicht nur den Frauen, sondern auch dem *Gelücke*, der wankelmütigen Fortuna, vor, gegenüber *triuwe* immun zu sein (Strophe I), so ist es in Strophe 43,1ff. des Liedes 42,31(42,15)ff. die als Modistin vorgestellte, wohl mit Fortuna identische *Vrouwe Sælde*, die dafür getadelt wird, daß sie einen *rîchen man* mit *guot* und *ungemüet* ausstattet, dem Ich aber *kumber unde hôhen muot* anpaßt. (In der Strophenreihung folgt man allgemein einem Vorschlag Wackernagels, nur Schweikle 1998, S. 558ff., plädiert für die durch BC überlieferte Folge; vgl. die verschiedenen Versionen bei Heinen 1989a, S. 162f.) Die Verantwortung für den verkehrten Zustand der Gesellschaft wird aber hier wie in 90,15ff. nicht nur einer abstrakten Macht zugeschrieben, vielmehr wird auch den *rîchen* und den *jungen* vorgehalten, daß jetzt *sorgen* und *trûren* herrschten statt *vröide* (Strophe 42,31ff.). Und wie im Lied 90,15ff. gibt es auch hier einen Lichtblick: die *vrouwe* und ihr *reiner lîp*, die das Ich mitten ins Herz hinein anrührt und die ihm das *aller liebest* schenkt (Strophe 42,23ff.). Auch die Frauen insgesamt werden erwähnt, doch nicht wie in jenem Lied als Verursacherinnen des *übel*-Tuns der Männer, sondern zusammen mit dem Sommer als die, die von *swære* befreien (Strophe 42,15ff.) – ein Befund, der es verbietet, Walthers Sicht ›der‹ Frau und ›der‹ Frauen als eine programmatische Konstante aufzufassen (zu diesem Lied vgl. Tubach 1977, S. 66-71; Hahn 1979a, S. 134f.; Kuhn 1982, S. 28-31; Ortmann/Ragotzky 1990, S. 243-250).

Das aus einigen der bisher besprochenen Lieder schon geläufige Denkmuster Einst-Jetzt ist dominant im Lied 48,12(47,36)ff. Seine Eingangsstrophe ist jetzt endgültig wiedergewonnen, nachdem man bis vor kurzem Strophe 47,36ff. im Gefolge Lachmanns gegen die Überlieferung an den Anfang gestellt hatte (zur Strophenreihung vgl. Cormeau 1989, S. 123f.; J.-D. Müller 1989, S. 129-134; Scholz 1989a, S. 214ff.; die Fassungen bei Heinen 1989a, S. 176-179; zum Lied vgl. außerdem Kuhn 1982, S. 66-69; Schweikle 1998, S. 704-709). Für die übrigen Strophen bieten die Handschriften divergierende, aber jeweils meist recht sinnvolle Ordnungen an, was auch damit zusammenhängt, daß jede Einzelstrophe in sich geschlossen ist, also Nähe zum Sangspruch hat. In Strophe I wird die Art des Singens abhängig gemacht von der Wertschätzung der rechten Minne in der Gesellschaft (vgl. den »Akzentpunkt« bei Hahn 1996, S. 77f.). Gemeint ist sicher nicht, Walther habe mit der Änderung der politischen Situation seit 1198 »den Übergang von der Liebespoesie zur Behandlung allgemeiner sittlicher und politischer Gegenstände« vollzogen (WM II 1924, S. 206). Denn Minne ist eindeutig Bezugspunkt der ganzen Strophe, und das *unminneclîche* Singen von Liedern der *unvuoge* bezieht sich gewiß nicht auf Walthers Sangspruchdichtung, sondern auf solche Strophen des Unmuts und der Schelte, wie wir sie in den eben behandelten Liedern und im vorliegenden Lied selbst finden. 47,36ff., die nächste Strophe – nach der e-Reihung, der hier gefolgt wird –, nimmt den Gegensatz *fuoge/ungefüege* auf und unterstreicht noch einmal, daß die Befindlichkeit des Sängers vom Zustand der Gesellschaft abhängt. In der folgenden Strophe (48,25ff.) ergeht abermals der Vorwurf des mangelnden *scheidens* an die Frauen, die doch ihrerseits durch Gleichmacherei erniedrigt würden. Die Praxis des *scheidens* führt Walther dann in der berühmten *wîp/frowe*-Strophe 48,38ff. vor (zu ihr s.u. S. 110f. im Abschnitt zu Walthers *frouwe*). In der letzten Strophe (49,12ff.) kehrt er zum Thema Minnesang zurück. Die früher herrschende Reziprozität – Frauenpreis des Sängers, *gruoz* der Damen als Lohn – gilt heute nicht mehr, was den Sprecher veranlaßt, sein Lob den *überhêren* zu verweigern und nur noch für solche Frauen zu singen, *die danken kunnen.*

Singen von Liebe und Gesellschaftskritik in je einer Strophe bietet das Lied 112,3ff., das von einigen zur Altersdichtung Walthers gerechnet wird. Der früher vielfach bezweifelte Zusammenhang der Strophen ist besonders im Chiasmus der Schlußzeilen evident (vgl. Schaefer 1972, S. 422ff., der auch auf Formbezüge zu Heinrich von Morungen aufmerksam macht). Strophe I gibt der Hoffnung auf Liebesfreude Ausdruck, freilich im Irrealis, während die zweite Strophe dies radikal dementiert: Solange die Welt nicht im Lot ist, die alten Werte nicht wieder geachtet werden, ist keine Zeit für *fröide*, keine Möglichkeit, zu lieben und von Liebe zu singen (zur Interpretation des Liedes vgl. Wapnewski 1976; Meyer 1981, S. 260-267; Hoffmann 1989, S. 191f.). Aufgrund der Antithetik der beiden Strophen (vgl. Meyer, ebd., S. 264: »Position und Gegenposition«) ließe sich das Lied auch als Dialog auffassen zwischen einem der Illusion liebesseliger Ideale verfallenen Rollen-Ich und einem anderen, an den Zeitumständen resignierten, zwischen Minnesänger und Spruchdichter.

In weitaus mehr Liedern als den hier erwähnten bringt Walther die gesellschaftlichen Zustände zur Sprache (vgl. die bei Schweikle 1998 nicht selten begegnenden Typencharakterisierungen »Minnelied mit Gesellschaftskritik« oder »Gesellschafts- und Frauenkritik« sowie den Abschnitt »Die Rolle der Gesellschaft in den Liedern Walthers« bei Sievert 1990, S. 169-178). Auch im früheren und im zeitgleichen Minnesang, namentlich bei Reinmar, ist das Verhältnis von Minne und Gesellschaft gelegentlich problematisiert; das Ausmaß, in dem dies bei Walther der Fall ist, wird verständlich aus der Tatsache, daß der Autor zugleich Minnesänger und Spruchdichter war. Auch eine Reihe der in den folgenden Abschnitten behandelten Lieder gehören in dieses Themenspektrum.

3.3 Walthers *frouwe*

Nicht erst Germanisten des 19. Jahrhunderts haben sich gefragt, wer Walthers *frouwe* war, und haben das Liebesleben des Minnesängers zu rekonstruieren versucht – schon das mittelalterliche Publikum hat, wenn man den Versicherungen der Dichter glauben darf, die »gattungswidrige Frage« (Hahn 1996, S. 86) gestellt, wer denn die Besungene wirklich sei (vgl. auch Schweikle ²1995, S. 191). In der ersten Strophe von Veldekes Lied MF 58,11ff. bleibt die Antwort ganz im Unverbindlichen: *Vrâge iemen, wer si sî,/der bekenne sî dâ bî:/ez ist diu wolgetâne.* Später wird Neidharts Sänger törichte Frager danach, *wer diu wolgetâne sî,* mit der Antwort bescheiden: *ja ist ez in vil ungesagt* (Winterlied 22, Strophe VII, 69,1ff.). Walther selbst sind die Fragen der Neugierigen, wer seine *liebe* sei, lästig, und er gibt zunächst eine Auskunft, die wohl alle überrascht: *ir sint drî,/ dien ich diene, sô hab ich zuo der vierden wân* (97,34ff., Strophe IV), um sich dann doch zu der einen zu bekennen, ihre Identität jedoch nicht offenzulegen: *Doch weiz siz alleine wol.* Ein anderes Mal (63,32ff.) findet er die indiskreten Frager mit der Namensnennung ab: *Genâde und ungenâde, dise zwêne namen/hât mîn frowe beide und sint ungelîch.* Sie hatten nach dem Außen gefragt, der Sänger fragt nach dem Innen und gibt die seinem Fragen gemäße Antwort (vgl. Boesch 1965, S. 2f.; Cormeau 1994, S. 32f., für den Walther durch das Nennen von *genâde* »seine Forderung an das Minneprogramm« formuliert). Ohne daß jemand danach gefragt hätte, gibt Walther im Lied 73,23ff. den Namen seiner Geliebten preis: Ganz am Ende der Schlußstrophe wird durch eine formale Verzögerung – diese Strophe ist vier Zeilen länger als die übrigen (ohne hinreichenden Grund verdächtigt L. Schneider 1997, S. 373, diese Verse der Unechtheit) – ein Überraschungsmoment regelrecht signalisiert: die einzige, die die offene Wunde seines Herzens heilen kann, heißt *Hiltegunde.* Die Namensnennung wird zum Prüfstein für literarische Bildung oder Unbildung. Es entzieht sich unserer Kenntnis, ob es unter Walthers Publikum Zuhörer gab, die naiv genug waren, zu glauben, dieses eine Mal wirklich den Namen seiner Minnedame erfahren zu haben. Die Kenner freilich durchschauten das Spiel, mit dem Walther sich selbst eine adäquate Namenspartnerin gab und dafür auf die Sage von Walther und Hiltegunde (vgl. das lateinische *Waltharius*-Epos) zurückgriff (H. Brinkmann 1991 interpretiert das Lied als »Andersrede«, als Ironie; zur Schlußwendung vgl. S. 72). Zugleich aber wird durch die Pointe die Qualität des Ichs bestimmt: »Der Name enttarnt nicht den Werber, sondern er enttarnt die Werbung als Fiktion« (J.-D. Müller 1994, S. 18). Daß die *frouwe* der Minnesänger eine Fiktion ist, zeigen all diese Beispiele. Nirgendwo aber wird es deutlicher als in einem früher in seiner Echtheit bezweifelten und auch jetzt bei Cormeau nur im Anhang (1996, S. 290f.) stehenden Lied (diese Gruppe wurde »nicht berücksichtigt« von Schweikle 1998, vgl. S. 50): Strophe XV,14ff. führt aus anderen Liedern schon bekannte *tumbe liute* vor mit ihrer stereotypen Frage, *wer sie sî.* Nie werden sie es erraten, meint das Ich, *wenne daz nie geschach,/des ich dâ jach*: was ich bisher in diesem Lied gesungen habe, entsprang meiner Phantasie, ist nie wirklich geschehen. Und folgerichtig kann der Sprecher auch nicht mit dem Namen der Geliebten aufwarten: *gerne weste ich, wer sie selbe wære* (Wortlaut von E, ohne die Umstellung von *selbe* zu *ich*). »Das hätten wohl auch viele der älteren Minnesänger bekennen dürfen; aber sie halten die Fiktion fest« (WM II 1924, S. 449; gemeint ist die Fiktion, es handle sich bei ihrer *frouwe* um eine reale Person). Gegenüber dieser progressiven Position eines Vertreters der älteren Forschung bedeutet die von Ashcroft (1982, S. 63) geäußerte Auffassung (das Lied sei eine »charade«, die Schlußwendung reduziere die Möglichkeiten, mit dem Ich zu spielen, zur »absurdity«) einen Rückschritt (vgl. die bedenkenswerten Formulierungen bei Bennewitz 1995, S. 34, samt der Kritik an Ashcroft Anm. 26; vgl. auch Willms 1990, S. 86). Daß die *frouwe* fiktiv ist, muß grundsätzlich nicht ausschließen, daß ein Autor beim Verfassen eines Minneliedes eine bestimmte Frau im Sinn hatte, doch fehlen für den deutschen Minnesang alle Anhaltspunkte für ein erlebnismäßiges Substrat der Texte (vgl. zu diesen Fragen auch Willms ebd., S. 79ff.; grundlegend zur *frouwe* im Minnesang Schweikle 1980).

In der provenzalischen Lyrik mag das anders gewesen sein. Das 13. und das beginnende 14. Jahrhundert überliefert zahlreiche Vidas (Lebensdarstellungen) und Razos (Erzählungen über die Entstehungsgeschichte der Lieder, mit Auskünften über die oft durch ein Senhal, einen Versteсknamen, bezeichneten Personen). Ihre Verläßlichkeit ist zwar umstritten, wird aber auch heute noch nicht durchweg geleugnet, wie die vorsichtige Formulierung bei Rieger erkennen läßt: »falls der Trobador überhaupt – was vor allem in der Spätzeit anzuzweifeln ist – eine reale Dame besingt« (1983, S. 246; zu den Vidas und Razos S. 216ff.). Wenn diese romanischen Postskripte immerhin die Basis bieten für Hypothesen, die gepriesene *domna* sei eine historisch faßbare Herrscherin – so hat man aus der Vida Bernarts von Ventadorn schließen können, die Geliebte sei Eleonore von Aquitanien (vgl. ebd., S. 286) –, haben entsprechende Spekulationen in der deutschsprachigen Tradition keinerlei Grundlage. Einfälle wie die, die Dame in der Parodie 111,22ff. sei Reinmars und Walthers Herrin, die Herzogin Helene (Wapnewski 1966, S. 15; Rühmkorf 1975, S. 18), oder Walther preise im Lied 118,24ff. die Königin Irene auf Kosten ebendieser Helene (Rühmkorf ebd., S. 27), mögen reizvoll sein, zu überzeugen vermögen sie nicht.

Gleichfalls in der Romanistik ihren Ursprung hat die These, daß Minnesang in Wirklichkeit politische Panegyrik sei. Sie scheint noch, negativ gewendet, in einer Formulierung Riegers durch, wonach nur ganz selten davon die Rede sein könne, daß bei den Trobadors »Frauenlob und Frauendienst immer *nur* Herrenlob und Herrendienst meinen« (1983, S. 243). Für den deutschen Bereich hat Wilmanns aus Walthers oben besprochener Strophe XV,14ff. gefolgert: »Seine Herrin war die Gesellschaft« (WM I 1916, S. 27). Mohr greift die Behauptung auf und erwägt, ob die Werbung des Sängers um die Huld der Dame nicht »Maske« für das Werben des Dichters um die Gunst der Höfe, ob Minnesang in Wahrheit nicht »Werbung um den Hof im Bilde des Frauendienstes« sei (1967, S. 1 u. 10). Den »Bergrutsch«, den er befürchtet, wenn die These nicht nur auf ein paar passende, sondern auf alle ›Liebeslieder‹ angewendet würde, haben einige weniger Vorsichtige in der Tat auszulösen vermeint. So Kircher, für den ausgerechnet die *frouwe* in Walthers Lied 118,24ff., die Rühmkorf als Königin Irene identifiziert, »in Wahrheit derjenige« ist, »der durch Gaben sein Singen belohnt«, ja für den generell in Walthers Minnesang mit der *frouwe* »in Wahrheit der ins Auge gefaßte Mäzen« angesprochen ist (1973, S. 82 u. 118). Nolte widmet fast den gesamten zweiten Teil seines Buches diesem Interpretationsansatz und will in zahlreichen Minneliedern Walthers eine konnotative Ebene des sich um einen Gönner, um den Wiener Hof bemühenden abhängigen Sängers entdecken (1991, S. 125-272). Daß die verfeinerte und differenzierte Sprache der Erotik zur Zeit Walthers nur Metapher gewesen sein soll, ist schwerlich glaubhaft zu machen. Läßt die Etymologie von *frouwe* (abgeleitet von *frô* ›Herr‹) eine Übertragung auf die andere Ebene grundsätzlich zu, so scheint dies bei Wörtern wie *wîp* oder *maget* ausgeschlossen, ganz abgesehen von dem übrigen erotischen oder sexuellen Vokabular, das nicht anders als unmetaphorisch verstanden werden kann (vgl. auch die umsichtige Kritik Hahns, 1979a, S. 133-137).

Daß Walther, wenn er sein Ich von Frauen sprechen läßt, sich nicht auf das Wort *frouwe* beschränkt, wurde eben angedeutet. Seine Verwendung von *maget* und *frouwelîn* kommt bei der Behandlung der Mädchenlieder zur Sprache (s.u. S. 121ff.), auf das Wort *wîp* aber ist hier einzugehen, weil er es in seiner Konkurrenzsituation zu *frouwe* in die Diskussion bringt. Reinmar führt in seiner berühmten Strophe MF 165,28ff., deren Anfang *Sô wol dir, wîp, wie rein ein nam!* Walther in seinem Nachruf respektvoll zitieren wird (s.u. S. 140f.), *wîp* als *nam* ein, er abstrahiert also sowohl von *wîp* als der einzelnen Frau wie der Gesamtheit der Frauen und macht eine »metasprachliche Aussage« (Huber 1977, S. 22; S. 27f. entwickelt er die Bedeutung des *namen* aus dem Liedganzen). Walther nun setzt in der Strophe 48,38ff. aus dem gesellschaftskritischen Lied 48,12 (47,36)ff. *wîp* in Opposition zu *frouwe*, und zwar verbindet er wie Reinmar das Begriffliche (im Text wären *wîp* und *frowe* mit Huber ebd., S. 36, in v. 1f. u. 12f. in Anführungszeichen zu setzen) mit der ethischen Wertung. Entsprechend dem in Strophe 48,25ff. formulierten Tadel am *gelîchen* von seiten der Frauen stellt er den Wertbegriff *wîp* in der Hierarchie über den ethisch nicht definierten und indifferenten ständischen Begriff der *frouwe* (vgl. Huber ebd., S. 37 u. 40; zur gedanklichen Struktur der Strophe S. 38f.). Zwar gilt: *wîp sint alle frowen gar* (v. 10), alle höfischen Damen gehören dem weiblichen Geschlecht an, doch ist das eher ein Appell an alle, sich dem Wertbegriff *wîp* gemäß zu verhalten, d.h. den Tugendadel zu verwirklichen und sich nicht mit dem Äußerlichen des Standes zufriedenzugeben. Denn während *unwîp* unter den *wîben* kaum anzutreffen sind, gibt es sie unter den *frowen*, daher kann die Bezeichnung *frowe* ein *zwîvellop* sein (im Rahmen von Walthers Minnekonzept diskutiert die Strophe Hahn 1986a, S. 61-64; 1996, S. 77, wählt er den Eingangsvers als »Akzentpunkt«). In dieser programmatischen Schärfe hat Walther den Gegensatz *frouwe-wîp* sonst nicht mehr aufgenommen, in der Folgezeit aber, v.a. bei Frauenlob, wurde er weitergedacht (zu diesem *wîp-frouwe*-Streit vgl. Wachinger 1973, S. 188-246; Texte auch bei Schweikle 1986a, S. 86-92).

3.3.1 Schönheit und Tugenden der Frau

Eine von Willms erstellte Tabelle mit den Sparten »Allgemeines Lob«, »Lob der Schönheit«, »Lob der Schönheit und der Tugend«, »Lob der Tugend« zeigt, daß sich bei den meisten Dichtern aus Minnesangs Frühling das Lob der Schönheit und das der Tugenden »annähernd die Waage halten« (1990, S. 96-111, das Zitat S. 94). Dieser Befund widerlegt die oft geäußerte Meinung, im Minnesang überwiege der Tugendpreis gegenüber dem Lob der Schönheit. Auch in Walthers Lyrik begegnen nur wenige Fälle, in denen nur von den inneren Qualitäten der Frau die Rede ist. Unter den bereits besprochenen Liedern ist es 90,15ff., das solchen Frauen, die nichts mehr von *êre* wissen wollen, *reiniu wîp* entgegenstellt, die zu scheiden verstehen. Doch wie in einem anderen schon behandelten Lied (44,35ff.) *schœne unde reine* als die eine Frau auszeichnenden Qualitäten benannt werden, so ist dies in einer ganzen Reihe Waltherscher Texte der Fall.

Wenn Walthers Sänger in der Schlußstrophe des Liedes 58,21ff. seiner *frouwe* zwei *tugende* zuerkennt, nämlich *schœne und êre*, und fragt: *waz wil si mêre?*, dann wird deutlich, daß sie die Probe seines *scheidens* der *guoten* und *bœsen* (Strophe IV) bestanden hat und zu denen gehört, die sich der *fuoge* gemäß verhalten und nach *êre* streben, eine Einstellung, deren weitgehendes Fehlen Lied 90,15ff. beklagt (anders Schweikle 1998, S. 699, der die Tugenden als »im ironischen Ernst« genannt, als *zwîvellop* versteht und die Bedeutung von *êre* wohl zu eng sieht, wenn er sagt: » n u r Schönheit und Ansehen in der Gesellschaft reichen nicht aus«). – Daß *schœne und êre* als Inbegriff aller äußeren und inneren Qualitäten der Frau verstanden werden müssen, zeigt auch die letzte Strophe von 115,30ff., einer »Freudenkanzone« (Hübner 1996, S. 202). Der *zouber*, den *ein wîp* auf den Sänger ausübt, besteht eben in diesen beiden Tugenden (*êre* ist auch hier mehr als »ihr soziales Renommee«, wie Hübner, S. 212, übersetzt) und darin, daß sie – ganz die traditionelle Minnedame – *liep und leit, sorge und wunne* zufügen kann. Die Umkehrung der Rollenverteilung und des Überbietungstopos in den ersten drei Strophen und die Rückkehr zur konventionellen Zuordnung der

Rollen in der vierten und vollends der fünften Strophe hat Hübner (S. 211f.) schön herausgearbeitet (den *fuoge*-Begriff analysiert Tubach 1977, S. 60-62). Daß die dem Ich fehlende *schœne* auf den sozialen Status des Sängers gehe und das Lied das Problem zur Sprache bringe, ob er tatsächlich die Stellung als Hofsänger in Wien antreten dürfe, will Nolte (1991, S. 196-201, v.a. S. 198) aus dem Gedicht herauslesen. Doch verweist das Vokabular (*schœne, houbet, wol getân*) auf Ästhetisches und macht den Text eindeutig zum Liebeslied (so auch Hübner 1996, S. 469f. Anm. 31). – In traditioneller Kombination finden sich Schönheitspreis und Lob der inneren Qualitäten der *reinen, lieben, guoten* Frau in Walthers zweiter »Freudenkanzone« 110,13ff. (zu ihr und ihrer Rezeption eines Liedes des Provenzalen Guilhem de Cabestanh und des Hartmann-Liedes MF 215,14ff. vgl. Röll 1983; Hübner 1996, S. 202-209). – In dem oft unterschätzten und vielfach für unecht erklärten Lied 120,25ff. macht der Sänger, der eine Frau liebt, die *guot und wol getân* ist (Strophe II), in der Mittelstrophe die – immer wieder gefährdet scheinende – Kongruenz von Außen und Innen zur Voraussetzung für sein *lop* (vgl. Schweikle 1998, S. 551). – Spielerisch ist der Umgang mit dem Verhältnis von Schönheit und Tugend im Lied 62,6ff., in dem die Rolle des Sängers als »*revocatio* anderer Rollen« konstituiert wird: Der aus Walthers Spruchdichtung bekannte *klôsenære* am Anfang und der *keiser* am Schluß des Textes werden »zur Funktion minnesängerischer Selbstgestaltung« (Tubach 1977, S. 64). Indem der Sänger die Attribute der Dame preist – sie ist *schœne* und *wert* (Strophe II), in ihren *reinen lîp* sind *sin* und *sælde* hineingestickt (Strophe IV) –, verhilft er sich selber zu *werdekeit* bei Hofe (Strophe II). Der Appell an das *guot*-Werden der Dame in der dritten Strophe, der in ein Wortspiel mit verschiedenen Bedeutungen von *guot* mündet, zeigt abermals die Erkenntnis der Fragilität ethischer Werte und transzendiert für einen Augenblick das Spielerische.

3.3.2 Schönheitspreis

Im früheren Minnesang (vgl. Schweikle [2]1995, S. 183f., sowie die Tabelle bei Willms 1990, S. 96-111) finden sich kaum umfassendere Schönheitsbeschreibungen. Meist wird auf das Äußere der Frau mit allgemeinen Vokabeln wie *schœne* oder *wol getân* Bezug genommen, allenfalls werden Einzelzüge herausgegriffen wie der rote Mund oder die strahlenden Augen. Erst Morungen gestaltet den Schönheitspreis etwas ausführlicher und detailfreudiger, wenn er z.B. in Lied MF 140,32ff. die Wangen, die Augen, das Kinn, den Hals und den Mund heraushebt und das Ganze zu einem *bilde alsô schœne* werden läßt. Erst bei Walther begegnet dann die explizite Schönheitsbeschreibung.

Die wenig beachtete Einzelstrophe 111,12ff. zeichnet den Gegensatz zweier Frauentypen. Die nicht auf Schminke und nicht auf Schmuck angewiesene natürliche Schönheit mit aufgebundenem Blondhaar erhält des Sängers Lob vor der anderen, die ihr schwarzes Haar zur Schau stellt. Alle über dieses vordergründige Textverständnis hinausgehenden Überlegungen der Forschung (vgl. dazu Schweikle 1998, S. 599f.) bleiben unbefriedigend. Weitere Strophen, die über den Sinn hätten Auskunft geben können, mögen verloren sein – ein Verdacht, der sich bei Einzelstrophen stets einstellt.

Zeichnet die Strophe 111,12ff. das Bild einer idealen Frau an sich, nicht das einer Minnedame des Sängers, so steht im Lied 45,37ff. erst recht der allgemeine Frauenpreis »so deutlich im Vordergrund, daß damit ein neuer Liedtyp zumindest vorbereitet, wenn nicht begründet wird«, der Typus des ›allgemeinen‹ Minnelieds, wie er später bei Ulrich von Lichtenstein und Konrad von Würzburg auftritt (Hübner 1996, S. 232 u. 240). Ein Teil der Handschriften integriert die zwei Strophen 46,32ff. in das Lied (vgl. Heinen 1989a, S. 170-173), und manche Forscher setzen eine fünfstrophige Liedeinheit an (z.B. Mohr 1971, S. 337 mit Anm. 11; Heinen 1978; Kuhn 1982, S. 49-60). Der Text beginnt als Mailied, mit dem Preis der Frühlingslust, die einem halben Himmelreich gleichkommt. Wenn *wir* damit etwas vergleichen müßten, fährt der Sänger fort und übernimmt mit seinem *ich* sogleich die Initiative: Er kennt etwas, das seinen Augen *dicke baz* tut als diese ganze Maienpracht. Es ist die Frau, die in der zweiten Strophe gepriesen wird. In Entsprechung zur Naturszene, die als bewegte geschildert wird, betritt *ein edeliu schœne frowe reine,/wol gecleit unde wol gebunden* die Bühne, geht, in Begleitung, unter die Hofgesellschaft, schaut sich ein wenig um – können *wir*, fragt der Sänger, selbst wenn der Mai *uns al sîn wunder* zeigt, da etwas anderes tun, als das *werde wîp* anzustarren? Das die Strophe einleitende *Swâ* zeigt, daß es sich um einen allgemeinen Frauenpreis handelt, daß das Bild als »Möglichkeit eines nur gedachten Anschauens« zu verstehen ist (Mohr 1971, S. 336). Die Aufforderung in Strophe III, sich erst den Mai anzusehen und dann *werde frowen* (und damit die vom Ich getroffene Wahl nachzuvollziehen), bestätigt die Deutung, daß es um die Frau an sich geht. In Frage gestellt werden könnte sie allerdings durch die Wendung *mîne frowen* am Schluß der Strophe (es kann Singular wie Plural sein). Meint das Ich seine Minnedame, und impliziert es damit, daß sie der Idealität der in II und III gezeichneten Frauen gleichkommt? Oder spricht hier der Sänger als Schöpfer, ist das Lied Ausdruck von Walthers autonomem Kunstbewußtsein, ist die zum Ideal erhobene Dame »the creation of the poet« (so Groos 1976, S. 404, was von Hübner 1996, S. 481 Anm. 74, relativiert wird: das Lied sei nicht primär autopoetisch)? Ob der Text also den Typus des allgemeinen Frauenpreises in reiner Form initiiert, scheint offen, jedenfalls aber präsentiert Walther hier insofern ein neues Genre, als er »die Gattung des vagantischen Frühlings-Liebesliedes [...] in den Stil des ›hohen Sanges‹ überführt« (Mohr 1971, S. 336; vgl. auch Halbach 1968, S. 31-34, der v.a. die formalen Strukturen des Textes herausarbeitet).

Mit dem Lied 53,25ff. haben wir die »erste rein sensualistisch angelegte Beschreibung der Frauenschönheit in der mhd. Lyrik« vor uns (Schweikle 1998, S. 591). Wie beim eben behandelten Text hat man auch hier die Frage zur Diskussion gestellt, ob das Gedicht nicht in erster Linie das Sichtbarmachen des künstlerischen Vorgangs zum Inhalt habe (vgl. Tubach 1977, S. 90). Am Anfang aber spricht der werbende Liebhaber, der sich vom *wunderwol gemachet wîp* einen *habedanc* erhofft. Oder ist es bereits der Artist? Denn schon der zweite Stollen bietet »eine ausgeprägte Konkretisierung des künstlerischen Schaffens« (ebd., S. 87): *ich setze ir minneclîchen lîp/vil werde in mînen hôhen sanc* (oder, wie C schreibt und N es nahelegt: *vil hôhe in mînen werden sanc*). Von da aus könnte auch das *gemachet* in v. 1 diesen Sinn haben (vgl. auch III,9 *mache ich si mir ze hêr*), zumindest muß man nicht den Demiurgentopos zu Beginn der Strophe III (Gott als künstlerischer Schöpfer der Frau) dagegen ausspielen, *machen* kann durchaus »Doppelfunktion« haben (ebd., S. 89; wohlwollend-kritische Auseinandersetzung mit Tubach bei Hübner 1996, S. 478 Anm. 61).

Die vier Handschriften bieten für das Lied drei verschiedene Strophenfolgen (vgl. Heinen 1989a, S. 187ff.); meist hält man sich an DN (so auch Cormeau 1996), Hübner legt seiner Interpretation die Anordnung von C zugrunde (1996, S. 233-237; vgl. auch S. 476f. Anm. 59), der auch Schweikle 1998 folgt. Das Lied spielt zugleich im Kontext der Reinmar-Fehde eine Rolle (s.u. S. 133f.), hier soll es allein um den Schönheitspreis gehen. Nach der allgemeinen hyperbolischen Apostrophierung der Frau am Liedbeginn und den sich anschließenden Reflexionen nimmt die Beschreibung der Schönheit alle übrigen Strophen ein. Es ist eine von der Rhetorik empfohlene Beschreibung von Kopf bis Fuß (vgl. Tervooren 1988, S. 178), und daher rühmt der Sänger zunächst das *houbet* und die Augen, worauf er, zusammen mit dem *wengel* und dem *küssen* (wortspielerisch changierend zwischen ›Kuß‹ und ›Kissen‹), volle drei Strophen verwendet. War im Lied 45,37ff. die Frauenschönheit implizit als *himelrîche* gesehen, so wird sie es hier dezidiert. Der himmlische Schein, die Augen als Sterne, das läßt an Morungen denken, ja steigert seine Bildlichkeit noch (Ehrismann 1993, S. 17, sieht die »kosmische Metaphorik« Morungens mit der ›religiösen‹ zusammengebracht). Mit der *sünde* zu kokettieren, die schöne Frau lieber anzublicken als den Himmel, muß das Ich sogleich zurücknehmen, denn mit diesem Lob könnte es sie sich *ze hêr* machen (für Tubach 1977, S. 88, ist das ganze Lied bestimmt durch Überhöhung und *revocatio*). Das *küssen*-Motiv spielt in der Auseinandersetzung mit Reinmar eine Rolle. Revolutionär für den Minnesang ist das Bekenntnis des Sprechers, er habe die Frau in ihrer nackten Schönheit aus dem Bad treten sehen, nachdem er doch noch am Anfang der Strophe bei der Aufzählung der Körperteile in aller Dezenz und zur Enttäuschung potentieller Voyeure in seinem Publikum auf *kel* und *hende* sofort den *fuoz* folgen ließ und die Frage *obe ich dâ enzwischen loben muoz* rein rhetorisch hat klingen lassen. In der Tabuverletzung und dem »Normbruch« (Tervooren 1988, S. 178f.), den ein Dichter begeht, wenn er eine höfische Dame, und sei sie noch so fiktiv, nackt auftreten läßt, mag man mit einen Grund dafür sehen, daß manche es vorgezogen haben, diese Frau für Venus zu halten (Sayce 1982) oder für Diana (Mertens 1995, S. 391f.). Der Venus-Vergleich wird zwar durch Morungens Strophe MF 138,33ff. nahegelegt, aber wohl nur in dem Sinne, daß Walther »an die Fiktion einer irdischen Frau, die der Göttin gliche«, gedacht haben mochte (Ehrismann 1993, S. 23; zur Kritik an Sayce vgl. auch Hübner 1996, S. 476 Anm. 58, der die allegorische Lektüre als »problematisch« erkennt). Für Ehrismann ist das Gedicht »als intertextuelles Experiment zwischen Minne- und Vagantenlied konzipiert« (ebd., S. 14), als »Spiel mit der Gattung und den Gattungselementen« faßt es Tervooren auf, ja geradezu als von der Minnekanzone abgesetzte »Sekundärgattung« (1988, S. 178 u. 181; Einwände dagegen bei Hübner 1996, S. 479f. Anm. 67; zur Interpretation des Liedes vgl. noch Halbach 1968, S. 23-31; Sievert 1990, S. 75-91).

Auch in den folgenden Abschnitten zur *herzeliebe* und zu den ›Mädchenliedern‹ wird das Schönheitsmotiv eine Rolle spielen, und zwar im Kontext der Wertediskussion, wenn z.B. die Hierarchie von *liebe* und *schœne* oder *guot* zur Debatte steht.

3.4 Die Lieder der *herzeliebe*

Nach einer lange unbestritten geltenden Forschungsmeinung gehört Walthers Verwendung des Begriffs der *herzeliebe* zu seinen revolutionären Neuerungen; das Wort habe, indem es das »Prinzip gegenseitiger, erfüllter, überständischer Liebe« umschreibt, eine »Schlüsselfunktion innerhalb der Waltherschen Minne-Systematik« (Krohn 1989, S. 229, der damit Positionen der herkömmlichen Walther-Philologie formuliert; vgl. auch den Überblick bei Ehlert 1980, S. 37-41). Stamer 1976, Ehlert 1980 (die Stamers Buch nicht kennt), Ranawake 1983 und Kasten 1989 vor allem waren es, die in den letzten Jahrzehnten Bewegung in den ›Forschungsstand‹ zur *herzeliebe* gebracht haben. Schon im Minnesang vor Walther wurde das Wort gebraucht (die Belege für das Femininum verzeichnet Bachofer 1963, Anm. 13; diskutiert werden sie samt dem Neutrum *herzeliep* und dem gleichlautenden Adjektiv von Ehlert 1980, S. 36f., und Kasten 1989, S. 258-261). Während Ehlert für das Neutrum und das Femininum zu Bedeutungen wie »Herzensfreude«, »herzliche Freude« gelangt, wobei *herzeliebe* auch für *minne* stehen könne, und das Adjektiv mit »herzlich geliebt, sehr lieb« umschreibt, liegt bei Kasten die Nuancierung auf »Intensität und Echtheit der Empfindung«. Beide sind sich darin einig – und das gilt dann auch für Walthers Gebrauch –, daß *herzeliebe* inhaltlich nicht eindeutig festgelegt ist (Ehlert, S. 37; Kasten, S. 253). Bezüglich Walthers Verwendung des Neutrums und des Adjektivs kommt Ehlert auf dieselben Bedeutungen wie für die Belege aus dem früheren Minnesang (S. 81 Anm. 1; vgl. auch Stamer 1976, S. 28f.), in ihrem »Raster der ›herzeliebe‹-Lieder Walthers« (S. 81-133) beschränkt sie sich auf die »als echt anerkannten Lieder« 70,1ff., 92,9ff. und 46,32ff. (die angebliche »Begründung der Beschränkung«, S. 81 Anm. 1, sucht man S. 14 Anm. 23 freilich vergebens). Im folgenden werden – entsprechend dem seit Ehlert, im Grunde aber längst vor ihr, eingetretenen Wandel der ›Echtheits‹-Philologie – die Lieder 60,34ff. und 91,17ff. mitberücksichtigt.

70,1ff.

In dem kleinen Lied versichert der Sprecher zu Anfang, daß hinter seiner mangelnden Aufmerksamkeit gegenüber der *vrowe* keine üblen Absichten stehen, daß vielmehr zur Liebe, wenn sie aus dem Herzen zweier Freunde kommt, sowohl das *zürnen* wie das *süenen* gehöre. Dem zunächst individuellen Urteil (*ich wil*) wird durch die Einführung der Personifikationen (vgl. Ehlert 1980, S. 93) *Minne* und *Herzeliebe* (Großschreibung!) Objektivität verliehen: *zürnen* und *süenen* ist das *reht* der *Minne*, die *Herzeliebe wil* es so. Damit ist nicht nur die Identität von *herzeliebe* und *minne* gegeben (vgl. ebd., S. 90), sondern es kann, wenn diese »Herzensneigung« (wie Stamer 1976, S. 30, übersetzt; die »Gefühlskomponente« betont auch Kasten 1989, S. 263) bei zwei *vriunden* zugleich zu finden ist, *herzeliebe* auch »gegenseitige Zuneigung« meinen (Schweikle 1998, S. 690). Diese ist zwar nicht gegeben, aber erhofft (vgl. ebd.), was Stamers Befund, man werde in dieser Strophe »so etwas wie eine gegenseitige Liebe der Partner vergeblich suchen« (S. 31), relativiert. Daß die Möglichkeit der traditionellen Sicht von *herzeliebe* hier vorliegt, darf aber – darin hat Stamer recht – nicht dazu verleiten, eine *herzeliebe*-'Theorie' Walthers zu postulieren.

92,9ff.

Es geht um »eines der wichtigsten minnetheoretischen Lieder Walthers« (Schweikle 1998, S. 712), das man, da das Ich fast durchweg – außer I,9ff., wo es auf *die frowen mîn* Bezug nimmt – allgemeine Reflexionen anstellt, geradezu als »›Minnespruchton‹« bezeichnen konnte (Ranawake 1983, S. 118). Ähnlich wie im Frauenpreislied 45,37ff. die Schönheit der Frau über die Pracht des Monats Mai gestellt wird, erfreut das Ich etwas *baz/danne aller vogellîne sanc*, nämlich *wîbes güete*, exemplifiziert an der Schönheit seiner Dame, aber nicht einer nur äußerlichen, sondern einer, die *lieber lîp* (»ein liebenswertes Wesen«, übersetzt Schweikle 1998) bewirkt (Strophe I; vgl. auch 49,25ff., s.u. S. 122f.). Das Höchste aber ist es, wenn die Frau *ie tugende pflac*, wenn *liebe* und *schœne* im *rehten muot* vereint sind (vgl. WM II 1924, S. 331). Der Mann, der es versteht, um dieser Werte willen *die süezen arbeit* auf sich zu nehmen, *der mac von herzeliebe sagen* (Strophe II). Es trifft kaum das Richtige, wenn Stamer *herzeliebe* hier mit »amor«, »Herzensneigung«, »Liebesleidenschaft« wiedergibt (1976, S. 33), und auch Ehlert, für die das Wort auf das Bemühen der Minnewerbung geht und sich, »ohne daß eine Bedeutungsveränderung einträte«, durch *minne* ersetzen ließe (1980, S. 113 u. 117; ähnlich identifiziert Kasten 1989, S. 263, die *herzeliebe* mit der »›höfischen Minne‹«), geht mit ihrer Deutung fehl. Vielmehr dürfte »das beglückende, *sælic* machende Minneerlebnis« gemeint sein (Ranawake 1983, S. 118; vgl. auch Schweikle 1998, S. 713). Daß durch die Tugenden der Frau *mannes werdekeit* erhöht werde, wie es in der zweiten Strophe heißt, daß, wie es die vierte sagt, sein Bemühen *tiuret doch wol sînen lîp*, auch wenn die Frau ihn nicht erhört, ist ein Gedanke, durch den sich das Phänomen der

Hohen Minne, wie die Forschung sie lange verstanden hat, wesentlich konstituiert (kritisch zu diesem Konzept Willms 1990, S. 9ff.; was die meisten Minnesänger vor Walther angeht, relativiert es auch Kaplowitt 1986; vgl. aber sein umfangreiches Walther-Kapitel S. 121-166). Dieser Gedanke nun soll widerlegen, daß *herzeliebe* das Moment der Gegenseitigkeit oder der Liebeserfüllung in sich schließe, meint Kasten (1989, S. 263). Es ist durchaus richtig, daß die in Strophe III entworfene »mögliche Gegenseitigkeitsminne nicht mit *herzeliebe* bezeichnet ist« (Schweikle 1998, S. 713). Die Freude über den Blick, *den minneklîch ein wîp* auf den Mann wirft, heißt es dort, ist nichts gegen die vielen Freuden, wenn ihm *ander liep* von ihr widerfährt, wenn *liebez herze in triuwen stât,/In schœne, in kiusche, in reinen siten.* Könnte damit nicht die Erfüllung der *süezen arbeit* gemeint sein, das, was der Mann, der sie auf sich genommen hat, zu Recht *herzeliebe* nennen kann? Immerhin schließt *herze* in III,1 direkt an die *herzeliebe* in der Schlußzeile von II an (vgl. auch die Interpretation des Liedes bei Wolf 1989, S. 12-15, hier S. 14; bemerkenswert ist die Beobachtung Stamers 1976, S. 37, daß *herzeliebe* in fünf von sechs Fällen bei Walther im letzten Vers der Strophe erscheint, »als gehaltlicher Höhepunkt und summierender Abschluß«). Daß der Mann *getiuret* wird, auch wenn die Dame ihn *ungewert* läßt, steht dann auf einem ganz anderen Blatt.

91,17ff.

Walthers Sänger belehrt einen jungen Mann (I,1) über den Erwerb von *fröide* bei *guoten wîben*, etwas, *des ich*, wie er erst am Schluß des Liedes verrät, *selbe leider nie gepflac* (V,2). Zunächst empfiehlt er »das konventionelle, gesellschaftlich definierte Minneverhalten« (Schweikle 1998, S. 710), bei dem das Streben nach *herzeliebe* – anders als in 46,32ff. (s.o. S. 100) – von der *mâze* geleitet sein soll (Strophe II). Hier kann *herzeliebe* als »Quintessenz des Vorangegangenen – als ›Herzensneigung‹« verstanden werden (Krohn 1989, S. 229f.; Stamer 1976, S. 35, übersetzt mit »Herzensleidenschaft«, was zweifellos zu stark ist; besser Schweikle 1998: »Herzensfreude«). Auch wenn die Werbung nicht erfolgreich ist, heißt es in der nächsten Strophe in Entsprechung zu einer Aussage des Liedes 92,9ff., wird der Mann *deste tiurre sîn* (vgl. Kaplowitt 1986, S. 126). Die folgende Strophe aber setzt einen starken Kontrast, indem das Ich dem jungen Mann eine gelungene Werbung in aller Sinnlichkeit vor Augen führt: *Halsen, triuten, bî gelegen,/von sô rehter herzeliebe muost dû fröiden pflegen* (IV,5f.). Hier hat *herzeliebe* nichts mehr mit der bescheidenen Herzensfreude als dem Ergebnis traditionellen Werbens gemein, hier ist Stamers »Herzensleidenschaft« angebracht. Entscheidend aber ist, wie die zitierten Verse belegen, daß nur die *fröiden* die nachhaltige Wirkung bezeichnen, die ein solches Liebeserlebnis beim Mann hinterläßt, nicht jedoch das Wort *herzeliebe* selbst. Dessen Verwendung liefert den Verfechtern der Gegenseitigkeitsliebe »einen gewissen Anhaltspunkt für die Richtigkeit ihrer These« (Krohn 1989, S. 235). Da *herzeliebe* das Glück des sexuellen Aktes benennt, ist es unzutreffend, sie mit Stamer als nur »auf die Person des Mannes fixiert« zu verstehen (1976, S. 36). Gemeint ist »die personale, gegenseitige Liebe« (Schweikle 1998, S. 710), und der in diesem Lied »so schillernde Begriff« (Krohn 1989, S. 234) färbt auch auf die *fröide* ab, die ebenfalls ambivalent verwendet wird (vgl. Schweikle ebd.).

Ein eher dem frühen Minnesang gemäßes Verständnis von *herzeliebe* – der »Gefühlswert« von *liebe* wird durch *herze* verstärkt (Kasten 1989, S. 258) – findet sich in der Strophe 60,34ff., die am Schluß *herzeliebe* und *senendiu leit* kontrastiert (vgl. Stamer 1976, S. 34; Kasten, S. 263). Auch in Strophe III des Liedes 41,13ff., wo *herzeleit* und das Neutrum *herzeliep* als »Komplementärphänomene« erscheinen, liegt der Akzent auf der »Gefühlskomponente« (Kasten ebd.; vgl. auch Stamer, S. 29; Schweikle 1998, S. 758). Dasselbe gilt für die Anrede *Herzeliebez vrowelîn*, mit der das im folgenden Abschnitt ›Mädchenlieder‹ zu besprechende Lied 49,25ff. einsetzt.

Aufs ganze gesehen ist Ehlerts Feststellung sicher richtig, daß man in den Liedern, die das Wort *herzeliebe* verwenden, keine »besondere Minneauffassung Walthers ausgedrückt« findet (1980, S. 133). Dies liegt aber mit daran, daß die in dem Wort enthaltenen »Gefühlswerte [...] je nach Kontext eine unterschiedliche Qualität« haben (Kasten 1989, S. 264). Der Gedanke der Gegenseitigkeit kann durch *herzeliebe* ebenso ausgedrückt werden, wie der Begriff zuweilen dem Vorstellungsbezirk der konventionellen Hohen Minne angehören kann. Jeder Versuch aber, ihn eindeutig zu machen, muß scheitern.

3.5 Die ›Mädchenlieder‹

Lieder der *herzeliebe*, der niederen Minne, der ebenen Minne, Mädchenlieder – unter solchen Überschriften hat die Forschung Texte Walthers zusammengefaßt, in denen angeblich eine neue Minneauffassung propagiert, ja geradezu als Programm verkündet wird. Dabei ist in einigen dieser Lieder weder von der *herzeliebe* die Rede (noch Ranawake 1983, S. 114ff., behandelt 50,19ff. unter dieser Überschrift), noch ist die darin vorkommende Frau eindeutig als Mädchen zu qualifizieren. Von Liedern der niederen Minne konnte nur eine Forschergeneration reden, die das Ich in 46,32ff. mit dem Ich Walthers gleichsetzte, denn obwohl diese Minne dort eindeutig negativ beurteilt wird, spricht das Ich doch davon, daß es sie ausgeübt habe. Das Bemühen, *ebene* zu *werben*, muß der Sprecher am Ende desselben Liedes als gescheitert erkennen, *ebene minne* als Terminus gibt es nicht (zu diesem Lied s.o. S. 97ff.). Wer ihn dennoch gebraucht, etwa als Synonym für Liebe der Gegenseitigkeit, sollte ihn als konstruierten Begriff deutlich machen.

Eine kritische Revue der ›Mädchenlieder‹ sieht sich zuallererst dem Problem gegenübergestellt, um wieviele Lieder es sich dabei handelt. Sind es bei Maurer 1956 und Wapnewski 1962 zehn, bei Meyer 1981 sogar fünfzehn (kritisch zu diesen Gruppierungen Bennewitz 1989, S. 240ff.), so hat sich seit dem Vorschlag Pretzels 1966 ein gewisser Konsens herausgebildet, unter dieser Überschrift nur noch die vier Lieder 39,11ff., 74,20ff., 49,25ff. und 50,19ff. zu versammeln, aus denen Hübner 1996 jetzt auch noch das zuletzt genannte aussondert (zur Orientierung über die variierende Zuordnung von Liedern zu einer Gruppe der »niederen Minne«, der »Mädchenlieder« u.ä. von Burdach bis Wapnewski vgl. die Zusammenstellung bei Stamer 1976, S. 216f. Anm. 5).

Dafür, daß das ›Mädchenlied‹ bei den Philologen so beliebt geworden ist, kann man zum einen das Forschungsklischee verantwortlich machen, die *frouwe* des Minnesangs sei eine verheiratete Frau gewesen (vgl. dazu Schweikle 1980, S. 91ff.). Es wäre nicht die geringste revolutionäre Tat Walthers, wenn er in einigen seiner Lieder die Frau aus den Fesseln der Ehe befreit hätte. Das andere ist die soziale Stellung des Mädchens. Wenn Walther eine junge Frau niederen Standes besingt und nicht mehr die dem Sänger ständisch übergeordnete *frouwe* von hohem Adel (auch dies ein Klischee, vgl. ebd., S. 97ff.), dann stellt das, so meint man, eine zweite unerhörte Innovation dar. Das dritte Phänomen, das man in den ›Mädchenliedern‹ entdeckt hat, ist das einer von der Hohen Minne scharf abgesetzten, mehr oder minder unkomplizierten gegenseitigen Liebe. Im folgenden ist darzulegen, wie die jüngere Forschung diese Lieder Walthers unter den genannten und darüber hinausgehenden Aspekten beurteilt.

50,19ff.

Daß dieses Gedicht zu den Liedern gehört, die eine Liebe der Gegenseitigkeit fordern (vgl. I,8 und v.a. Strophe IV), wurde schon gesagt (s.o. S. 102). Keinen eindeutigen Textbeleg gibt es aber dafür, daß die Besungene, wie McLintock behauptet, »was young and unmarried« (1968, S. 38). Allerdings ist die Anrede *Frowe* in IV,1 »zweideutig« (Hahn 1996, S. 107): Es kann sein, daß der Sänger sie mit *sô bist dûz mîn frowe* (III,3) erst zu einer solchen macht. Bleibt es also offen, ob die Angesprochene ein Mädchen ist, so könnte die im zweiten Teil der dritten Strophe vorgenommene Steigerung mittels einer (scheinbaren) Antiklimax, bei der nicht etwa der Superlativ, sondern der Positiv das absolut Vollkommene ausdrückt (*lîhte sint si bezzer, dû bist guot*), auf ihre soziale Stellung hindeuten: *Edel unde rîche* sind die anderen, also *bezzer*, sie ist es nicht, aber *guot*. Freilich scheint auch sie sich, wie Hahn bemerkt, »im Umkreis des Hofes zu bewegen« (1996, S. 107), so daß mit Schweikle zweifelhaft bleibt, ob der Gegensatz *guot – bezzer* eine »ständische Differenzierung ausdrückt« (1998, S. 737; Masser 1989, S. 11, löst das Problem, indem er die Partnerin des Sängers in den Kreisen »untergeordneter ritterlicher Dienstleute« [S. 10] sucht). Das Gedicht läßt sich nicht leicht den ›Mädchenliedern‹ zuordnen, zeigt zudem Affinitäten zu anderen Liedgruppen (vgl. Hahn 1996, S. 107f.). Auch Hübner zählt es nicht dazu, weil es eine »Klagekanzone« sei und dazuhin kein deutlich an eine *puella* erinnerndes Motiv enthalte (1996, S. 232 u. 476 Anm. 57; vgl. auch Schweikle 1998, S. 738).

49,25ff.

Nicht *frouwe, ir sît*, nicht *frouwe guot* und nicht, wie es bei einer intimeren Beziehung zulässig wäre, *frouwe, dû* oder *sælic frouwe mîn* lautet die Anrede an die Geliebte, sondern *Herzeliebez vrowelîn*. Nicht nur, daß die *frouwe* solchermaßen ›verkleinert‹ wird – durch die Anrede mit *herzeliep* wird eine Distanz aufgehoben und die höfische Etikette durchbrochen (nach Wolf 1989, S. 16, ist dies der entscheidende Schritt »von der Begrifflichkeit des Substantivs *herzeliebe* zur konkreten Personalisierung«). Bezieht sich etwa darauf der vom Sänger zurückgewiesene Tadel der anderen, daß er sein Singen *zuo nider wende* (II,1f.)? Kann dieser Tadel bedeuten, er singe, indem er eine solche Apostrophe verwende, »›dem gewohnten höfischen Stil in Anrede oder Form widersprechend, unhöfisch‹« (so ein Vorschlag Schweikles 1998, S. 682)? Dann würde Walthers Sänger eine Reaktion der Hofgesellschaft antizipieren, während in der üblichen Deutung sich das *zuo nider* auf Vorwürfe bezieht, die man anderen ›Mädchenliedern‹ gemacht hat (vgl. Hahn 1996, S. 102). Ist also die Anrede *zuo nider* oder das Mädchen? Soviel ist klar, daß *nider* nicht wie in 46,32ff. eine »moralische Wertung« darstellt, sondern im sozialen Sinn gemeint ist (Masser 1989, S. 5f.) oder als »Stilbegriff« (Kuhn 1982, S. 82 u. 85). Kaum aber dürfte man Walther vorwerfen, von niederer Minne zu singen oder gesungen zu haben (auch nicht in dem neuen Sinn, den Kuhn ebd., S. 79, ihr in schwer verständlichen Formulierungen geben möchte). Daß es in erster Linie um »die gesellschaftliche Position der Partnerin« geht (Hahn 1996, S. 102), wird durch IV,6 nahegelegt, wo der Sänger beteuert, ihm sei das *glesîn vingerlîn* des Mädchens mehr wert als das Gold einer Königin. Als wie *nider* das Mädchen aber gesehen werden soll, wird nicht klar (vgl. McLintock 1968, S. 34). Daß es kaum zur höfischen Gesellschaft gehören dürfte (so Stamer 1976, S. 51), ist nicht unbestritten (Masser 1989, S. 10, ordnet es wieder dem niederen Rittertum zu). Die Versicherung des Ichs, dem Mädchen *holt* zu sein (I,6; IV,5), ist Bestandteil der »feudal terms« (McLintock 1968, S. 33), auch »die Investitur mit dem Ring gehört zu den Lehnsgebräuchen« (Kuhn 1982, S. 76), wie überhaupt die Lehensterminologie in den beiden Schlußstrophen dominiert (vgl. ebd., S. 75 u. 77). Und die am Ende des Liedes benannten moralischen Werte *triuwe* und *stætekeit* »sind diejenigen der Minnedame« (Hübner 1996, S. 200). All dies aber könnte zur Strategie des Sängers gehören, mit der er das Mädchen zum *vrowelîn* stilisiert, »worin ehrend ihr Wertstatus gemeint sein wird« (Hahn 1996, S. 104). Über ihre ständische Zugehörigkeit bleiben wir im Zweifel (widersprüchlich dazu Herzmann 1977, S. 353f.).

Das Zentrum des Liedes bildet eine Wertediskussion über die Hierarchie der Qualitäten *guot* und *schœne* auf der einen, *liebe* auf der anderen Seite (von Kuhn 1982, S. 73 u.ö., gefaßt als »die, philosophisch seit Aristoteles traditionelle, Dreiteilung des ›Guten‹« in *bonum externum*, *bonum corporis* und *bonum animi*; kritisch dazu Drumbl 1984, S. 139ff.; Sievert 1990, S. 54ff., auch zur Lehensterminologie). Den Opponenten aus der höfischen Gesellschaft, deren Tadel der Sänger in Strophe II zurückweist, spricht er die Fähigkeit des Sich-*versinnens* ab: Sie, die *nâch dem guote und nâch der schœne minnent*, wissen nicht, was *liebe* ist, weil die *liebe* sie nie getroffen hat (McLintock 1983, S. 73, differenziert zwischen ›Liebesglück‹ an der ersten und *liebe* als äußerer Macht an der zweiten Stelle). Zumindest für den, der es nicht von Anfang an vermutet hat, wird im nachhinein klar, daß das *guot*, das der Sänger dem *vrowelîn* in I,2 gewünscht hat, ein anderes ist als das, von dem jetzt die Rede ist (dort ›Gutes‹, hier ›Reichtum‹). Dieses *guot* wird im folgenden fallen gelassen (nur IV,3 *hâst genuoc* spielt noch einmal mit den Bedeutungen), diskutiert wird die Relation von *schœne* und *liebe*. Der gängigen Vorstellung, in der Schönheit spiegele sich immer die Vollkommenheit, erteilt Walthers Sänger eine Absage. (Zur Indifferenz gegenüber der *schœne*, von der das *guot*-Sein der Frauen abgehoben wird, rät auch die Strophe MF 107,27ff. Heinrichs von Rugge; erst Walther aber hat den Gedanken voll ausgeführt.) Schönheit ist kein Wert an sich, es werden zusätzliche Bedingungen daran geknüpft. Schönheit kann nicht *liebe* bewirken, wohl aber umgekehrt: *Liebe machet schœne wîp* (III,5; vgl. auch 92,9ff., s.o. S. 117f.). Als »Ausstrahlung eines ›lieben Wesens‹« (Hahn 1996, S. 103) verkörpert sie einen inneren Wert, der *dem herzen baz* tut als die Schönheit (III,3; vielleicht ein Schlüssel für das Verständnis von *herzeliep* in I,1; vgl. Kuhn 1982, S. 78; Sievert 1990, S. 47f.). Auch wenn man v. 4 dieser Strophe *der liebe gêt diu schœne nâch* einen Doppelsinn beilegen kann – ›Schönheit steht hinter der *liebe* zurück‹ oder ›Schönheit stellt sich von selbst ein, wenn die *liebe* da ist‹ –, bleibt die graduelle Differenz bestehen (für McLintock 1968, S. 34, ist der Gedanke vielleicht »the most remarkable novelty in the song«). Und wie beim *guot* vollzieht sich auch »die begriffliche Aufspaltung von ›schoene‹ in einen vordergründig-scheinhaften und einen substantiellen echten Wert« (Späth 1986, S. 127). In diesem Sinn kann das *vrowelîn* in IV,3 angeredet werden: *dû bist schœne und hâst genuoc.*

Ist 49,25ff. über die Anrede des Anfangs hinaus ein Lied der *herzeliebe*? In der Schlußstrophe stellt der Sprecher zu den Werten, die das *vrowelîn* bereits repräsentiert, *guot* und *liebe*, noch zwei Qualitäten, die das Mädchen haben muß, damit sie sein werden kann: *triuwe* und *stætekeit*. Besitzt sie diese, so wird ihm niemals *herzeleit* durch sie widerfahren, positiv formuliert: wird er stets *herzeliebe* empfinden, und sie ist der Anrede *Herzeliebez vrowelîn* wahrhaft würdig (vgl. auch Sievert 1990, S. 51). Beständige Treue des Mädchens als Bedingung – das heißt aber nichts anderes, als daß das Moment der Gegenseitigkeit von ihr gefordert wird. So gesehen, ist der Text ein Lied der *herzeliebe* und der gegenseitigen Liebe (vgl. Hahn 1996, S. 103: *liebe* als »Glücks- und Partnerschaftskonzept«), beides aber nicht im Sinn einer vorhandenen, sondern einer ersehnten, geforderten Liebe (vgl. die Aufstellung von Gegensatzpaaren einer wechselseitigen Liebe und der Verhaltensmuster der ›Hohen Minne‹ in diesem Lied bei U. Müller 1983b, S. 82).

39,11ff.

»Maltreated« worden ist nicht nur das Mädchen in Walthers Gedicht, sondern – um dem Titel von Heinens Aufsatz (1989c) eine andere Bedeutungsnuance zu verleihen – das ganze Lied. Was hat man nicht alles in diesen Text hineingedeutet, wie ist er trivialisiert worden, und wie hat er darunter leiden müssen (vgl. die so erhellende wie entlarvende Forschungsrevue bei Ehrismann 1989b, S. 397-407; vgl. auch Hahn 1996, S. 106: die Popularität des Liedes beruhe weithin »auf falschem Verständnis«)! Es gibt Gedichte, die eine Ruhepause verdient hätten, damit sie nicht totinterpretiert werden, »Wanderers Nachtlied« etwa oder dieses Lindenlied Walthers. Die folgende Besprechung ist daher notwendig kurz gehalten.

Ein Frauenmonolog über erfüllte Liebe ist dieser Text, damit an die frühe donauländische Lyrik erinnernd, in der Situation und einigen Motiven zugleich an eine Reihe von Liedern aus den *Carmina Burana* und an die romanische Pastourelle, wenngleich Walther mit deren Gattungsmerkmalen sehr frei umgeht (zur Verbindung mit lateinischer Lyrik vgl. McLintock 1968, S. 39; Heinen 1989c, S. 62-69; zu Spuren der Pastourelle vgl. S. Ch. Brinkmann 1985, S. 193-199; geleugnet werden sie von Kuhn 1982, S. 11 u. 14). Es ist ganz und gar kein ›einfaches‹ Lied, sondern raffiniert gemacht, vor allem in der Weise, wie es Assoziationen in der Phantasie des Publikums wachzurufen versteht, in der Spannung zwischen Mitgeteiltem und Verschwiegenem, zwischen Verborgenheit und Öffentlichmachen (vgl. dazu Kuhn ebd., S. 10-16; Bennewitz 1989, S. 244; Heinen 1989c, S. 61).

Ob der Text zu den ›Mädchenliedern‹ zu zählen ist, hängt vom Verständnis der Wendung *dâ wart ich enpfangen,/ hêre frowe* (II,4f.) ab (vgl. z.B. McLintock 1968, S. 40ff.; Sievert 1990, S. 103f.; Schweikle 1998, S. 650). Übersetzt man es mit ›Heilige Jungfrau!‹, ist damit nichts über den Stand der Sprecherin ausgesagt. Versteht man es als Anrede des Geliebten an das Text-Ich, bleibt neben den Übersetzungen ›erhabene Herrin‹ oder »›grand lady that I am‹« (McLintock ebd., S. 42) die häufig bevorzugte ›wie eine hohe Dame‹. Im zweiten Fall ist sie tatsächlich eine *hêre frowe*, im ersten kann sie es sein, im dritten ist sie es eindeutig nicht. Jüngst hat Heinzle die Stelle gründlich diskutiert (1997, S. 151-157) und fünf Verständnismöglichkeiten vorgestellt. Er selbst plädiert für die Übersetzungen ›als glückliche Dame‹ oder ›glückliche Dame‹ (S. 155). Zweifellos kann *hêr* ›glücklich‹ bedeuten, in Verbindung mit *frowe* aber doch eher ›hoch, erhaben‹. Und wenn Heinzle *frowe* mit »adlige Dame« wiedergibt (S. 157), darf man fragen, ob Walther bei jeder Verwendung des Wortes die *wîp-frowe*-Diskussion vorausgesetzt hat oder ob *frowe* nicht gelegentlich auch als Geschlechtsbezeichnung dienen kann. Sicher ist jedenfalls, daß man nur bei der Deutung ›wie eine hohe Dame‹ den Text als ›Mädchenlied‹ nehmen muß, aber auch nur dann, wenn man den Typus so versteht, daß eine Frau niederen Standes in ihm eine Rolle spielt. Nimmt man den Terminus ›Mädchen‹ wörtlich, bietet der Text keine Anhaltspunkte für eine entsprechende Typenzuordnung, und genausowenig lassen sich ihm Informationen über den gesellschaftlichen Status des Geliebten entnehmen (vgl. zuletzt Sievert 1990, S. 103ff.; Hahn 1996, S. 106; Schweikle 1998, S. 648ff.).

Die Aufführung dieses Liedes mag nicht unproblematisch gewesen sein, zumal wenn man an der Meinung festhält, auch Frauenlieder seien nur von männlichen Sängern vorgetragen worden (anders z.B. Jackson 1981, S. 220-227). Manche Wendungen mochten dann leicht »a sense of travesty« hervorgerufen haben (Heinen 1989c, S. 54). Nicht unterstellen aber sollte man, daß der Text selbst »das Glück der Liebe [...] lächerlich macht« (dies bleibe »offen«, meint Ehrismann 1989b, S. 411, zwar, suggeriert jedoch, im Widerspruch zu seiner berechtigten Forderung, S. 414, nach »Akzeptanz des Nichtwissens als fruchtbare Interpretationshilfe«, durch die relativierte Verdachtsäußerung das Gegenteil). Ob es im Publikum auch die »Andersdenkenden« gab, zwischen denen und dem Liebespaar der Text, wie Brückl meint, implizit einen »Disput« inszeniert, was das Lied (auch) zu einem »polemischen Rollengedicht« machen würde (1983, S. 57), bleibt uns verschlossen. Und wir wissen auch nicht, wie etwa der Rhythmus die Stimmung des Liedes transportiert hat (dazu vgl. Ehrismann 1989b, S. 410f.), und haben keinen Anhaltspunkt zur musikalischen Realisierung des Textes (man hat ihn mit einer romanischen Melodie in Verbindung gebracht; vgl. Brunner 1996, S. 65).

74,20ff.

Schon mit den ersten beiden Versen stellt sich das Problem ›Mädchenlied‹: »*Nement, frowe, disen cranz*«,/*alsô sprach ich zeiner wol getânen maget*. Neben dem *vrowelîn* in 49,25 ist diese *maget* die einzige Figur, die einen Typus ›Mädchenlied‹, bezieht man ihn auf das Alter der besungenen Frau, rechtfertigt. Versteht man ihn im sozialen Zusammenhang, kann man wie bei einer der möglichen Deutungen von *hêre frowe* in 39,11ff. argumentieren, der Sänger adle das ›einfache Mädchen‹ durch die Anrede. Was spricht dafür, was dagegen? Walthers Gedicht bietet allerdings noch gewichtigere Probleme als dieses.

Das Lied spielt auf und mit mehreren Ebenen. Für Wapnewski sind es »drei Realitätsebenen«: Traum, Wachen und Erzählen (1957, S. 124). Drumbl, der die Varianten der verschiedenen Handschriften daraufhin überprüft, sieht ein »Spiel mit zwei Sprechebenen« (das Sprechen »im deiktischen Bereich des Sängers« und »in einem fiktiven Bereich der Erzählung«), und er erkennt als »grundlegende Pointe des Liedes« den »Sprung von einem sprachlichen System in das andere« (1984, S. 134 u. 135). Genauer noch differenziert Bein: Zwischen einer »Textebene 1« (dem Erlebnisbericht) und einer »Pragmaebene 1« (der pragmatischen Aufführungssituation) wird zunächst vermittelt, indem der Vortragende die Rolle des Erzählenden einnimmt; wenn Strophe IV das Geschehen als Traum aufdeckt, wird es »auf eine Textebene 2 verschoben«; durch *Seht* (IV,5) »rükken Pragmaebene 1 und Textebene 2 immer näher zusammen, denn der Vortragende suggeriert, der Träumer zu sein«; schließlich ändert sich in Strophe V »die Qualität der Pragmaebene 1«, und der Schluß könnte eine »Pragmaebene 2« zeigen, indem er auf die konkrete Aufführungssituation einginge, in der das Lied möglicherweise »einen Tanzreigen eröffnete« (1997, S. 131). Die Nennung von Strophenzahlen erweckt den Anschein, als sei in dieser Hinsicht alles eindeutig. Doch ist schon die Überlieferung uneinheitlich (vgl. den Abdruck bei Heinen 1989a, S. 222f.): A bietet fünf Strophen, C ebenfalls (in derselben Reihenfolge, aber je drei und zwei an verschiedener Stelle), E läßt die Strophe, die das Erzählte als Traum enthüllt, weg. Zudem stellen fast alle Herausgeber und Interpreten die beiden letzten Strophen um, die man auch als zum Liedkern hinzutretende, wahlweise anzuhängende »Geleitstrophen« auffassen kann (Mohr 1963, S. 135-138). So legt es die Überlieferung nahe, an variierende Vorträge des Liedes zu denken (vgl. die detaillierte Präsentation und Diskussion der möglichen Fassungen bei Halbach 1967, S. 52-57; vgl. weiter Hahn 1969, S. 207f.; Schaefer 1972, S. 442-445; Bennewitz 1989, S. 250; Sievert 1990, S. 71; Schweikle 1998, S. 674ff.). Von einer Umstellung der Strophen II und III, wie sie nach v. Kraus (1935, S. 299f.) auch Wapnewski (1957, S. 114ff.) vorgenommen hat, sieht man heute ab. Wapnewski mußte umstellen, da er II als Frauenstrophe faßte (ebd., S. 117ff.); »vielleicht soll das Gedicht für beide Möglichkeiten offen sein« (Schaefer, S. 444).

Die Situationen des erzählten Geschehens (*tanz* in Strophe I auf der fiktiven, in Strophe IV auf der Aufführungsebene; daneben die Liebesbegegnung auf der *heide* unter einem *boume*, die Blumen und Blüten und der Vogelsang, die eindeutig sexuell konnotierte Aufforderung zum *brechen* der *bluomen*) und die Motive des Traums und des Erwachens mit dem Tageliedzitat *dô taget ez* (Strophe IV) haben in der Forschung zu verschiedenen Gattungszuweisungen geführt: Pastourelle (vgl. Wapnewski 1957, S. 132ff.) oder Tanzlied (vgl. Hahn 1969, S. 219f., mit Hinweis auf das freilich erst bei Neidhart elaborierte Genre; Warning 1992, S. 718; kritisch dazu Hübner 1996, S. 465f. Anm. 15)? Einen vermittelnden Standpunkt nimmt

S. Ch. Brinkmann ein, für die Walthers Lied nicht einfach Motive der Pastourelle übernimmt, sondern auch vor der Folie des Tanzlieds, des Tagelieds und des Traumlieds zu sehen ist (1985, S. 182f. u. 192; zu dem durch Hausen und Morungen bezeugten Traumlied vgl. schon Hahn 1969, S. 222). Auch hier, wie bei 39,11ff., muß man nicht auf einem Entweder – Oder bestehen.

Zurück zum ›Mädchenlied‹-Problem. Die zweifellos vorhandenen Anklänge an die Pastourelle sollten nicht zu dem vorschnellen Schluß verleiten, man wisse »von Anfang an«, daß die *maget* eine *puella* sei (so Hübner 1996, S. 200). Eine Stütze für den vermeintlich niederen Stand des Mädchens hat man auch darin finden wollen, daß es mit einem *kinde* verglichen wird, *daz êre hât* (III,2), worunter eine junge Adlige zu verstehen sei (Michels, WM II 1924, S. 281, weist darauf hin, daß *gelîch* auch identifizierend gebraucht wird). Doch ist *êre* genausogut auf den inneren Adel zu beziehen (vgl. Sievert 1990, S. 67), zudem scheint *êre hân*, wenn McLintock recht hat, das Empfangen von *êre* zu meinen, also gar nichts über den sozialen Status der Empfängerin auszusagen (1968, S. 38f.). Daß die ständische Zugehörigkeit des Mädchens in der Schwebe bleibt, ist heute weitgehend Konsens (vgl. zuletzt Schweikle 1998, S. 675). Weithin unbeachtet geblieben ist in der ganzen Diskussion, daß in Strophe V noch einmal das angebliche Gegensatzpaar Mädchen – *frowe* erscheint: Als sich der Sprecher wieder in der ›Gegenwart‹ befindet und auf *disen sumer* vorausblickt, nimmt er sich vor, *allen meiden* ins Gesicht zu sehen, damit er vielleicht *eine* entdecke, die so ist wie die, von der er erzählt hat – oder gar jene eine selbst. Möglicherweise ist sie sogar ›hier‹, *an disem tanze*? Deshalb die Aufforderung: *frowe, dur iuwer güete/rucket ûf die hüete.* Daß die tanzenden Damen als *frowe* angeredet werden, betonen Herzmann (1977, S. 353) und Heinzle (1997, S. 149), ihre Identität mit den *meiden* erwähnt aber nur Mertens (1995, S. 394 u. 395). Wenn die *maget* hier unter den *frowen* zu suchen ist, warum sollte dann nicht die *maget* des Liedanfangs als *frowe* bezeichnet werden können? Gewiß, das eine ist die erzählte, das andere die Erzählebene, doch darf das formale Argument der Rückkehr des Schlusses zum Anfang (wenn man V als eine der möglichen Schlußstrophen nimmt) demgegenüber nicht abgewertet werden. Die ganze Erörterung der sozialen Frage scheint demnach müßig gewesen zu sein. Was das männliche Text-Ich angeht, bleibt auch sein Stand im ungewissen. Wegen der Affinität des Liedes zur Pastourelle hat man sich unter dem Mann meist einen Ritter vorgestellt, doch hätte man, wie Sievert anmerkt, aufgrund seiner Beteuerung, ihm fehlten *vil edele gesteine* (I,5), auch über ihn die soziale Debatte aufnehmen müssen (1990, S. 67).

Das Heraustreten des Sängers aus der Illusion am Ende von Strophe IV (Erwachen aus dem Traum) und in Strophe V (Rückkehr in die Aufführungsgegenwart) bedeutet, daß Glückserfüllung nur als »Utopie, als Wunschtraum für die höfische Gesellschaft« existiert (Bennewitz 1989, S. 250), daß die ideale Partnerin erst noch gefunden werden muß: »Das ist die polemische Pointe« (Warning 1992, S. 721).

Daß man neuerdings den Terminus ›Mädchenlieder‹ oft in Anführungszeichen setzt oder mit einem »sogenannt« versieht, zeigt das Unbehagen der Forschung an derlei plakativen Etikettierungen. Dieses Unbehagen fand in der Durchsicht der Texte seine Bestätigung. Mädchen waren nur in zwei Liedern auszumachen, und da trugen sie keine eindeutigen Züge der *puella*. In Höfisches verweisende Textsignale ließen Zweifel an der niederen gesellschaftlichen Stellung der Geliebten der ›Mädchenlieder‹ aufkommen (vgl. McLintock 1968, S. 43), so daß es naheliegt, Massers prägnantem Diktum zuzustimmen: »es gibt dieses ›einfache Mädchen‹ nicht« (1989, S. 11). Es ist denkbar, daß die Unschärfe der sozialen Verortung der Frauenfigur damit zusammenhängt, daß auch diese Lieder vor einem höfischen Publikum gesungen wurden (vgl. Hahn 1996, S. 101). Gleichwohl hat Walther, indem er ersehnte oder geträumte Situationen der Liebeserfüllung gestaltete, die nicht durch gesellschaftliche Zwänge beengt sind, und indem er ein sich scharf von der Leblosigkeit der hohen höfischen Dame abhebendes Frauenbild schuf (dezidiert anders jetzt Heinzle 1997, S. 146, der die Forschung von einem neuen »Trugbild« bedroht sieht), einen ethischen Anspruch auch der Hofgesellschaft gegenüber erhoben (vgl. Ranawake 1983, S. 152). Mit den ›Mädchenliedern‹, den Liedern der *herzeliebe* und der Gegenseitigkeit hat er so etwas wie eine »Oppositionsgattung« geschaffen (Warning 1992, S. 721; dagegen Heinzle 1997, S. 150: die ›Hohe Minne‹ werde in 74,20ff. »auch nicht ansatzweise zum Problem«). Doch ist es zweifelhaft, ob man sie als eigene Typen oder Genres bezeichnen kann, denn schon die vier oder drei ›Mädchenlieder‹ sind nur schwer als einheitliche Gruppe zu fassen (vgl. Masser 1989, S. 4), und beim Gang durch die Forschungsgeschichte zeigt sich, »daß der historische Ballast, der dieser Terminologie anhaftet, größer ist als der tatsächliche Nutzen im philologischen Gebrauch« (Bennewitz 1989, S. 251).

3.6 Die Reinmar-Fehde

Einige der wesentlichen Akzentpunkte von Walthers Minnekonzept, die Idee der partnerschaftlichen Liebe, die »Gleichrangigkeit und Gleichwertigkeit« von Mann und Frau, die Forderung des *scheidens*, die der konventionellen ›Hohen Minne‹ entgegengesetzte *herzeliebe*, das in den ›Mädchenliedern‹ gestaltete neue Frauenideal – all das soll sich der älteren Forschung gemäß (für die noch Maurer 1972, S. 24ff., stehen kann; das Zitat S. 25) in der Auseinandersetzung mit dem zeitlebens in den alten Idealen verharrenden Reinmar dem Alten herausgebildet haben, der sogenannten Fehde. Man hat sorgsam ihre drei Phasen rekonstruiert: eine erste vor 1198, dem Jahr von Walthers Scheiden aus Wien, eine zweite um 1203 und eine dritte zwischen 1205 und 1210 (vgl. die Informationen bei Schweikle 1986b, S. 235f.). Und man hat ihren Ort in Wien gefunden, an dem Hof, um den sich Walther nach seinem Abschied immer wieder bemüht hat und an dem Reinmar eine Stellung als Hofsänger innegehabt haben soll (zu diesem Klischee der Forschung vgl. Schweikle 1969).

Müßig ist in unserem Zusammenhang eine Diskussion darüber, ob Reinmar Hofsänger in Wien war und ob sich die Auseinandersetzung mit Walther dort und nur dort abgespielt hat. Entscheidend sind die Fragen, ob es überhaupt eine Fehde gab und was darunter zu verstehen wäre und ob wirklich die erkleckliche Zahl von Liedern beider Dichter, wie sie die Forschung in Jahrzehnten aufgespürt hat, in ihr eine Rolle spielen. Die letzte Frage kann aus verständlichen Gründen hier nicht beantwortet werden, sondern müßte einer umfangreichen Spezialuntersuchung vorbehalten bleiben (die Texte sind versammelt bei v. Kraus 1919, III; bei Maurer 1956 ist nur der seinerzeit als sicher geltende Kern von Reinmar-Gedichten im Walther-Kontext abgedruckt; einschlägige Fehdelieder zusammen mit Texten von Wolfram und Morungen bei Schweikle 1986a, S. 62-76; unverzichtbar ist das in Halbachs akribischen Aufstellungen versammelte, für künftige Forschung bereitstehende Material zu den Fehdeliedern und ihrer Einordnung in der ergänzten Fassung ^{4}1983, S. 65 u. 70-76).

Seit gut einem Vierteljahrhundert sind Skeptiker auf den Plan getreten, in erster Linie Wachinger, Ranawake und Schweikle. Wachinger bespricht, da sein Untersuchungsgegenstand ein anderer ist, nur einige zentrale Lieder; bei zwei Reinmar-Gedichten kleidet er seine Zweifel, ob sie zur Fehde gehören, in ein vorsichtiges »vielleicht« und betont, »daß nicht jede polemische Äußerung auf einen konkreten Rivalen bezogen werden muß«; außerdem seien die von der Fehde-Forschung gern bemühten Wort-, Reim- und Motivanklänge »oft so ungenau oder so allgemein, daß sie nichts beweisen« (1973, S. 98). Manche Lieder seien eher als »Gattungspolemik, Gattungsparodie« zu werten, als daß sie persönliche Angriffe enthielten (ebd., S. 101), hinsichtlich anderer könne man zwar von »gelegentlichen Anzüglichkeiten und Pointen« sprechen, ohne daß damit das ganze Gedicht gezielt polemisch sei (ebd., S. 105). Für eine literarische Polemik zwischen Reinmar und Walther gebe es nur einen ganz sicheren Nachweis: Walthers Lied 111,22ff.; persönliche Spannungen verrate Walthers Nachruf auf Reinmar 82,24ff. (ebd., S. 103). – Anders als vom Titel ihres Aufsatzes her zu vermuten – »Gab es eine Reinmar-Fehde?« –, bespricht Ranawake keineswegs eine größere Zahl der in der Debatte um die Fehde erwähnten Texte, sondern beschränkt sich auf die für eine Analyse des Waltherschen Minnekonzepts ergiebigen »zentralen Lieder«; aufgrund dieser Gedichte kann sie die selbstgestellte Frage dann dahingehend beantworten, daß sich »keine Reinmar-Fehde belegen läßt« (1982, S. 13). Viele Motive seien Gemeingut des Minnesangs, und vieles bei Walther entspreche dessen Konventionen, speziell auch den Vorstellungen Reinmars; wie Wachinger sieht auch Ranawake eine persönliche Rivalität in 111,22ff. und im Nachruf gespiegelt (vgl. ebd., S. 31). – Von »germanistischer Legendenbildung« betroffen – wie es im Untertitel von Schweikles Beitrag (1986b) heißt – ist seiner Meinung nach eigentlich nicht die Fehde selbst, vielmehr sind es die oben erwähnten Prämissen, mit denen die ältere Forschung diesen literarischen Disput belastet hat. Was in Schweikles Einschätzung die Fehde war, wird in den folgenden Abschnitten deutlich werden. – Tervoorens Fazit, die Fehde habe seit Wachinger, Ranawake und Schweikle »viel von ihrem Gewicht verloren« (1989, S. 102), ist nach alldem insofern nicht ganz zutreffend, als die Reserven der Genannten weniger die Fehde selbst tangieren als ihre Prämissen und ihr Verständnis.

Die nachstehenden Überlegungen sollen dazu beitragen, zwischen den Fehde-Skeptikern und den Befürwortern eine Brücke zu schlagen. Man könnte sich darauf verständigen, ein Lied auch dann Fehdelied nennen zu dürfen, wenn es nur punktuell auf den Gegner anspielt. Fast alle der einschlägigen Texte nämlich – außer vielleicht dem noch zu besprechenden Lied 111,22ff. – müssen »auch allein lebensfähig gewesen sein [...], schon um ihre separate Tradierung innerhalb der jeweiligen Lieder-Corpora zu gewährleisten« (Krohn 1989, S. 227). – Zum zweiten sollte man den Fehdebegriff erweitern und nicht nur »bipolare Auseinandersetzungen« unterstellen, sondern »das komplizierte Netzwerk von durcheinandergehenden Beziehungen zwischen den verschiedensten zeitgenössischen Autoren« wahrnehmen (Schiendorfer 1983, S. 331f.), »die mannigfachen Fäden, die zwischen Liedern Reinmars, Walthers, Wolframs (und auch Morungens) hin- und hergehen«, aufzeigen (Scholz 1966, S. 168; vgl. auch Schweikle 1986b, S. 248 u. 252; Reichert 1992, S. 61: »überregional diskutierte verschiedene Auffassungen von Minne«). Es wäre angebracht, sich den Minnesang wieder als etwas vorzustellen, das »in lebensvollem Austausch unter den Dichtern und mit einem wechselnden Publikum einem steten Wandel unterworfen sein konnte« (Schweikle 1968, S. 153). Wäre er das nicht, müßte man ihn langweilig finden. – Drittens sollte man den Fehdebegriff von der Schwere und dem Ernst, die ihm von manchen Philologen beigelegt werden, entlasten. Wenn man sich dazu bereitfinden könnte, die sängerischen Auseinandersetzungen als Wettstreit im *delectare* zu nehmen, sie als Spiel zu verstehen, als Ansporn an die Kollegen, es besser zu machen, und als Wettbewerb »um Preis und Ansehen bei der Gesellschaft«, und wenn man sich darauf verständigte, auch die Fehde in diesem Sinn zu verstehen, wäre viel gewonnen: »Das Wort ›Sängerkrieg‹ sollte man nicht an seiner letzten Silbe messen« (Scholz 1966, S. 169; vgl. auch Schweikle 1968, S. 152; 1986b, S. 246 u. 250; Ranawake 1982, S. 18; anders Birkhan 1971, S. 202f. Anm. 70). Kann dieses Einverständnis hergestellt werden, wird man sich auch auf Wachingers These einigen können, was als Fehde gilt, »als einen beständigen Wettstreit im Minnelob« zu interpretieren (1973, S. 105), als Bemühungen in der Technik des »Überbietens«, wie sie Wolf (1989) als ein Grundmuster des Minnesangs herausgestellt hat (vgl. auch Schweikle 1986b, S. 245; als einen Paradigmenwechsel im Bereich poetischer Sprache versteht Goldin 1984 die Auseinandersetzung Walthers mit Reinmar). Die Fehde wäre dann eben nicht nur als punktuelles gegenseitiges Austeilen von Spitzen zu bewerten, sondern als »eine a n d a u e r n d e Konkurrenz zwischen den beiden damals bedeutendsten Minnelyrikern« (Schweikle 1986b, S. 244). – Daß solcherart literarische Auseinandersetzungen ein internationales Phänomen sind, zeigt ein Blick auf Verfahrensweisen provenzalischer und altfranzösischer Autoren, die ebenso mit Zitaten von einzelnen Zeilen, charakteristischen Wendungen, Reimwörtern und der Übernahme von Strophenformen – jeweils auch mit möglichen leichten Veränderungen – operiert haben, wie dies Walther in dem gleich zu besprechenden Lied 111,22ff. getan hat (vgl. Röll 1983, S. 75). Und die spezifische Gedichtform des Partimen, des provenzalischen Dichterstreits, ist in manchem durchaus der Fehde vergleichbar (vgl. Kasten 1980, S. 54). Als Reflex der zwischen Walther, Reinmar und anderen Autoren ausgetragenen literarischen Polemik läßt sich auf der anderen Seite das ›Fürstenlob‹ in der Dichtung vom *Wartburgkrieg* auffassen (vgl. Scholz 1966, S. 175-178; der Text unter der Überschrift »Die fiktionalisierte Fehde« bei Schweikle 1986a, S. 105-117). – Neben eindeutig e i n e m Verfasser gehörenden Texten wären im Fehdezusammenhang auch solche Lieder zu untersuchen, die in der Überlieferung zwei oder mehreren Autoren zugewiesen werden, z.B. 72,31ff. oder MF 145,33ff. (vgl. Schweikle 1986b, S. 251). – Das gegen die Einbeziehung eines Liedes in die Fehde häufig ins Spiel gebrachte Argument des konventionellen und begrenzten Sprachschatzes der Minnelyrik, mithin das Argument des Zufalls, war übrigens schon dem Fehdeanhänger Halbach geläufig: »Je flüchtiger, versteckter die Anspielungen zum Rand der Fehde hin werden, desto unsicherer werden die Konturen zum zufällig Anklingenden« ([3]1973, S. 56).

Um deutlich werden zu lassen, mit welchen Mitteln in der Fehde gearbeitet wird, sollen einige zentrale Texte vorgestellt werden. Es kann nicht darum gehen, einzelne Phasen des Disputs zu rekonstruieren, und ebensowenig soll der Frage nachgegangen werden, welcher der beiden Autoren die Auseinandersetzung begonnen hat.

111,22ff.

Daß wir es mit einem Lied zu tun haben, das in irgendeiner Verbindung zu Reinmar steht, können wir bereits der Überlieferung entnehmen. C, die einzige Handschrift, in der das Lied steht, läßt ihm eine Vorbemerkung vorausgehen: *In dem done. Ich wirbe vmb alles dc ein man* (Nasalstriche aufgelöst). Dieser Ton ist Reinmars Lied MF 159,1ff. mit der zitierten Zeile als Anfangsvers. Tongleichheit zwischen zwei Autoren war zur damaligen Zeit etwas Außergewöhnliches, man mußte also hellhörig werden, selbst wenn kleinere formale (und melodische?) Differenzen zwischen beiden Liedern bestanden und diese nicht erst auf eine schlechte Überlieferung zurückzuführen sind (vgl. dazu Schweikle 1986b, S. 246-251; 1998, S. 606f.; sowie die Vorbemerkung zum Lied bei Cormeau 1996). Walther übernimmt jedoch nicht nur den Ton Reinmars, sondern greift auch auf charakteristische Vorstellungen und Wendungen und auf bestimmte Reime des Liedes zurück. In der ersten Strophe beteuert Reinmars Sänger, *ein wîp*, um das er wirbt, nicht in der gleichen Weise loben zu können, wie *man ander vrouwen tuot*, denn die Unvergleichliche *ist an der stat,/dâs ûz wîplîchen tugenden nie vuoz getrat*, und das deklariert er als Mattansage an alle anderen (Frauen? Konkurrenten im Frauenlob?): *daz ist in mat!* (zu den verschiedenen Lesarten dieses Verses und ihrer möglichen Deutung vgl. Schweikle 1986b, S. 248 mit Anm. 35). Walther kontert in seiner ersten Strophe durch zitierende Aufnahme von *ein man* und *ein wîp* und setzt dem überhöhten Lob bei Reinmar ein *bezzer wære mîner frowen senfter gruoz* entgegen: *dâ ist mates buoz*, denn dem *spil*, das sein Gegner inszeniert habe, könne niemand Folge leisten (Strophe I). In einem anderen Lied (MF 170,1ff., Strophe III) preist Reinmars Ich ähnlich hyperbolisch seine *vrouwe*: *Si ist mîn ôsterlîcher tac*. Auch das ist dem Sprecher bei Walther zuviel, der dem Gegner »mit entnervender Kakophonie« (Röll 1983, S. 76) unterstellt: *er giht, wenne sîn ouge ein wîp ersiht,/si sî sîn ôsterlîcher tac* (I,3f.). Wieder aus dem Lied MF 159,1ff. bezieht Walther ein weiteres Motiv. Reinmars Sänger spielt mit dem neckischen Gedanken, vom Mund der Angebeteten einen Kuß zu stehlen; sollte sie dies aber zu sehr bekümmern und sollte sie ihn darum hassen, werde er den Kuß einfach wieder zurückgeben (Strophe III). Dies, so das Ich in Walthers zweiter Strophe, *ein wîp*, sei freilich ein starkes Stück: Wer bei ihr einen Kuß *gewinnen wil,/der werbe ez mit vuoge und ander spil*; bekommt er das *küssen*, gelte er in ihren Augen für immer als Dieb, solle es behalten *und lege ez anderswâ*. Abwandelnde Übernahme der Form eines Liedes, von Motiven und spezifischen Wendungen, das sind die wesentlichen Momente von Walthers Kunst der Parodierung zweier Reinmar-Lieder; das »Motiv des Wettstreits im dichterischen Lob« (Wachinger 1973, S. 104) mag dabei eine nicht geringe Rolle spielen. Nur um das Aufzeigen dieser Tendenzen konnte es hier gehen, nicht um eine Interpretation des Textes (dazu vgl. Wapnewski 1966; Birkhan 1971; Jackson 1981, S. 165-181, mit Ausblicken auf andere Lieder; Goldin 1984, S. 74ff., zu Strophe I; Bein 1997, S. 163-167; Schweikle 1998, S. 606-611). Die Verhältnisse sind allerdings noch etwas komplizierter, als es bis hierher den Anschein hat. Denn sowohl der *ôsterlîche tac* als auch das Motiv des Kußdiebstahls (das in der provenzalischen Lyrik sein Vorbild hat; vgl. Kasten 1980, S. 42 Anm. 102; Touber 1995, S. 151f.) begegnet auch bei Heinrich von Morungen (MF 140,11ff., Strophe I; MF 141,37ff., Strophe I), beidesmal in anscheinend unverfänglichem, polemikfreiem Kontext.

Der Kußraub findet sich ein weiteres Mal bei Walther im Frauenschönheitspreis 53,25ff. (Strophe IV), wo der Sänger das *küssen* (Wortspiel ›Kissen‹/›Kuß‹) nur leihen und – sooft die Dame es möchte – wieder zurückbringen will. In der ersten Strophe wendet sich der Sprecher, der sich das *wunderwol gemachet wîp* auserwählt hat, an einen anderen, Reinmars Sänger – »hier können wir, wollen wir Skeptizismus nicht in Ignoranz umschlagen lassen, ganz sicher sein« (Ehrismann 1993, S. 12; eine Mahnung, die sich Fehde-Skeptiker auch sonst bisweilen zu Herzen nehmen sollten): *ein ander weiz die sînen wol,/die lobe er âne mînen zorn;/hab ime wîs und wort/*

mit mir gemeine: lobe ich hie, sô lobe er dort. Der Einwand, die Formulierung *wîs und wort* [...] *gemeine* könne nur das vorliegende Lied meinen, müsse sich demnach nicht auf Reinmar beziehen (Sievert 1990, S. 88), ist unbegründet. Das Faktum war ja schon einmal aufgetreten – zwischen Reinmars Lied MF 159,1ff. und Walther 111,22ff. –, der Sänger spielt also mit der Möglichkeit, Reinmar könnte seinerseits ein Lied Walthers abwandelnd kopieren (zu 53,25ff. im Reinmar-Zusammenhang vgl. Birkhan 1971, S. 209f.; Schiendorfer 1983, S. 167-175, unter besonderer Berücksichtigung Wolframs; kritisch dazu Hübner 1996, S. 477f. Anm. 60; vgl. ferner Goldin 1984, S. 78-87; Wolf 1989, S. 18ff., unter dem Stichwort »Überbietung«; skeptisch gegenüber Reinmar-Bezügen Sievert 1990, S. 83-89).

Läßt sich für die zwei Parallelstellen bei Morungen vermuten, daß sie außerhalb der Fehde-Beziehungen stehen, so ist dies zweifellos nicht der Fall bei der sogenannten Selbstverteidigung aus Wolframs *Parzival.* Die hier einschlägigen Verse lauten: *sîn lop hinket ame spat,/swer allen frouwen sprichet mat/durch sîn eines frouwen* (115,5ff.). Die Frage ist nur, ob die Stelle, wie meist angenommen wird, gegen Reinmar geht oder ob sie der Ansatzpunkt ist für Wolframs »generelle Abfertigung des Minnesangs« (Schiendorfer 1983, S. 249). Jedenfalls zeigt sie, daß der Begriff der Fehde im erwähnten Sinne auszuweiten ist und nicht immer nur eng auf Reinmar und Walther bezogen werden darf.

Am Ende von Walthers Frauenlied 113,31ff. werden die am Schluß der ersten Strophe von Reinmars Lied MF 159,1ff. stehenden Reime *stat:getrat:mat* in derselben Reihenfolge aufgenommen (*stat* steht im Innern des Verses), und *spil* verdeutlicht vollends den Bezug. War es in 111,22ff. *mîner frowen senfter gruoz,* der das von Reinmars Sänger erklärte Matt aufhebt, so ist es hier der Geliebte, für Reinmar also ›Walther‹, der alle anderen Männer mattsetzt (zu 113,31ff. im Fehde-Kontext vgl. Birkhan 1971, S. 207f.; Hahn 1996, S. 84f.). Pikanterweise handelt es sich um ein Gedicht, das in der Strophenform mit einem Lied Reinmars (MF 182,34ff.) übereinstimmt (vgl. Schweikle 1998, S. 652), also vermutlich auch die *wîse* mit ihm *gemeine* hat.

Eine Antwort auf Walthers Parodie 111,22ff. hat Reinmar mit seinem Lied MF 196,35ff. gegeben, das fast ganz auf Abwehr und Verteidigung ausgerichtet ist (zu ihm und zu MF 165,10ff. vgl. Wapnewski 1965; ob es überhaupt zur Fehde gehört, bezweifeln Wachinger 1973, S. 98, und Jackson 1981, S. 188-191). Strophe II fragt: *Waz unmâze ist daz, ob ich hân gesworn,/daz sî mir lieber sî denne elle wîp?*, und nimmt mit *des setze ich ir ze pfande mînen lîp*

(Spiel-Terminologie) und *sie gesach mîn ouge nie* charakteristische Wendungen Walthers auf. *Ungevüeger schimpf* ist das Ziel der Replik in Strophe IV, die sich gegen den Vorwurf der *lüge* wehrt und dem Gegner den ihm zukommenden Platz zuweist: *Möhte etlîcher tuon als ich/und hete wert sîn liep und lieze loben mîne vrouwen mich.* Auch in der letzten Strophe verwahrt sich Reinmars Ich gegen den *bœsen haz* der anderen, unter denen neben Walther natürlich auch sonstige Gegner Reinmars mitgedacht werden können (zu den Fehde-Zusammenhängen von Reinmars Lied vgl. Birkhan 1971, S. 203 u. 206f.; Hahn 1996, S. 84).

56,14ff.

In eine spätere Phase der Fehde gehört nach gängiger Meinung Walthers Preislied. Anders als bei der Parodie 111,22ff. ist sein Verständnis nicht von dem der attackierten Vorlage abhängig. Wer die Spitzen gegen Reinmar nicht wahrhaben will, dringt zwar nicht zum vollen Bedeutungspotential des Liedes durch, verfehlt aber nur Nuancen. Denn in seinem Preislied scheint Walther nur punktuell auf Reinmar einzugehen. Der hatte seinerseits ein Preislied verfaßt, MF 165,10ff., das prägnant einsetzt: *Swaz ich nu niuwer mære sage,/des endarf mich nieman vrâgen.* In der zweiten Strophe wehrt sich der Sprecher gegen den Vorwurf der *hôchgemuoten*, er liebe *ein wîp* nicht so sehr, wie er vorgebe, in der fünften begegnet er dem, der ihm vorhalte, daß er *ze spotte künne klagen*, mit der Aufforderung *der lâze im beide mîn rede singen unde sagen* (seine Zweifel, ob das Lied zur Fehde gehöre, gründet Wachinger 1973, S. 97f., nur auf diese beiden Stellen, den Bezug zu Walthers Preislied beachtet er nicht). Die dritte Strophe enthält den berühmten *wîp*-Preis, den Walther später in seinem Nachruf zitieren wird, die vierte das Dilemma des Preises der Frau (vgl. Kasten 1980), *ob ich ir hôhen wirdekeit/mit mînen willen wolte lâzen minre sîn,/ Oder ob ich daz welle, daz si grœzer sî/und sî vil sælic wîp bestê mîn und aller manne vrî* (vgl. wieder Birkhan 1971, S. 204f.).

Vier »Bedingtheiten« (Wapnewski 1962, S. 223f.; wiederholt 1992, S. 305-314) sind es, die zum vollen Verständnis von Walthers Preislied beachtet werden müssen: sein Charakter als Bittgedicht; die Tatsache, daß es auch Minnelied ist; der Reinmar-Bezug; der Preis der *tiuschen* Werte als Abwehr provenzalischer Angriffe.

Der Anfang von Walthers Lied nimmt in aller Deutlichkeit zu den ersten Versen bei Reinmar Stellung: *Ir sult sprechen willekomen:/ der iu mære bringet, daz bin ich./allez, daz ir habt vernomen,/dêst gar ein wint, nû vrâget mich* (bei Cormeau 1996 Fehlschreibung *dest gâr*).

Ob außer diesem in »prahlerischem Spielmannsgestus« zum Zweck der »Überbietung« gesprochenen Beginn (Kasten 1995, S. 60) noch andere Verse des Liedes gegen Reinmar gerichtet sind (vgl. v. Kraus 1919, III, S. 11f.), ist offen.

Gleich, ob man Walthers Ich hier in der Rolle des Boten (vgl. z.B. Schweikle 1998, S. 601) auftreten sieht oder als Sangspruchdichter (vgl. Hahn 1986b, S. 199), auf jeden Fall wird deutlich, daß Walther sich in diesem Lied in seiner doppelten Existenzform als Spruchdichter und als Minnesänger präsentiert, um – wie allgemein angenommen wird – eine dauerhafte Position als Minnesänger zu erlangen (vgl. z.B. ebd., S. 198-202). In Strophe II kündigt das Ich ein Lob der *tiuschen vrowen* an, als Lohn aber genügt ihm, anders als in Strophe I, ein *grüezen*, denn: *si sint mir ze hêr* (ob das Gedicht ein Scheltlied auf die *frouwen* ist, wie Rupp 1981 will, ist fraglich; zum einen ist das *ze hêr* hier Bescheidenheitsgestus, nicht Angriff, zum andern greift Walther an dieser Stelle wohl nicht Reinmars *wîp*-Preis an, der ja nicht, wie Rupp, S. 33, unterstellt, ein Idealbild der *frouwe* aufgebaut hat).

Tiusche man und *wîp*, überhaupt *tiuschiu zuht* werden in den Strophen III-V gepriesen, und zwar dezidiert in Abwehr der anderen. Man hat hierin eine Verteidigung gegen Angriffe von seiten provenzalischer Autoren gesehen, insbesondere von seiten Peire Vidals (zuerst Nickel 1907, S. 21ff.; die zentralen Stellen mit Übersetzung bei Kircher 1973, S. 144 Anm. 198 u. 200; insgesamt vgl. auch Berthelot 1995). Bezweifelt und als mögliches Forschungskonstrukt verdächtigt werden diese Bezüge neuerdings von Kasten, u.a. mit der Frage, »wer diesem literarischen Schlagabtausch folgen konnte« (1995, S. 67ff., das Zitat S. 68. Muß man aber stets voraussetzen, daß das Publikum alles nachzuvollziehen vermag? Die heutigen Interpreten können es doch auch nicht immer!) Die Versicherung, *daz hie diu wîp/bezzer sint danne ander frowen* (IV,7f.), könnte bereits die *wîp-frowe*-Diskussion aus Strophe IV des Liedes 48,12 (47,36)ff. voraussetzen (vgl. ebd., S. 66), die meist später datiert wird.

Wenn in Strophe V *tugent* und *reine minne* gepriesen werden, kann man das erste als Rekapitulation des Lobs der *man*, das zweite als Vorwegnahme des Themas der letzten Strophe verstehen, die dem Dienstverhältnis des Ichs zu einer einzelnen Frau gilt. Sie wird nur von C tradiert, gehört aber – etwa als Geleit, als »Widmungsstrophe für eine Minneherrin« (Wapnewski 1992, S. 307) – nach überwiegender Ansicht der Philologen zu dem mit divergierenden Strophenfolgen überlieferten Lied (Abdruck der Ordnungen bei Heinen 1989a, S. 194f.). Die Erwähnung der *reinen minne* in der vorletzten Strophe dürfte es verbieten, in der Frau, wie mehrfach geschehen, eine Allegorie auf die Gesellschaft, den Hof oder den Gönner zu sehen (vgl. auch Rupp 1981, S. 37; Hahn 1986b, S. 201f.).

In der Regel werden Datum und Ort des Vortrags von Walthers Preislied als kaum mehr hinterfragte Tatsache hingestellt: 1203 in Wien bei der Hochzeit Herzog Leopolds VI. Mußte aber nicht für die Braut, die byzantinische Prinzessin Theodora Komnena, »der absolutierende Preis deutscher Frauen ein Affront gewesen sein« (Schweikle 1998, S. 604; so auch schon Bertau 1973, S. 893; vgl. auch Hahn 1996, S. 87)? Das Datum ist also äußerst fraglich. In Betracht kommen könnte aber ein anderes: die Schwertleite Leopolds im Mai 1200 (vgl. Bertau, ebd.). Der Ort – Wien – scheint durch die Formulierung *her wider unz an der Unger lant* (IV,2) nahegelegt zu werden (*her* steht nur oder immerhin in zwei der vier die Strophe überliefernden Handschriften). Bisher konnte dies als allgemein akzeptiert gelten. Nun hat Kasten, ausgehend von der Vermutung, daß *tiusch* im Preislied »in einem spezifisch politischen Kontext gebraucht« werde (1995, S. 72), die Lokalisierung des Gedichts an den Wiener Hof als »keineswegs zwingend« bezeichnet. »Eher wäre an den Kaiserhof zu denken«, denn es habe den Anschein, »als ob es ein neuer Autoritätsanspruch als ›Sänger des Reichs‹ sei«, von dem Walther ausgehe; sie plädiert für den Hof Philipps von Schwaben und für eine Datierung um 1198 (ebd., S. 73). Damit trifft sich Kasten im Grundsätzlichen mit Schweikle, der »versuchsweise« den Stauferhof auch als einen der Orte ansetzt, an dem – um wieder zum eigentlichen Thema dieses Abschnitts zurückzukehren – die Reinmar-Walther-Fehde ausgetragen worden sein könnte (1978, S. 251-254).

Den Verdacht gegen »solch fortdauernde Biographismen in der Walther-Forschung« artikulierend, sieht J.-D. Müller gleichwohl das Motiv, »als Fremder irgendwo anzukommen«, als »Komponente der ›Walther-Rolle‹« und stellt zu Walthers Liedbeginn *Ir sult sprechen willekomen* die Frage: »Warum sollte Walther nicht wirklich irgendwo angekommen sein, als er diese Worte sang?« (1994, S. 12 u. 21).

Außer einem Bezug auf Reinmar hat man im Preislied auch einen auf Morungen erkennen wollen, auf sein Lied MF 122,1ff. (Smits 1980). Diese Deutung hat jedoch wenig Resonanz gefunden (vgl. Rupp 1981, Anm. 9, der methodische Bedenken anführt; Nolte 1991, S. 220 Anm. 25: nicht das ganze Lied, nur Strophe V mit dem sich auf Österreich beziehenden *unser lant* könne gegen Morungen gerichtet sein).

72,31ff.

Fast unbeachtet ist in der Forschung geblieben, daß Walthers *sumerlatten*-Lied formal Reinmar MF 185,27ff. (186,1ff. in der Fassung

Nr. XXXVIa) entspricht. Die kleine Abweichung, auf die Ashcroft aufmerksam macht (1974/75, S. 188), muß die Vermutung, daß die *wîse* beiden Gedichten *gemeine* ist, nicht entkräften, denn der siebentaktige letzte Vers bei Reinmar läßt sich durch Schlußbeschwerung leicht zu einem Achttakter machen, wie er bei Walther vorliegt. Tongemeinschaft aber sollte für den Interpreten immer Anlaß sein zu fragen, ob hinter der formalen Identität nicht mehr zu entdecken ist. Und in der Tat lassen sich eine ganze Reihe von inhaltlichen Bezügen und Wortentsprechungen finden (vgl. auch v. Kraus 1919, I, S. 77ff., der Reinmars Lied aber einem Pseudo-Reinmar zuschreibt, der sich von Walther habe anregen lassen). Ein zentrales Motiv im Lied Reinmars ist die Furcht des Sängers, in seinem lange währenden und ungelohnten Dienst immer älter zu werden, ja gar zu sterben (*sô bin ich alt* I,6; *wan ich entouc vor alter niht* II,4; *sô enlebe ich niht* V,2; vgl. auch Ashcroft 1974/75, S. 189). Selbst wenn die Frau ihre ablehnende Haltung aufgäbe, wäre ihm *wîp unmær und anderz spil* (Zitat von 111,22ff., Strophe II), und er müßte sich fragen: *Owê, waz wil si danne mîn*? (Strophe II). Überlanges Zögern der Frau aber würde auf sie zurückschlagen: *ouch geschiht ein wunder lîhte an ir,/daz man sî danne ungerne siht* (V,3f.).

Anders als Reinmars Sänger, der weiß, daß seine Erwägung, ob er seine *klage nu lâze sîn* (I,3), irreal ist, delegiert Walthers Ich, entschlossen, weiter zu singen, die Klage an *guote liute*: *sô suln si mînen kumber clagen* (Strophe I). Ein *wunder* ist an ihm, nicht an der Frau, wie es Reinmars Ich erahnt, geschehen: *mich enwil ein wîp niht an gesehen*; doch dies wird ebenfalls Folgen für sie haben: *jôn weiz si niht, swenne ich mîn singen lâze, daz ir lop zergât*? (Strophe II). Statt Lob von der Gesellschaft zu ernten, wird sie verflucht und gescholten werden (Strophe III). Die vage Hoffnung von Reinmars Sänger, die Frau könnte sich eines Besseren besinnen und sein *trûren* beenden (*lieze eht sis ein ende sîn*, II,6; *gewinne ich iemer des ein ende*, IV,6), kontert Walthers Ich, *dest ein ende*, mit der strikten Alternative: *Nimet si mich von dirre nôt, / ir leben hât mînes lebennes êre*: *sterbet si mich, sô ist si tôt* (Strophe IV). Der Anklang an das Todesmotiv in Reinmars Lied MF 186,1ff. ist meist übersehen worden, ein anderer, die Umkehrung von Reinmars Formulierung im Lied MF 158,1ff., *stirbet sî, sô bin ich tôt* (III,8), dagegen allgemein anerkannt (in größerem Rahmen handelt davon das Kapitel »Die Konfiguration des Liebestodes« bei Eikelmann 1988, S. 189ff.). Was bei Reinmar als »Abhängigkeit der Kunst von der Praxis« formuliert war, wird bei Walther zur »Abhängigkeit des Frauendienstes vom realitätsschaffenden Lied« (J.-D. Müller 1994, Anm. 29; die Stellen zeigen für Wolf 1989, S. 18, daß im Verhältnis Reinmar-Walther das

Überbieten »evident« ist; einige Forschungsmeinungen zur Bedeutung dieses Bezugs erörtert Hübner 1996, S. 474 Anm. 49). Das Motiv des Altwerdens wird in der letzten Strophe zum Thema, und zwar auf beide Minnepartner bezogen, durchaus parallel zur Argumentation bei Reinmar (vgl. *daz man sî danne ungerne siht*): Wenn die Alte ihr Auge dann auf einen *jungen* wirft, soll sich dieser nach dem Wunsch des Sängers angemessen verhalten: *sô rechet mich und gânt ir alten hût mit sumerlatten an* (kontrovers diskutiert wird die Frage, ob dies der lange gängigen Ansicht nach ein Verprügeln meint, ein kosmetisches Glätten der Falten – so Kiepe-Willms 1990 – oder eine »Verjüngungskur« mit »sexuellen Implikationen« – dies erwägt neben anderen Sinndimensionen Mertens 1989, S. 202 u. 205ff. – oder aber ganz eindeutig zu verstehen ist: der junge Mann soll die Alte so »befriedigen, daß ihr klar wird, daß sie zu lange gewartet hat« – so Hübner 1996, S. 475 Anm. 52). Man hat längst bemerkt, daß das Motiv der Rache durch einen Jüngeren auch bei Morungen begegnet: Im Lied MF 124,32ff. hofft der Sänger, daß – *ob ich bin tôt* – sein Sohn ihn *rechel und ir herze gar zerbreche* (Strophe III). Dieser Bezug wäre für Wachinger, falls man Walthers Schlußpointe parodistisch verstehen wolle, »sehr viel überzeugender« als der auf die Reinmar-Stellen MF 171,32ff., wo der Sänger in Strophe IV über sein Altwerden im Dienst der Frau reflektiert, und MF 166,16ff., wo er die ungebührliche Frage über das Alter seiner *vrowe* abweist (Strophe V); neben einer weiteren Stelle (Reinmar MF 177,10ff., Strophe III u. IV, wo die Frau die Gefahr sieht, von der Gesellschaft verflucht zu werden, wenn sie den Sänger nicht bittet, von seinem Schwur, nie mehr zu singen, Abstand zu nehmen) wertet Wachinger sie als Anregungen für Walther, die dieser aber nicht polemisch aufgegriffen habe (1973, S. 100f.).

Material geliefert haben Walther demnach mindestens fünf Reinmar-Lieder (das Alter wird auch in MF 156,27ff., Strophe II, angesprochen; vgl. Ashcroft 1974/75, S. 195, dessen ganzer Aufsatz dem Thema Alter – Jugend bei Reinmar und Walther gilt; die Beziehung zu Reinmars Preislied MF 165,10ff. scheint Hübner 1996, S. 220 u. 472f. Anm. 43, noch deutlicher als die *sterben-tôt*-Anspielung). Hinzu kommt ein Gedicht Morungens. Ist das *sumerlatten*-Lied deshalb eine Parodie? Wenn Schweikles Vermutung zutrifft, die drei in b überlieferten Strophen von 72,31ff. stammten von Reinmar und Walther habe dessen Lied »ironisierend umstilisiert und erweitert« zu einem fünfstrophigen Gegensang (1968, das Zitat S. 148), werden die Verhältnisse noch komplizierter. Als Fallbeispiel dafür, was in der vorliegenden Darstellung unter Fehde verstanden wird, eignet sich Walthers Lied jedenfalls hervorragend. Man kann mit Wachinger (1973, S. 100) bezweifeln, ob Walther, wie v. Kraus wollte (1919, III, S. 15), »hier als Reimar« spricht, man kann es mit Ranawake (1982, S. 18) für fragwürdig halten, ob das ganze Lied als Angriff auf Reinmar zu werten sei. Daß Walther aus dem Fundus des Minnesangs schöpft, ist evident (Ranawake, ebd., S. 17, verweist auch auf das Motiv der Rute bei Friedrich von Hausen und Bernart von Ventadorn). Mehr noch aber fällt ins Auge, daß er Reinmarsche Wendungen und Motive bevorzugt. Nicht alle muß er in polemischer Absicht aufgenommen haben. Aber indem er sie verwendet und einige davon abwandelt oder umkehrt, betritt er die Ebene des Spiels mit der literarischen Konkurrenz, in erster Linie mit Reinmar, aber auch mit Morungen. In diesem Sinn ist das *sumerlatten*-Lied ein Text der Fehde.

Walthers Nachruf (82,24ff. und 83,1ff.)

Diese erste deutsche Totenklage um einen Dichterkollegen sticht schon durch ihre Zweistrophigkeit aus dem Corpus vergleichbarer Texte heraus. Sie scheint auf eine »starke Verbundenheit« zwischen beiden Autoren hinzudeuten (Schweikle 1994, S. 482), wie immer man dies auch interpretieren mag. Beide Strophen sind allerdings nur in a, dem anonymen Nachtrag zur Kleinen Heidelberger Liederhandschrift, überliefert, C bietet nur die zweite. Dieser Umstand führt Bein zu der Frage, »ob es vielleicht zwei unabhängige Totenklagestrophen gegeben hat«. »Zwei Reinmar-Bilder des 14. Jahrhunderts?« (1997, S. 163). Der Sachverhalt wird noch interessanter und komplizierter dadurch, daß in a Platz für eine weitere Strophe gelassen ist, was zur Vermutung Anlaß geben könnte, daß der Schreiber mit einem dreistrophigen Totenpreis rechnete (vgl. U. Müller 1996, S. 161).

Ihre Form und der Ort ihrer Überlieferung in C weisen die Strophen dem 2. Atze-Ton (Leopoldston) zu. Ob die Nachbarschaft zum Spruch 84,1ff., in dem Leopold und der Wiener Hof genannt werden, ausreicht, um Reinmars sängerische Tätigkeit dort zu lokalisieren und Walthers Nachruf in Wien entstanden sein zu lassen, bleibt ein Problem (s.o. S. 72; vgl. auch Schweikle 1986b, S. 239f.).

In der ersten Strophe hat Walther »den typischen Ton der Grabrede gefunden« (Bertau 1973, S. 848), er hat sozusagen einen »offiziellen Nachruf« gedichtet (Ranawake 1982, S. 31). Der Preis von Reinmars *guoter kunst* (I,6) hebt speziell auf sein Frauenlob ab (mit dem Zitat eines Verses aus seinem Preislied, I,12), für das ihm alle Frauen ewig danken müssen. Eine ganze Reihe von Walthers Formulierungen sind durch Reinmarsche Wendungen angeregt (verzeichnet bei v. Kraus 1919, III, S. 18f.), und so tritt Walther – genau wie in den Fehdegedichten Sprachmaterial Reinmars aufnehmend – ein letztes Mal in einen Dialog mit seinem Konkurrenten ein (den »poetologischen Charakter« der beiden Strophen betont Bein 1997, S. 162). Wenn *dû hetest alse gestriten* (I,12) auf den »Wettstreit mit Walther« (v. Kraus 1919, III, S. 18) bezogen werden kann, was auch Wachinger annimmt (1973, S. 105), dann hätte Walther diesen Umstand gewiß nicht so stark betont, bestünde die Fehde nur aus den drei Liedern MF 159,1ff., MF 170,1ff. und 111,22ff. Daß sie – entgegen der heute favorisierten These – weitere Kreise gezogen hat, läßt sich ex negativo dadurch stützen, daß der spätere Spruchdichter Rumelant einen ehrenden Nachruf auf den Marner verfaßt hat, der von ihm zu Lebzeiten scharf angegriffen worden ist, einen Nachruf, »in dem – im Gegensatz zu Walthers Nachruf auf Reinmar – die frühere Polemik mit keiner Silbe angedeutet ist« (ebd., S. 170). Damit relativiert Wachinger doch de facto seine Reserven gegenüber dem Ausmaß der Fehde.

Der »persönliche Nachruf« (Ranawake 1982, S. 31) der zweiten Strophe gibt den Interpreten erhebliche Probleme auf. Deutlich ist, daß Walther zwischen dem Menschen Reinmar und seiner Kunst unterscheidet. Die Unterstellung, Reinmar würde gegebenenfalls ihn, Walther, weit weniger betrauern, als er es mit Reinmar tut, und das Geständnis, er wollte den Menschen Reinmar *lützel klagen* (III,5), lassen ein getrübtes persönliches Verhältnis der beiden erahnen, doch alles einzelne bleibt uns verschlossen. Wenn man sich darauf verständigen kann, daß vom Ende des Aufgesangs an (II,6) nur mehr Reinmars *kunst* Thema ist, bleibt kaum noch Raum für extreme Wertungen, wie sie z.B. bei Bertau oder Reichert begegnen: Walther sei »perfide«, seine Haltung von »Gehässigkeit« diktiert und dazu geeignet, das »Werk infrage zu stellen, das Lob der absoluten Kunst zu relativieren« (Bertau 1973, S. 848). Oder Walthers letztes Wort sei von »persönlicher Rache« bestimmt, vom »den Tod des Gegners überdauernden Haß«, und das gebe »dem Wunsch nach Seelenheil etwas Scheinheiliges« (Reichert 1992, S. 63f., mit der absurden Fortsetzung: »wenn vom Leib nur die Zunge bedankt wird«). Eine gemäßigtere Wertung dürfte eher angebracht sein: »wohl kein ›Brutuslob‹, sondern ehrliche Unterscheidung zwischen dem Menschen Reinmar und seiner Kunst« (Schaefer 1972, S. 497). Zentral für die Beurteilung der Strophe sind die Verse *Dû kundest al der werlte fröide mêren,/sô dû ez ze guoten dingen woltes kêren* (II,7f.), eine Formulierung, deren zweite Hälfte man mit Recht »kryptisch« genannt hat (Bein 1997, S. 162, der einige mit Fragezeichen versehene Mutmaßungen anschließt). Die Bedeutungsvielfalt von *guot* steht einer allgemein akzeptierten Interpretation im Wege. Ist es ein ethischer oder ein ästhetischer Maßstab, den Walther hier ansetzt, und nimmt er noch einmal auf die Fehde Bezug? Daß er »auf Reimars gegen ihn gerichtete Ausfälle« abzielt, vermutet v. Kraus, der übersetzt: ›seinen Gesang dem Guten weihen‹ (1919, III, S. 19 Anm. 2). Schweikle erwägt eine Anspielung auf Reinmars typischen »Klagegestus« (1994, S. 484) und übersetzt: ›wenn Du Dein Tun schönen Dingen widmen wolltest‹. An die möglicherweise mangelnde Ethik der Absichten Reinmars läßt die Wiedergabe bei Bein denken – ›wenn du es nur zum Rechten ausgerichtet hattest‹ (1997, S. 161) –, vollends bei Bertau, der sie zur Grundlage seiner vorhin erwähnten extremen Bewertung der Strophe macht: ›Sofern Deine Intention auf Schickliches gerichtet war‹ (1973, S. 848). So ratlos einen diese verschiedenen Auslegungen zurücklassen, so unabweisbar sollte der Ernst und die Wahrhaftigkeit sein, mit denen Walther dem Verstorbenen Segenswunsch und Dank nachsendet: *dîn sêle müeze wol gevarn, und habe dîn zunge danc*! (II,13).

3.7 Andere sängerische Interaktionen

Neben der Reinmar-Fehde treten die literarischen Beziehungen, in denen Walther zu anderen seiner Zeitgenossen gestanden hat, schon quantitativ in den Hintergrund, auch sind sie z.T. nicht weniger umstritten als die Fehde. Daß an dieser zeitweilig mehr Autoren teilnahmen als nur Reinmar und Walther, ist deutlich geworden. Dies gilt in gleicher Weise für die meisten der im folgenden kurz darzustellenden Beziehungskonstellationen.

3.7.1 Walther und Morungen

Daß Walther trotz der gegen Reinmar geführten Polemik von ihm gelernt haben kann – auch wenn man von der früher überstrapazierten Schülerschaft heute nicht mehr spricht –, ist nicht in Abrede zu stellen. Ebenso lassen sich auch in Walthers Verhältnis zu Morungen sowohl Anregungen als auch parodistische Momente namhaft machen. Walthers Preis- und Freudenkanzonen sind ohne Morungens Vorbild kaum denkbar, doch auch allgemein in der dichterischen Technik dürfte er unter seinem Einfluß stehen (vgl. zusammenfassend Halbach ^{3}1973, S. 51ff.; Hübner 1996, S. 246 u. 249; vgl. auch Hoffmann 1996, S. 105ff.; Bein 1997 verliert übrigens kein Wort über Morungen).

Ein Beispiel für parodistisches Eingehen auf Morungen ist Walthers Lied 118,24ff., das charakteristische Motive und Wendungen des Vorbilds aufnimmt (z.B. I,5f.: *sô stîgent mir die sinne/ hôher danne der sunnen schîn. gnâde, ein küneginne!*) und dessen Schlußstrophe mit einer ›Selbstnennung‹ Walthers einsetzt: *Hœrâ Walther, wie ez mir stât,/ mîn trûtgeselle von der Vogelweide* (V,1f.). Meinte v. Kraus noch, »der Zweck dieser verhüllenden Zweiteilung der eigenen Person« sei es, »die kühne Bitte am Schluß vorbringen zu können« (1935, S. 433) – *daz ich mit ir müeste brechen bluomen an der liehten heide!* –, so hat Ashcroft (1975) das Lied als Morungen-Parodie erkannt. Von Anfang an trete Walther in Morungens Rolle auf und lasse sich am Ende durch ihn anreden (S. 211; vgl. auch Schiendorfer 1983, S. 125f.; zurückhaltend gegenüber den Morungen-Bezügen Schweikle 1998, S. 548). Ohne Morungen zu bemühen, kommt J.-D. Müller bei seiner Besprechung der Strophe 119,11ff. (1994, S. 15ff.) zu dem Schluß, daß durch sie »die Identifikation von biographischem Autor-Ich, anwesendem Sänger-Ich und vertexteter Ich-Rolle« gestört werde (S. 17). Als eine weitere Möglichkeit wäre schließlich noch denkbar, daß in der letzten Strophe ein anderes Rollen-Ich zu Wort kommt als im übrigen Lied (so jetzt Mertens 1995, S. 388 mit Anm. 26, der die Strophe als »fingierte Einrede« versteht). Im Vortrag zu realisieren wäre diese Konstellation am besten durch zwei verschiedene Sänger (für Mertens, S. 390, ist »der Autor selber Aufführender«). Noch komplizierter wird die Situation, wenn man den Anfang von Strophe III (*Disen wunneklîchen sanc/ hân ich gesungen mîner frouwen ze êren*) auf die beiden ersten Strophen zurückbezieht und diese sozusagen als Lied im Lied versteht, wodurch der Text eine zusätzliche zeitliche Dimension erhielte.

Daß es sich lohnt, bei Doppelzuschreibung eines Liedes danach zu forschen, ob nicht zwei Autoren daran beteiligt gewesen sein können, hat Schweikle am Beispiel von MF 145,33ff. (drei in C unter Morungen überlieferte Strophen) und MF 146,11ff. (vier Strophen, die E Walther zuschreibt) demonstriert (1971). Zu einem Gedicht, das »groteske Übersteigerung des minnesängerischen Werbungsschemas« zeigt (S. 314), indem es »das alte Schwankmotiv vom Großmaul, das immer bescheidener wird«, durchspielt (S. 308), macht Walther einen Gegensang, dominiert von der »Prätention des Sängers, er stehe mit der Dame auf vertrautem Fuße« (S. 313). Überraschenderweise hat Schweikle ein Motiv, das Walthers Parodie möglicherweise initiiert hat, überhaupt nicht genutzt. Der Aufforderung von Morungens Sänger: *Helfet singen alle,/ mîne vriunt* (II,1f.) kommt der Sprecher bei Walther sogleich nach: *Ich wil immer singen* (I,1), doch will er keineswegs jenem Sänger helfen und ist durchaus nicht sein *vriunt*, sondern derjenige der Dame, die er bittet: *sô tuo vriunden vriuntschaft schîn* (III,7; Schweikle, S. 312, hält den Bezug von *vriunden* für ambivalent; zu den beiden Liedern vgl. jetzt auch Schweikle 1998, S. 616ff.).

3.7.2 Walther und Rubin

Nach Kaisers Deutung hat sich Rubin in die Reinmar-Walther-Fehde eingemischt (1969, S. 60-70), und zwar zeigt er »bisweilen dezidierte Opposition zu Walther« (S. 63), »militante Anti-Haltung« (S. 66), indem er ihn »immer dann vergröbert und entstellt zitiert, wenn es gilt, ihm zu widersprechen« (S. 68). Mit Halbach wäre allerdings zu fragen, ob Rubins Beteiligung an der Fehde – und das entspräche der oben vorgestellten Sicht der Auseinandersetzung zwischen Walther und Reinmar – nicht eine »mehr spielerisch-wettbewerbliche« war ([3]1973, S. 127). Für Wachinger – auch hier ganz der Skeptiker – sind die angeblichen Bezugnahmen Rubins auf Walther lediglich ein »Durchspielen gängigen Sprachmaterials und gängiger Topik« (1973, S. 107).

3.7.3 Walther und Wolfram

Daß sich auch Wolfram von Eschenbach in der Fehde zu Wort gemeldet hat, wurde schon angesprochen. Aus der großen Zahl denkbarer Bezugnahmen Wolframs auf Walther und umgekehrt (vgl. Scholz 1966; Halbach [3]1973, S. 19-22) seien nur einige herausgegriffen. Wolfram dürfte mit seinem Lied III (5,16ff.) Walthers Reinmar-Parodie 111,22ff. seinerseits aufs Korn genommen haben (vgl. Scholz 1966, S. 145-154; Schiendorfer 1983, S. 160-197), eine Vermutung, die Wachinger schlicht für »falsch« erklärt (1973, S. 99f.; alle Bezüge außer den zwei namentlichen Anspielungen Wolframs auf Walther und dem Spott auf dessen Lied 40,19ff. in *Parzival* 294,21ff. seien der »Gelehrtenphantasie« entsprungen, S. 106). Kontrovers diskutiert wird die Frage, ob 99,6ff. eine Parodie von Wolframs Lied ist (so Scholz 1966, S. 155-167) oder umgekehrt (so Schiendorfer 1983, S. 163f. u. 166f.), desgleichen, ob Wolframs Lied VI (7,11ff.) eine größere Zahl von Walthers Gedichten persifliert (vgl., im wesentlichen ablehnend, Scholz ebd., S. 120-134; positiv Schiendorfer ebd., S. 425-432). Schließlich ist noch Walthers eigentümliches Tagelied 88,9ff., dessen Wolfram-Anklänge evident sind (vgl. Scholz ebd., S. 108-119), als Parodie ins Spiel gebracht worden (vgl. Asher 1971). Läßt man den Blick nicht auf punktuellen Bezügen ruhen, sondern richtet ihn auf größere Zusammenhänge, wird man mit Wolf sagen können, Walther füge »durch die recht zahlreichen Übereinstimmungen mit Wolframs Tageliedern sein Opus ein in die literarische Arena seiner Zeit« (1979, S. 113; zum Lied vgl. jetzt auch Schweikle 1998, S. 654-657).

3.7.4 Walther und Neidhart

Im Zentrum der Diskussion über die Frage literarischer Beziehungen zwischen den beiden Dichtern steht Walthers Lied 64,31ff. Da Neidharts Schaffenszeit z.T. synchron mit der Walthers angesetzt werden kann, stellt sich die Frage, ob – falls überhaupt ein Bezug besteht – Walther auf Neidhart anspielt oder dieser auf Walthers Gedicht reagiert (vgl. den Überblick bei J. Schneider 1976, I, S. 61-64; II, S. 29-35, mit mehreren Forschungszitaten). Der Unmut, mit dem Walthers Ich *hovelîchez singen* gegen *ungefüege dœne* in Schutz nimmt (Strophe I), die Aggressivität, mit der es sich gegen die wendet, die wie die Frösche *frevenlîchen schallent*, so daß die *nahtegal* verzagt (Strophe IV), legt die erste Möglichkeit nahe. Kaum zu entscheiden ist, ob es sich eher um eine gegen die neue »Mode« dörperlichen Minnesangs gerichtete »Gattungspolemik« handelt (Wachinger 1973, S. 112) oder ob die Vorwürfe mehr an die Adresse eines dem Neuen gegenüber sehr aufgeschlossenen Publikums gehen (vgl. J. Schneider 1976, I, S. 64-70; Mück 1984), ja ob Walther gar »rein persönliche Interessen« artikuliert, um seine »finanzielle Zukunft zu sichern« (Mück ebd., S. 91f.). Zusammen mit dem bei Herzog Leopold gegen das Treiben der *unhöveschen* Protest einlegenden Spruch 31,33ff. und seinem Pendant 32,7ff. könnte man sich das Lied in Wien vorgetragen denken (zu 64,31ff. vgl. noch Hahn 1996, S. 123f.; Schweikle 1998, S. 742-745, der hinsichtlich eines Bezugs auf Neidhart zurückhaltend ist). Andere Parallelen zwischen beiden Dichtern hat Kokott (1989) gesammelt, der durchweg Neidhart als den Nehmenden sieht. Eine neue Sichtung täte not, die der von Kokott (S. 108ff.) für ein derartiges Interaktionsmodell vorgeschlagenen, grundsätzlich wichtigen Scheidung der formalen und der intentionalen Ebene Rechnung tragen müßte.

Den »schöpferischen Vorgang einer Liedvariation« hat Schiendorfer am Beispiel eines Liedes (KLD 49 XII; Cormeau 1996, Nr. 101) beschrieben, das – in unterschiedlicher Strophenzahl – von drei Handschriften Walther und von je einer Neidhart und Rudolf von Rotenburg zugewiesen wird (1985, S. 85-93, das Zitat S. 92).

An einem weiteren Fall sind neben Walther (112,3ff.) wieder Rotenburg und der Markgraf von Hohenburg (KLD 49 X u. [XVII]) beteiligt. In der Überlieferung könnten sich »Reflexe einer einstmals aktuellen sängerischen Interaktion« zwischen Walther und Hohenburg zeigen, und Rotenburg hätte die beiden Vorbilder bearbeitet (ebd., S. 70f.).

3.7.5 Walther und Ulrich von Singenberg

Ulrichs Parodie (Cormeau 1996, S. 59) der Waltherschen Lehensbitte 28,1ff. wurde schon bei der Erörterung von Walthers Beinamen kurz berührt (s.o. S. 9). Die Strophe ist eine Parodie nicht nur *in dem dône*, sie nennt zudem den Namen des Autors ihres Vorbildes und nutzt eine ganze Reihe formaler und inhaltlicher Elemente (vgl. den zusammenfassenden Katalog bei Schiendorfer 1983, S. 95ff.). Sie gibt sich als selbstgefällige Schilderung der Existenzform eines Besitzenden; man muß sich aber fragen, ob Ulrich, der Truchseß von St. Gallen, sich wirklich über Walther »amüsiert« oder gar mit »scheinheiliger Ironie« dessen Armut bei so *rîcher kunst* beklagt (ebd., S. 83; Ploss 1972, S. 596, meint, »Walthers Sprache sollte als manieriert entlarvt werden«). Hätte man demgegenüber nicht viel stärker die Dimension der Selbstironie zu registrieren? Dann wäre die Strophe mit Wachinger nicht mehr als »gezielter Spott« über Walther zu lesen, sondern als »Publikums- und Gönnerschelte« (1973, S. 111). Von Ulrich von Singenberg ist auch ein Nachruf auf Walther überliefert (Text bei Cormeau 1996, S. 332), dem nicht das Geringste an Schärfe anhaftet. Vielleicht verliert seine Walther-Parodie auch in diesem Licht etwas an ihrer vorgeblichen persönlichen Anzüglichkeit. – Walthers Vokalspiel 75,25ff. hat nicht nur Singenberg zur Nachahmung angeregt (vgl. Schiendorfer 1983, S. 98-146), auch mehrere andere Bearbeiter haben sich an Variationen dieses Kunststücks versucht (vgl. ebd., S. 147-151). – Unter der nicht geringen Zahl weiterer Bezüge, die Schiendorfer zwischen Gedichten Walthers und Singenbergs aufgespürt hat (ebd., S. 256-329), ist die Reaktion Walthers im Lied 48,12ff. auf BSM 12 bemerkenswert (ebd., S. 268-272), die, wenn man sie akzeptieren kann, zeigt, daß die Literaturbeziehungen zwischen den beiden Autoren nicht ganz einseitig waren.

Eine sängerische Interaktion, an der neben Walther und Ulrich von Singenberg auch Walther von Mezze beteiligt war, hat Heinen aufgedeckt (1989b): KLD 62 IV. Er hält es für wahrscheinlich, daß die ursprüngliche Fassung von Walther stammte, denkt aber auch an die Möglichkeit, daß ein von Singenberg verfaßtes Gedicht von den beiden anderen aufgenommen und erweitert wurde. Somit wäre dieses Lied ein Paradebeispiel für die in der vorliegenden Darstellung vertretene Auffassung einer erweiterten Fehde.

3.8 Andere Walther-Lieder in der neueren Forschung

Nicht »damit sie nicht umkommen« (Lachmann [2]1843, S. XIII) – in dieser Gefahr stehen sie nicht –, sondern weil sie zu bedeutsam sind, als daß sie in einer Darstellung Walthers ganz übergangen werden dürften, und weil die Forschung der letzten 25 Jahre ihnen besonderes Augenmerk geschenkt hat, seien im folgenden einige Lieder und Liedtypen, die bisher noch nicht behandelt wurden, wenigstens kurz gestreift.

Das Mailied 51,13ff.

Als Exempel dafür, wie in neuerer Zeit verstärkt die internen Performanzsignale der Texte in ihrem Verhältnis zur realen Aufführungssituation beachtet werden, kann Heinens Analyse des Liedes gelten, der es als »Zusammenspiel zwischen Sänger und Publikum« interpretiert und seinen Aufbau als Funktion dieser Interaktion sieht (1974, das Zitat S. 181). Schon immer hat man den Gegensatz zwischen den beiden Teilen des Gedichts bemerkt, den Stimmungsumschwung von den drei ersten zu den drei letzten Strophen. Während Heinen den Übergang von Strophe III zu Strophe IV als »schroff, unvermittelt« empfindet (ebd., S. 176), sieht Meyer eher das Verbindende (1981, S. 181f.); er zeichnet den zwischen den Teilen I und II, aber auch innerhalb der Strophen I-III zu beobachtenden Weg vom Allgemeinen zum Besonderen nach, der sich in der letzten Strophe, im Versuch, die Dame wieder in die »allgemeine Ordnung hereinzuholen«, umkehre (ebd., S. 183). Sieverts Beurteilung, das Naturbild bekomme eine »eigenständige Dimension« und dadurch werde die Bedeutung von Liebe relativiert (1990, S. 114), kann man nachvollziehen. Dagegen lastet Clark (1976) dem Lied ein Zuviel an Bedeutungsschwere auf, wenn sie, ausgehend von *dân ist nieman alt* (I,8), Liebe als Metapher für Vergänglichkeit und Tod versteht.

Das Traumlied 94,11ff.

Divergierende Interpretationen hat auch dieses Lied in letzter Zeit erfahren. Sie bewegen sich zwischen den Polen Komik, Parodie auf der einen, tiefer religiöser Ernst auf der anderen Seite. Asher sieht im ersten Teil Anklänge an die Pastourelle, im zweiten an das Tagelied, spricht Wörtern wie *brunne*, *boum* und *vinger* einen erotischen Nebensinn zu und faßt »die Erotik als den beherrschenden Gedanken dieses Liedes« auf, dessen komische und parodistische Züge er betont (1974, S. 64f.). Dagegen hebt Ebenbauer auf die Dreigliederung des Traumes ab und erkennt in diesem »Güterternar« eine Nähe zum ersten Spruch im Reichston (1977, S. 375ff.). Zur Mischung von »Heiterkeit und Ernst« trage insbesondere die Traumdeutung in der letzten Strophe bei (ebd., S. 380ff.), in der Goheen gar eine religiös-orthodoxe Lehre verkündet sieht (1977). Von einem »durchaus ernsthaften Untergrund« des Liedes ist auch Küsters überzeugt (1989, S. 341), der die Affinität zu den Altersliedern herausstellt und die »Glücks- und Lebensdeutung« in der Traumstrophe als zentrale Liedaussage wahrnimmt (ebd., S. 360ff.).

Dialog, Wechsel und Verwandtes

Walthers Dialogliedern hat Kasten einen Aufsatz gewidmet, in dessen Mittelpunkt die Frage steht, ob die provenzalische Tenzone als Modell evident zu machen ist (1989b, S. 84-93). Dies sei kaum wahrscheinlich, vielmehr sei der Gattungstypus »reiner Eigendialog« (Wapnewski 1957, S. 136), der bei Walther erstmals auftaucht, vor dem Horizont des zeitgenössischen Minnesangs zu sehen (S. 91). Weniger die Inhalte von Walthers Dialogen seien entscheidend, sondern »die verschiedenen in ihnen verwandten Formen des umwundenen oder indirekten Sprechens«, und so erwiesen sich diese Texte als »Musterbeispiele für die Kunst, ›Eigentliches‹ uneigentlich zu sagen« (S. 82f.). Während Kasten die Lieder 43,9ff. und 85,34ff. nur kurz berührt (zur »Witzstruktur und Einseitigkeit des Liebestodkonzeptes« in der Schlußstrophe dieses Liedes vgl. Eikelmann 1988, S. 213-220), bespricht sie 70,22ff. etwas eingehender. Sie gelangt aber bei der Typusbestimmung – »Übergangsform« zwischen Dialog und Wechsel (S. 92) – nicht über v. Kraus (1935, S. 282) hinaus. Geht man der Frage nach Sinn und Funktion des Nebeneinanders von direkter Anrede und indirektem Sprechen über den Partner genauer nach (vgl. Scholz 1989c, S. 88-94), entpuppt sich das Lied als »ein nicht zustande gekommener Dialog« (ebd., S. 92; S. 94f. werden

Überlegungen zur Vortragssituation angestellt). Einen wirklichen Wechsel stellt das Lied 119,17ff. dar, dessen Probleme in der Reihung der Strophen und in der Frage ihrer Verteilung auf das männliche und das weibliche Ich liegen. Brunner (1989), der sich detailliert mit seinen Vorgängern auseinandersetzt, hält Strophe III sowohl als Männer- wie als Frauenstrophe für akzeptabel, zieht die Interpretation als Männerstrophe aber vor, wobei vorauszusetzen ist, daß zwischen den Strophen II und III ein Handlungselement ausgespart bleibt, was beim Wechsel ja häufiger vorkommt (S. 277f.).

4. Religiöse Lyrik und ›Alterslieder‹

Die zweite Strophe von Walthers Nachruf auf Reinmar (83,1ff.) klingt mit einer persönlich gefärbten Wendung aus: *daz dû niht eine wîle mohtest bîten!/sô leist ich dir geselleschaft, mîn singen ist niht lanc.* Wüßte man nicht ungefähr, wann diese Totenklage entstanden ist – wohl zwischen 1205 und 1210 –, würde man sie aufgrund dieser Verse ohne langes Überlegen zu Walthers Alterslyrik zählen. Spricht aus diesen Zeilen der Gedanke an »die eigene Todesnähe« (Mohr, 1971, Anm. 3)? Walther wird aber immerhin noch gut 20 Jahre weiterdichten. Überdies »ist der Gedanke an den eigenen Tod ein Traditionsmotiv (Topos) der Totenklage«, ob er hier gleichwohl Walthers Befindlichkeit wiedergibt und »ein persönliches Bekenntnis« ist (ebd.), bleibt offen. Wer von Altersliedern eines Autors spricht, müßte sich dieses methodischen Problems bewußt sein, was jedoch durchaus nicht immer der Fall ist (vgl. hierzu auch Edwards 1988, S. 297f., mit aufschlußreichen Zitaten aus der Forschung). Sind resignative Gedichte, Lieder der Weltabsage stets auch Alterslieder im biographischen Sinn? Ein vergleichender Blick auf Texte der Neuzeit könnte zur Vorsicht mahnen. Bei einem Autor, der so häufig *ich* sagt wie Walther, ist die Versuchung ohnehin groß, mehr Aussagen persönlich zu werten als womöglich angebracht und ihre Bindung an eine Norm, einen Typus darüber zu vernachlässigen (zum Ich-Problem s.o. S. 2ff. den Exkurs). Gerade für die sogenannten Alterslieder mit ihrem Muster der Selbstdarstellung – »als das Ich einer bestimmten Person und zugleich als Typus« (Mohr 1971, S. 331) – ist die Situierung der Grenze zwischen subjektiver, auf das gegenwärtige Ich des Vortragenden beziehbarer Aussage und fingierendem Sprechen prekär. Schaefer benennt das Dilemma so: »Bloße Topoi Alter – Jugend, gute alte Zeit, Verfall der Kunst u. dgl. rechtfertigen noch keine Spätdatierung, doch ist der Topos nicht immer von wirklichem Erleben zu unterscheiden« (1972, S. 469). Während die meisten Interpreten keine Probleme damit zu haben scheinen, daß ein Sänger »die Liebesrolle der Frau [...] als Ich-Rolle vorführen« kann (so auch Cormeau 1985, S. 150), wechselt für sie der Sänger dort, wo er konkrete Altersangaben macht, »in die Perspektive des direkten Publikumsbezugs, zu einer ganz subjektiven Aussage« (ebd., S. 158). Es ist denkbar, daß es sich so verhält. Doch muß sich jede Analyse von Walthers Weltabsage- und Altersliedern, die zu einem guten Teil religiöse Lieder sind, die niemals ganz zu lösende Problematik, welcher Seite das Ich jeweils zuzurechnen ist, bewußt halten. Wenn im folgenden vom Sprecher des Textes oder von der Ich-Rolle, der Alters-Rolle die Rede ist, bedeutet das nicht, daß

Walther als Person ausgeschlossen ist, sondern nur, daß der Anteil des Biographischen an diesem Ich für uns nicht faßbar wird.

4.1 Lieder der Abrechnung

In einem von Walthers frühen Sangspruch-Tönen, dem Wiener Hofton, begegnet die Antithese Einst – Jetzt in mehreren Varianten. Ein Spruch (21,10ff.) rechnet mit der *Welt* ab: *Sô wê dir, Welt*, der das Ich eine Absage zu erteilen scheint: *ich bin dir gram*. Die Strophen, in denen eine bessere Vergangenheit thematisiert wird, und zumal die *Welt*-Strophe setzt heute niemand in Walthers Spätzeit. Dieser Befund sollte einen davor warnen, Lieder der Absage an die Minne oder die Welt ohne weiteres, d.h., wenn nicht unverdächtige Altersindizien vorliegen, Walthers letzten Jahren zuzuordnen.

4.1.1 116,33ff.

Ein »Lied der Abrechnung« (Hahn 1996, S. 125), in dessen erster Strophe der Sprecher vom Zweck geheiligte Mittel verteidigt, das Lügen um der *fröide* der Gesellschaft willen (*durch die werlt*). Dadurch erfährt das Ich *trôst*, kann sich selbst *trœsten*, ein Leitwort, das in Strophe III wiederkehrt: *und trœstet sî mich, diu mir leide tuot.* Die Hörererwartung wird hier eindeutig auf die Minnedame gelenkt, gleich anschließend, zu Beginn der vierten Strophe, aber wieder enttäuscht: *Ich hân ir gedienet vil,/der werlte.* Oder identifiziert dieser Strophenanfang im nachhinein das *sî* in III als die *werlt*, was die an *diu mir leide tuot* anklingende Fortsetzung *und wolte ir gerne dienen mê,/wan daz si übel danken wil* nahelegen könnte? Die *werlt*, von der das Ich in Strophe I eben nicht *getrœstet* worden wäre, wie es zu Beginn den Anschein hat, sondern sich den *trôst* als Selbstbetrug eingeredet hätte? Dann wäre auch der die Hoffnung des Sängers artikulierende Liedschluß auf die *werlt* beziehbar: *Doch verwæne ich mich der fuoge dâ,/daz der ungefüegen werben anderswâ/genæmer sî danne wider sie.* Ein Lied der Abrechnung mit der *werlt* also, wenn auch kein Weltabsagelied? Die *werlt* des Liedes ist der communis opinio zufolge »die Gesellschaft« (vgl. z.B. Schweikle 1998, S. 755), »hier schon zur ›werlte‹ personifiziert« (Meyer 1981, S. 364). Der Dienst für sie, ihr übler Dank, ihr *wænen*, das macht sie deutlich zur Personifikation und würde hier, aber wohl auch in Strophe I, Großschreibung erfordern. Auch wer daran festhält, daß in den Strophen

III und V die Dame gemeint ist, wird mit dem auf den Anfang von Strophe IV bezogenen, durch Kursivdruck hervorgehobenen Satz Noltes seine Probleme haben: »An keiner anderen Stelle setzt Walther derart explizit die Minneherrin dem Wiener Publikum gleich« (1991, S. 250). Eine *werlt*, die mit der Minnedame verwechselt werden kann, ja vielleicht soll – Walthers Sprechen eignet ja nicht selten eine bewußte Ambiguität –, ist schon nahe bei der Dame *Werlt*, der Frau Welt, wie sie anderwärts bei Walther explizit auftritt, und der Bezugsrahmen »höfische Gesellschaft« ist hier wohl zu eng. Die zweite Vorbedingung, die das Ich neben dem *trôst* durch sie, die ihm *leide tuot*, für sein Wieder-*vrô*-Werden macht – *Werdent tiusche liute wider guot* (III,5) –, wirkt dermaßen gewichtig, daß es um so fraglicher wird, ob mit dem *sî* nur die Dame und mit der *werlt* nur die Gesellschaft oder gar nur das Wiener Publikum gemeint sein wird. Doch gleichgültig, ob man das Lied im Minnekontext liest oder von diesem abstrahiert, es trägt jedenfalls keine signifikanten Züge eines Altersliedes, wie oft angenommen wird (noch für Schweikle 1998, S. 755, stellt es sich zu dieser Gruppe). »Die Topoi erlauben auch frühere Datierung« (Schaefer 1972, S. 470).

4.1.2 59,37ff.

Dieses Lied macht von Anfang an klar, von wem es handelt: In allen sieben Strophen wird die *Welt* vom Ich angeredet. Spricht es zur »gegenwärtigen Hofgesellschaft« (Meyer 1981, S. 378), oder wird die *Welt* hier »ambiguos als *mundus*, vor allem aber wohl als höfische Gesellschaft« gesehen (Schweikle 1998, S. 762), oder steht das *mundus*-Konzept im Vordergrund? Jedenfalls wird die *Welt* in diesem Lied an einer Stelle *vrowe* genannt (III,7), und von da aus ist es nur noch ein kleiner Schritt zur »Personalallegorie« der Frau Welt (Hoffmann 1976, S. 369). Wenn es im Text »um den Sinn irdischen Lebens für den Sänger und die höfische Gesellschaft« geht (Hahn 1996, S. 124), wird man die *Welt* doch eher weiter fassen müssen, und eine Definition »das höfische Publikum Walthers« (Nolte 1991, S. 248) genügt dann nicht. Eine Weltabsage wird auch in diesem Lied nicht verkündet (vgl. Schweikle 1998, S. 762), Alterssignale fehlen, und dennoch rechnet man es zu den Altersliedern (vgl. ebd.). Ein Fragezeichen scheint angebracht (wie ebd., S. 761, in der Typusbestimmung).

4.1.3 Die Weltabsage 100,24ff.

Dieses Lied sagt der Welt ab. Es ist ein Dialog zwischen *Frô Welt*, der von Walther in die deutsche Literatur eingeführten Allegorie (zu den weiteren historischen Bezügen vgl. Hoffmann 1976, S. 367-372), und *Walther* (II,1). Wer ist dieser Gesprächspartner? Gewiß nicht »der Autor seinerseits« (Meyer 1981, S. 408). Zwar spricht Walther »im eigenen Namen« (Spechtler 1996, S. 220), aber zunächst nur insofern, als er sich damit anreden läßt, wie er es auch im Lied 118,24ff. tut (s.o. S. 143), ohne daß dort zwingend daraus gefolgert werden müßte, daß »›Autobiographisches‹ direkt zu Geltung kommt«, wie es beim vorliegenden Gedicht geschieht (ebd., S. 219). In jenem Lied ist die Namensnennung geradezu ein Signal für ihre Fiktionalität. Und auch in 100,24ff. wird man die Erwähnung des Namens stärker zu problematisieren haben. Eine Formulierung wie die, daß dadurch »Differenzen zwischen dem biographischen Walther und dem Dichter- und Sänger-Walther verwischt« werden (Bein 1997, S. 232), ist nicht präzise genug. Treffender benennt Rasmussen das Problem: »Poet (the one who composes), role (the worldwise, and world-weary, wayfarer), and performer (the singer in dialogue) are thus collapsed into one persona« (1991, Anm. 31). Und auch Schweikle nimmt das Spannungsverhältnis zwischen der allegorischen und einer realen Ebene wahr – wichtig sein Zusatz: »zumindest während des Vortrags durch den Autor selbst« –, dergestalt daß »die Fiktionalität einerseits durch die allegorischen Elemente eindeutig ist, andererseits sich zur Realität hin weitet« (1998, S. 645). Wieweit der historische Walther Anteil an diesem Namen *Walther* hat, ließe sich genauer bestimmen, wenn sicher wäre, daß der Text ein Alterslied ist. Ein Gedicht, bei dem das nicht bestritten wird, ist der Alterston 66,21ff. »mit seiner unmißverständlichen Altersangabe« (Edwards 1988, S. 309). Und dieser ist in einem durch das Fragment w^x vertretenen Überlieferungszweig unmittelbar vor unserem Lied tradiert (vgl. ebd.). Dieses mittelalterliche Zeugnis erlaubt es also, das Lied mit aller Vorsicht als Text des alten Walther zu fassen und diesen im Namen *Walther* wiederzufinden, wenn auch nicht darin aufgehen zu lassen.

Noch mit weit weniger Recht als in den beiden oben behandelten Liedern ist *Frô Welt* hier mit der höfischen Gesellschaft zu identifizieren, wenn diese auch »in gewissem Umfang in sie eingegangen« sein mag (Hoffmann 1976, S. 371). Deutlicher noch als in jenen Gedichten ist die *Welt* »das bloß Diesseitig-Menschliche, dem Göttlichen Widerstrebende« (Meyer 1981, S. 408), »Allegorie des Diesseits« (Bein 1997, S. 232), »der *mundus*, die irdische Welt«

(Schweikle 1998, S. 644). Auf dem in der dialogischen Erinnerung evozierten, gemeinsam zurückgelegten Weg haben beide Gesprächspartner verschiedene Rollen gespielt. In der Gegenwart des Textes steht *Frô Welt* in einer Beziehung zu *dem wirte* (I,1), »der niemand anders ist als der Teufel, der *princeps huius mundi*« (Hoffmann 1976, S. 360; ob beide in eins gesetzt werden dürfen, zieht Schweikle 1998, S. 646, zu Recht in Zweifel). Eher denn als Ehefrau des Teufels (so Hoffmann ebd.) scheint sie als »Wirtshaus-Bedienende« aufzutreten (Meyer 1981, S. 409). Der Rückblick verleiht ihr zudem Züge einer Mutter (vgl. Hoffmann 1976, S. 363f.) oder Amme und, fast ununterscheidbar mit diesen vermischt, im zweiten Teil von Strophe III aber deutlicher werdend, solche der »Buhlin« (Meyer 1981, S. 409), so daß die Schenke »geradezu die Konturen eines Freudenhauses« annimmt (ebd., S. 410). Diese wechselnden Rollenkonstellationen spiegelt auch die Verwendung der Personalpronomina (vgl. dazu Hoffmann 1976, S. 361f.): Während *Walther* von *Frô Welt* durchgehend mit *dû* angeredet wird, spricht er zunächst mit distanziertem *ir*, wechselt dann, sich an die intimen Rollen des Kindes und des Liebhabers erinnernd, zum *dû* über, das er bis kurz vor Schluß beibehält, um sich aber mit *iu, frowe* zu verabschieden. Auch darin, daß die Redeanteile *Walthers* um eine Strophe länger sind als die der *Frô Welt*, kann man Bedeutung erkennen: »Das Recht ist so eindeutig auf seiten des Mannes, sein Standpunkt so sehr der überlegene« (ebd., S. 358).

4.1.4 57,23ff.

Mit dem Anfang von Strophe V *Ich hân ir gedienet* stellt sich das Lied zu 116,33ff. und 59,37ff., wo dieselbe oder eine ganz ähnliche Formulierung erscheint, allerdings in bezug auf die Welt, während hier *frouwe Minne* diejenige ist, der das Ich gedient hat. Aus folgenden Gründen wird das Gedicht zu den Altersliedern gerechnet: In Strophe II entwirft der Sprecher eine Konkurrenzsituation; *ein junger* bekommt von der Minne den Vorzug vor ihm selbst, und dabei ist sie *doch elter vil danne ich*. In seinem Dienst für sie will er sich künftig zurückhalten, der siebente Wochentag muß ihr genügen – und das ist der Tag der Ruhe (IV,7ff.). Vor allem aber sind es die Altersangaben in der ersten Strophe, denen man einen Hinweis auf die Zeit der Entstehung des Liedes entnehmen zu können glaubte: *Ir sint vier und zwênzec jâr/vil lieber, danne ir vierzec sîn,/und stellet sich vil übel, sihts iender grâwez hâr.* In diese »Rolle des Vierzigers mit grauen Schläfen« rückt der Sänger dann in der folgenden Strophe (Cormeau 1985, S. 150). Ist es nur eine Rolle, oder wird man anzunehmen haben, daß der Vortragende sie durch seine »Situation und Erscheinung beglaubigte«, ohne daß die Zahl 40 aber »aufs Jahr biographisch verrechnet werden« dürfte (Hahn 1996, S. 122)? Das Spiel mit den beiden Zahlen hat Huisman in der Form des Liedes wiederfinden wollen: Die Gesamtzahl der Stollenverse betrage 24, das ganze Gedicht umfasse 40 Verse (1950, S. 51ff.). Das funktioniert aber nur dadurch, daß Huisman den letzten Vers jeder Strophe »auf sehr problematische Weise teilen«, d.h. doppelt rechnen muß (Meyer 1981, S. 381 Anm. 3); daß er die allein in E überlieferte Strophe V wegläßt, wäre kein Gegenargument, denn auch diese Handschrift bringt nur vier Strophen.

Falls man die Angaben biographisch verstehen darf, bedürfte dennoch der Terminus ›Alterslied‹ eines Kommentars. Der Vierziger Walther wäre derjenige, der den Reinmar-Nachruf verfaßt hat und danach noch etwa zwei Jahrzehnte dichterisch tätig sein wird. Auch wenn »die Grenze, an der der Mensch sich seines Nicht-mehr-jung-Seins bewußt wird, im Mittelalter erheblich früher lag als in der heutigen Zeit« (Mohr 1971, S. 332), sollte man von Altersliedern nur für diejenigen Texte sprechen, die Walther in den späten zwanziger Jahren des 13. Jahrhunderts gedichtet hat.

4.1.5 41,13ff.

Ob dieses Lied der Abrechnung mit den *valschen fröiden* (Strophe V), der »Resignation über *herzeliebe*« (Kuhn 1982, S. 25) zugleich eines der Absage an die Minne oder die Welt ist, wird kontrovers beurteilt (negativ Kuhn ebd., S. 26; positiv Schweikle 1998, S. 758). Gleichermaßen umstritten ist, ob die dem Vergehen der Blütenpracht parallelisierte Vergänglichkeit der *fröide* aus der »Perspektive der Alterserfahrung« gesehen ist (Mohr 1971, S. 350) oder ob man das Gedicht eher in einen poetologischen Kontext stellen sollte (vgl. Kuhn 1982, S. 26: »›Lied über das (Minne-)Lied‹«). Die verschiedentlich aufgezeigten Verbindungslinien zum Alterston 66,21ff. (vgl. Hahn 1996, S. 126; Schweikle 1998, S. 758) sind recht zart, so daß sich auch von daher eine Zugehörigkeit des Textes zur Alterslyrik nicht wahrscheinlich machen läßt.

4.1.6 Der Alterston 66,21ff. (67,20ff.)

Die Handschriften präsentieren das Lied mit drei verschiedenen Strophenfolgen: A, BC und w^x^ (vgl. Heinen 1989a, S. 212f.). Da die äußerst bruchstückhafte Überlieferung in w^x^ eine Interpretation des Textes nicht zuläßt, ist man bei seiner Analyse auf die beiden anderen Versionen angewiesen (Drumbl 1984, S. 167, allerdings hält die w^x^-Folge für die »authentische«). Mit ganz wenigen Ausnahmen hat man die Fassung BC bevorzugt; A hat als erster – nicht aber »als einziger« (so J.-D. Müller 1995, S. 3) – Jungbluth seiner Deutung zugrunde gelegt (1958), ihm folgt Bungarten (1971). Die BC-Folge bringt zunächst die beiden ›höfischen‹ Strophen, in der Mitte steht die Absage an die Welt, den Schluß bilden die beiden religiösen Strophen. Die BC-Paare I-II und IV-V finden sich nacheinander in w^x^, am Ende steht die Weltabsage. In A stehen die religiösen Strophen am Anfang, die ›höfischen‹ folgen, die Weltabsage beschließt das Lied, die Erinnerung an Hof und Minnesang gerät also »von Anfang an in die Perspektive des Endes« (J.-D. Müller 1995, S. 23). Die Differenzen in der Reihung mögen damit zusammenhängen, daß die einzelnen Strophen ›sangspruchartig‹ mehr oder weniger in sich geschlossen sind (vgl. McFarland 1982, S. 187ff.). Aus heutiger Sicht bewertet man divergierende Strophenfolgen als mögliche Reflexe der Vortragsrealität, und es ist durchaus denkbar, daß auch im vorliegenden Fall Walther verschiedene Möglichkeiten durchgespielt hat (vgl. Bungarten 1971, S. 137). Präferenzen sind gleichwohl legitim, und so beurteilt J.-D. Müller, der ebenfalls die »Strophenfolgen als selbständige Konzeptionen« ansieht, die jeweils auf Walther zurückgehen können, die von BC als die »anspruchsvollste«, die beiden anderen als die »planeren« (1995, S. 4). Darf man aber Inkohärenz dermaßen zum Prinzip erheben, daß die BC-Version wegen der »kalkulierten Brüche« den Vorzug erhält vor A und w^x^, die »diskursiver Einheitlichkeit schon näherkommen« (ebd., S. 22) und damit als Texte eine Qualität aufweisen, die sich »die Interpreten wünschen« (ebd., S. 25)? Wenn ein Text nachweislich kohärent ist, sollte man ihn nicht für die gewiß mitunter überzogene Kohärenzsuche mancher Interpreten bezahlen lassen, indem man ihn als »schwächer« einstuft (ebd.).

Bei aller relativen Selbständigkeit werden die Strophen zusammengehalten durch das Thema des Alters. Die Rückschau auf 40 Jahre Minnesang in der ersten Strophe wird in der Forschung einheitlich als biographisch verstanden (Edwards 1988, S. 297: »das sicherste Altersindiz«), die Zuordnung des Textes zu den Altersliedern scheint also gerechtfertigt zu sein. In der Überlieferung wird diesem

Umstand nur durch w^x Rechnung getragen, wo das Lied vor der Weltabsage 100,24ff. und wohl hinter der Elegie 124,1ff. steht (letztere Position versieht Edwards ebd., S. 307, mit einem Fragezeichen).

Der folgenden – notwendigerweise nur punktuellen, einige Akzente setzenden – Analyse liegt die Anordnung von A zugrunde. Zum einen deshalb, weil sie seit über einem Vierteljahrhundert aus dem Blick geraten zu sein scheint, zum andern, weil sich bei ihr einige Deutungsprobleme als weniger unüberwindlich herausstellen als bei der BC-Version. A setzt mit Strophe IV ein (aus praktischen Gründen werden im folgenden die Strophenzahlen von Cormeau 1996 verwendet). Das gleich an den Anfang gesetzte Wort *sêle* indiziert das Thema des Weltabschieds. Kommt die Seele in der Strophenmitte (IV,6-8) in indirekter Rede zu Wort, läßt Walther sie ab IV,9 direkt sprechen (mit Priebsch 1918, S. 233 Anm. 2, und Jungbluth 1958, Anm. 29) – ein in mittelalterlichen Texten nicht unüblicher Übergang (s. auch o. S. 88). Diese Auffassung hat nur bei Mohr Beifall gefunden (1971, S. 354; zur selben Meinung gelangt, ohne auf die Vorgänger Bezug zu nehmen, Schweikle 1998, S. 770). Dabei hätte der abrupte Umschwung von *Lobe ich des lîbes minne* (IV,5) zu *Lîp, lâ die minne*, wäre beides vom Sänger-Ich gesprochen, zu denken geben müssen. Was die Frage der Realisierung eines solchen Sprecherwechsels im Vortrag angeht (vgl. die Skepsis bei J.-D. Müller 1995, Anm. 29), so liegt die Beweislast bei den Verfechtern der Meinung, ein Lied müsse partout von einem einzigen Sänger vorgetragen worden sein.

Als zweite Strophe in A folgt die umstrittene, vielleicht schon von Walther als »Rätsel« angelegte *bilde*-Strophe 67,32ff. (Hahn 1986a, S. 135). »Unklar bleibt bereits, wer spricht« (Schweikle 1998, S. 770). Daß die Sprecherhaltung die im Mittelalter verbreitete Disputation zwischen Leib und Seele reflektiert, wurde schon früh bemerkt, aber kaum je konsequent umgesetzt. Bereits Wilmanns bemerkte: »die Seele redet zum Leibe« ([2]1883, S. 276), für Priebsch ist das Herz Sprecher der Strophe (1918, S. 232f.). Wapnewskis Übersetzung des Beginns: »Meine Seele hatte« für *Ich hâte* bleibt auf halbem Wege stehen (1962, S. 107). Während Jungbluth, für den die Strophe »der Dichter« spricht (1958, S. 378), die am Ende der vorigen Strophe angelegte Möglichkeit der Ansetzung verschiedener Sprecherinstanzen nicht weiterdenkt, war Mohr ursprünglich anscheinend der Auffassung, das Ich sei die *sêle* (in seinem Sonderdruck von Jungbluths Aufsatz findet sich die Randbemerkung: »Die Seele spricht 67,32!«; auch Halbach versieht in seinem Handexemplar von WM II Beginn und Ende der Strophe mit

Anführungszeichen). Später teilt er v. 1-8 dem Leib, v. 9-12 der Seele zu, muß dadurch freilich einen »Bedeutungswandel« von *bilde* in Kauf nehmen (Mohr 1971, S. 354f.), den aber auch die meisten derjenigen Forscher voraussetzen, die dem Sänger-Ich die Strophe zuweisen. In neuerer Zeit läßt Drumbl die ganze Strophe wieder von der Seele gesprochen sein, unter *bilde* versteht er »den Menschen« und übersetzt mit ›Geschöpf‹ (1984, S. 172). Ob man die Strophe als Dialog zwischen Leib und Seele auffaßt (dagegen wieder J.-D. Müller 1995, Anm. 36 u. 61) oder als Rede der Seele allein, es scheint, als ließen sich die Probleme, die das *bilde* aufgibt, so leichter angehen als bei der Annahme einer einzigen Sprecherinstanz. Verständnisschwierigkeiten bleiben aber auch bei dieser Lesart. Man wird immerhin mit Knapp sagen können, daß *bilde* in v. 1 nichts meinen kann, »was mit einer leiblichen, menschlichen oder menschenähnlichen Gestalt rein gar nichts zu tun hat« (1993, S. 75), und die Frage, ob dieses *bilde* nicht doch identisch sein kann mit dem folgenden, ist nicht notwendig negativ zu beantworten (vgl. Hahn 1986a, S. 135).

Nachdem die letzten Dinge besprochen sind, wendet sich Walther in den nächsten beiden A-Strophen 66,21ff. und 66,33ff. seinem irdischen Vermächtnis zu. Hier sperrt sich der Text einem sinnvollen Verstehen weit weniger als in den ersten Strophen. Was Walther der Gesellschaft zu überantworten hat, ist sein Minnesang, und dafür erwartet er deren *hulde* (I,11f.). Er fordert, ihm *êre und minneclîchen gruoz/noch volleclîchen* (mit A und Bungarten 1971, S. 140: ›immer noch in hohem Maße‹) entgegenzubringen. Wenn sein Streben nach *werdekeit* (Anklang an die in I,1 angeredeten *werden man*) als *werde wirde* Anerkennung findet, dann hat sich das Leben gelohnt, kann er rückblickend sagen, jetzt, *swâ man dem ende rehte tuot* (Strophe II). Das *ende* bildet die Überleitung zur letzten Strophe, der Weltabsage. Auch hier ist die Welt als *mundus* verstanden (vgl. Schweikle 1998, S. 769; anders J.-D. Müller 1995, S. 9: Oszillieren der Bedeutung zwischen einer »eher ständisch-sozialen« und einer »religiösen«): *wir scheiden alle blôz von dir* (III,3). Die Formulierung *nû bin ich alt* (III,7) darf man wieder biographisch nehmen. Mit der Erwähnung von *lîp unde sêle* nimmt die Strophe den Liedeingang auf.

Gerade die Strophenfolge von A macht deutlich, daß es sich »grundsätzlich um ein religiöses Lied« handelt (Knapp 1993, S. 71). In dieser Reihung eignet dem Text eine Kreisstruktur, der Schluß kehrt zum Anfang zurück, wogegen die Struktur der BC-Folge progressiv genannt werden kann: erst der Abschied des Ichs von der Gesellschaft, dann von der Welt, schließlich der Abschied von Leib und Seele.

4.1.7 122,24ff.

Das Lied steht in beiden Handschriften in der Nachbarschaft von Altersgedichten, in C vor der Elegie (124,1ff.), in E vor dem Palästinalied (14,38ff.) und der Elegie; dabei kann man sich mit Edwards fragen, ob diese Gruppenbildung in E »auf einer kompositions- oder vortragsnahen Ordnung basiert« (1988, S. 310). Einer Erörterung für wert befunden wurden meist nur zwei Fragestellungen, die der Beziehung des Liedanfangs auf Wolframs *Parzival*-Prolog und die der Echtheit. Daß die ersten Zeilen ein Wolfram-›Zitat‹ seien, wurde lange angenommen (vgl. dazu Scholz 1966, S. 95f. u. 99ff.), neuerdings noch von Schröder (1989b, S. 355), dabei hatte längst Schönbach die überzeugendere Berufung auf Jesus Sirach 34,2f. wahrscheinlich gemacht (1895, S. 355; vgl. auch Küsters 1989, S. 362). Der Verdacht der Unechtheit des Liedes schien mittlerweile ausgeräumt, bis ihn Schröder von neuem, aber mit den traditionellen Argumenten, erhoben hat (1989b; zu seinen Kriterien vgl. Scholz 1995, S. 189f., zu denen der früheren Forschung Scholz 1966, S. 96ff.). Der Bedeutung des Liedes wurde man aufgrund solcher Vorurteile kaum gerecht; lediglich Naumann hat seine ästhetischen Qualitäten hervorgehoben, es aber kurioserweise Walther ohne nähere Begründung abgesprochen (1943).

Die unkonventionelle, anspruchsvolle Form des Gedichtes war für einen Teil der Forschung gerade ein Grund, es für unecht zu erklären; doch hat man dabei nicht in Rechnung gestellt, daß auch die Form der Elegie exzeptionell und das Artifizielle an beiden Liedern vielleicht ein Signum von Walthers Altersstil ist. Gehört 122,24ff. zu Walthers Alterslyrik? Von allen, die es für echt halten, wird dies angenommen; Schweikle allerdings stellt die Frage, »ob hier ein Rollenlied (als stilistischer Versuch im ornatus difficilis?) vorliege« (1998, S. 765). Die kunstvolle Strophenform »unterstützt Ernst und Dringlichkeit« der Aussage (Spechtler 1996, S. 221). Das Lied beginnt »mit einer Art ›negativem Natureingang‹« (ebd., S. 220); dabei »werden die Naturmotive noch einmal herbeizitiert, gleichsam um sie abdanken zu lassen« (Küsters 1989, S. 362, der, S. 361f., auf die Verbindung mit den Liedern 75,25ff. und 94,11ff. aufmerksam macht: *sorge*, *swære*, Zusammenhang von Naturmotivik und Traum). Ob die Zeile *der vogellîn sanc ein trûric ende hât* (I,11) auf Walther speziell anspielt, fragt sich Spechtler (1996, S. 221). Das Ende der ersten Strophe evoziert das Bild einer abgetakelten Frau Welt: *sô wê dir, Welt, wie dirz gebende stât*! Die Wiederaufnahme *zer welte* am Beginn der zweiten Strophe ebenso wie der Übergang von der dritten zur vierten Strophe (*Jêsus* III,14 – *Heiliger Crist*

IV,1) sind neben der durchgehenden Stimmung die deutlichsten Zeichen für eine Bindung der Strophen zum Lied. Seine Hauptthemen sind die Vergänglichkeit (auch die der höfischen Welt; vgl. den Gedanken an den *hôhen muot* III,4; vgl. Spechtler ebd.), das Sündenbewußtsein, die Buße und die Hoffnung auf göttliche Gnade. Es ist ein Lied, in dem das Ich gleichermaßen mit der Welt abrechnet wie mit sich selbst.

4.2 Lieder vom Kreuzzug

4.2.1 Die Aufforderung zum Kreuzzug 13,5ff.

Ob die vier Strophen zu einem Ton gehören, ist nicht sicher. Wegen der metrischen Differenzen zwischen I und II einerseits, III und IV andererseits werden sie bisweilen auf zwei Töne verteilt (so auch bei Cormeau 1996). Formale und thematische Bindungen zwischen den beiden Blöcken lassen es jedoch geraten erscheinen, von einem einzigen Lied auszugehen und die Unstimmigkeiten in der Metrik der Überlieferung anzulasten (die Strophen werden daher, anders als bei Cormeau, als I – IV gezählt). Von einem Lied oder einem Sangspruchton? Auch hierin gibt es keinen Konsens. Brunner stellt fest, daß sich der Ton typologisch zu den Liedtönen stellt (1996, S. 60f.), auch Holznagel rechnet ihn zu den »Liedern« (1995, S. 180), und bei Schweikle erscheint er im Band »Liedlyrik« (1998). Für die Liedeinheit spricht nach Ranawake der »Anfangsrefrain« *Owê* (in II konjiziert, in IV ist *Wê* überliefert) sowie die Möglichkeit, Motive in III und IV auf die Kreuzfahrt zu beziehen (1997, S. 129). Dennoch finden sich die Strophen bei ihr im Band »Der Spruchdichter« (auch in RSM V, S. 465, werden sie als Sangsprüche behandelt). Ein Jahr zuvor nämlich hatte sie bezweifelt, ob der Ton zum Genre des Liedes gehört: Wenn man die relative Selbständigkeit der Strophe zum Maßstab nehme, sei er eher als »Kreuzzugsspruch« zu bezeichnen (1996, S. 70f.; zur terminologischen Ungenauigkeit s.o. S. 24). Wenn sie formale und thematische Gemeinsamkeiten mit der Elegie konstatiert (ebd., S. 73), muß bei der Gattungszuweisung eine Unbekannte die andere stützen. In der bisher einzigen Abhandlung, die sich ausführlich mit dem Ton beschäftigt, gelangt Ladenthin zu dem Ergebnis, daß jede Strophe einer Gattung verpflichtet sei, die erste der romanischen Kreuzliedtradition, die zweite der religiösen Lyrik, die dritte der Liebeslyrik, die vierte spiele auf die Fabel an (1983a, S. 110f.). Das sagt jedoch nichts über die Gattungszugehörigkeit des

Tones selbst aus. Zu den von Ranawake genannten Strophenbindungen kommt noch die zwischen dem *holt*-Sein der *frowen* (I,5) und der Naturmotivik in Strophe III, Anklänge an Minnedienst und Minnesang. All diese Bezüge sind engere Verknüpfungen als die zwischen einzelnen Sangsprüchen, so daß es legitim scheint, den Ton als Lied aufzufassen. Zusammen mit 14,38ff., 76,22ff. und 124,1ff. versteht Urbanek diesen Ton als »etwas nach Gehalt, Botschaft und Form zuvor so nicht Dagewesenes, von den bis dato abgefaßten kurzen Sangsprüchen Walthers deutlich Abgehobenes – eben ein neues Genre« (1993, S. 251).

Das Lied »bietet sich stilistisch als Klage dar« (Spechtler 1996, S. 214), es herrscht die Wir-Form (nur in II,4 begegnet ein *ich*), die womöglich anzeigt, daß die Strophen »an ein weiteres Publikum gerichtet« sind (Schweikle 1998, S. 784). Daß es sich um einen »Kreuzzugsaufruf in der Gestalt einer Ritterschelte« handelt (Ladenthin 1983a, S. 96), wird in Strophe I deutlich, die sich an »die vermögende Ritterschaft« richtet (ebd., S. 89). Wenn der Ritter sein *silber unde golt* nicht für den Kreuzzug einsetzt, sondern zuhause bleibt, wird er zum *armman ze der welte und wider got.* Daß Walther ein Vorbild für diese Schelte in romanischer Kreuzlyrik finden konnte und daß er zugleich Elemente der Kreuzzugspredigt aufnahm (z.B. I,4), hat Ladenthin aufgezeigt (ebd., S. 96ff.). Als Vorbild für den *wint* als Vorzeichen des Jüngsten Gerichts kann er neben Bibelstellen das Gedicht *Von den fünfzehenn Zaichen* wahrscheinlich machen, letztlich habe die Vorstellung ihre Wurzeln aber im Volksglauben (ebd., S. 100ff.). Strophe III kann man »als direkten Aufruf zum Kreuzzug verstehen« (ebd., S. 107), denn durch die Wiederaufnahme von *aller arbeit*, die versäumt wurde (III,3), im Bild der fleißigen Ameise, die jetzt *bî ir arbeiten lît* (IV,4), wird *arbeit* als die Bemühung um die Kreuzfahrt qualifiziert (nicht aber, wie Ladenthin ebd. meint, die *arbeit* des Sommers als »Minnedienst«).

Die Datierung des Liedes ist offen; meist wird es entweder mit den Ereignissen von 1204 in Byzanz oder mit der Kreuzfahrt Friedrichs II. 1227/28 in Verbindung gebracht. Wenn sich der *wint* (II,1) auf den für Dezember 1227 bezeugten großen Sturm bezieht (vgl. Lachmann ^{2}1843, S. 136), liegt die Spätdatierung nahe; kein Beweis dafür (etwa als Klage über die geringe Beteiligung an diesem Kreuzzug) ist aber der Tadel der Verweigerer, denn dieser ist Topos der Kreuzzugsaufrufe (vgl. Ranawake 1997, S. 129). Ebenso unsicher ist, ob mit dem *wint* auf die Eroberung Konstantinopels angespielt wird und ob der Liedbeginn auf die Umkehr vieler Deutscher nach dem Fall der Stadt Bezug nimmt (vgl. Spechtler 1996, S. 215).

Die Erwähnung der Klage von Pilgern (II,4) läßt »einen Bezug auf Geschehnisse im Mittelmeerraum mitschwingen«, ohne daß deutlich würde, auf welche (Wisniewski 1984, S. 118, für die der Bezug auf Byzanz wahrscheinlich ist). – Daß Handschrift B das Lied direkt vor dem Palästinalied 14,38ff. überliefert, dürfte als Indiz für die thematische Nachbarschaft zu werten sein, aber nichts für die Datierung hergeben.

4.2.2 Das Kreuzlied 76,22ff.

Auch das Kreuzlied ist zusammen mit dem Palästinalied überliefert, und zwar in A, wo es diesem vorausgeht. In C steht es vor dem Bognerton, dessen erste vier Strophen Gemeinsamkeiten mit dem Lied aufweisen; es ist also nicht »thematisch isoliert« (so Schweikle 1998, S. 780), sondern könnte mit den Anfangsstrophen des Bognertons eine »Vortragseinheit« gebildet haben (Edwards 1988, S. 304).

Ausführliche Interpretationen haben dem Lied Ingebrand (1966, S. 175-199) und Ladenthin (1983b) gewidmet. Während jener davon ausgeht, daß es mit »seiner glaubensgewissen, hoffnungsvoll-bewegten und innigen Stimmung« kaum in Walthers Spätzeit gehören dürfte, und es in die Nähe des Ottentons stellt (S. 198), ist Ladenthin zurückhaltender, da keine sicheren Datierungskriterien vorlägen; setze man es in die Zeit nach 1228, sei es jedenfalls gegen den Papst gerichtet (S. 57). Wisniewski sieht auch bei diesem Lied Verbindungen zum 4. Kreuzzug und zu Konstantinopel (1984, S. 114f., mit Erwägungen zum Wortlaut und Sinn von IV,18), Spechtler möchte es eher in Walthers letzte Jahre rücken (1996, S. 214), so auch Schweikle, für den der »manieristische (Alters?-)Stil« dies nahelegt (1998, S. 781). Wenn Schweikles Deutung der umstrittenen Stelle IV,18 zutrifft (er übersetzt: ›die dort einen Vertrag aushandeln‹), könnte sich das Ende des Liedes auf den Versuch Friedrichs II. beziehen, einer vertraglichen Einigung den Vorzug zu geben vor der Bekämpfung der Glaubensgegner (vgl. ebd., S. 783).

In diesem Lied begegnet kein einziges *ich*, noch eindeutiger als in 13,5ff. dominiert die Wir-Form. »Als kollektiv empfundene Gebetslyrik schöpft das Lied aus demselben Gedanken- und Formelschatz wie die lateinischen Hymnen, mit denen es sich auch formal berührt« (Ranawake 1996, S. 69). Ein »extrem rationaler Aufbau« zeichnet das Lied aus (Ladenthin 1983b, S. 71, der Anm. 108 vorführt, wie mehrere Motive dreimal anklingen bzw. dreimal gesteigert werden). Jede Strophe enthält einen Gebetsteil sowie Reflexionen und Appelle zum Thema Kreuzzug; als ganzes präsentiert sich das

Lied, indem es auf Inkarnation, Kreuzestod Jesu und Jüngstes Gericht Bezug nimmt, als »christologischer Abriß« (Wisniewski 1984, S. 111). Ladenthin, der es vor dem Hintergrund der zeitgenössischen Kreuzzugspredigt liest und es analog zu deren Argumentationsstruktur (Narratio, Exhortatio, Privilegia) untersucht (1983b), kommt zu dem Ergebnis, daß es weder »eine Paraphrase klerikaler Predigten« darstelle noch »politische oder kirchliche Propaganda« biete, sondern verschiedene Traditionen mische und insgesamt »nur die ›reinen‹ Ideale der ›klassischen‹, frühen Kreuzzugszeit« formuliere (S. 71). Nähe zu Walthers Leich zeigt sich im Thematischen, so im Hilferuf an Maria II,9f. (vgl. Ranawake 1996, S. 69; Spechtler 1996, S. 213), wie im Formalen: Wenn sich die Melodie der ersten vier Verse weitere vier Mal wiederholt, entspräche das dem Bau des Leichversikels (vgl. Brunner 1996, S. 56).

4.2.3 Das Palästinalied 14,38ff.

Daß der Text zur Gattung Lied gehört, ist kaum zu bestreiten; auch Ranawake weist ihn wie das Kreuzlied »ohne Bedenken« diesem Genre zu (1996, S. 70), gleichwohl stehen dann beide in ihrem Band »Der Spruchdichter« (1997). Es sind andere Probleme, die das Lied aufgibt: Wieviel Strophen umfaßt es? Ist es ein Lied des Kreuzzugs? Welche Qualität hat das Ich? Wann ist das Lied entstanden?

Nicht weniger als sechs Handschriften sind an der Überlieferung beteiligt (vgl. Heinen 1989a, S. 152-155): In M steht eine Strophe, B bietet sechs, A sieben, C und E elf, Z zwölf Strophen – und die Melodie! Daß ein und dieselbe Handschrift die von allen als echt anerkannte Weise des Palästinaliedes tradiert und zugleich den umfangreichsten Textbestand liefert, hat die Forschung nicht daran gehindert, auf diesen die Kategorien ›echt‹ und ›unecht‹ anzuwenden. Dabei hatte bereits Lachmann (dem Z noch nicht bekannt sein konnte) konstatiert, er wisse nicht, warum eine der Strophen auszuscheiden sein sollte (^{2}1843, S. 137). Dennoch läßt Kuhn – um das extremste Beispiel zu nennen – nur fünf Strophen als echt gelten und stellt in Abrede, daß das Lied »in mehrfacher ursprünglicher Redaktion durch Walther« existiere (1936, S. 16). Schupp hält neun Strophen für echt (1964, S. 151ff.), die ausgeschiedenen könnten »durchaus von Walther stammen«, was aber nicht wahrscheinlich sei, denn eine sei »eindeutige Dublette«, andere seien mit »unwaltherschen« Floskeln beladen (ebd., S. 153). Haubrichs reduziert die Zahl der echten Strophen auf sieben (1977, S. 26f.) und hält die übrigen für im mündlichen und schriftlichen Tradierungsprozeß zustande gekommene Erweiterungen und Umformungen (ebd., S. 34-37). Die neueste Forschung meidet bekanntlich die Kategorien ›echt‹ und ›unecht‹ weitgehend (s.o. S. 29ff.), spricht neutral von »Dubletten und Zusatzstrophen« (Ranawake 1997, S. 135) oder rechnet »mit Autorenvarianten, mit Aufführungsvarianten« (Spechtler 1996, S. 211) und betrachtet das Lied als »ein Musterbeispiel für eine Überlieferung, in der mündliche und zeitlich-rezeptionsbedingte Komponenten eine Rolle spielen, was Textfassung, Strophenbestand und -folge anlangt« (Schweikle 1998, S. 789). Die drei neuen Walther-Ausgaben präsentieren den Text in unterschiedlicher Weise: Cormeau bietet einen Kern von sieben Strophen und rückt die übrigen ein (1996; dazu die Anm.: »Einfügung und Echtheit der Erweiterungsstrophen umstritten«), Ranawake bringt die sieben in Normal-, die anderen in Kleindruck (1997), Schweikle läßt auf neun C-Strophen zwei in C nachgetragene und eine Z-Strophe folgen (1998). Die durch Z überlieferte Reihung erscheint als solche also nur bei Heinen (1989a). Das ist zu bedauern, hatte doch schon Kuhn festgestellt: »Z ordnet auf Grund der Kenntnis aller Strophen sinnvoll neu an« (1936, S. 17). Eine sinnvolle mittelalterliche Gesamtüberlieferung aber sollte durch eine Edition dokumentiert werden, auch wenn Kuhn mit seiner Ansicht recht haben mag, daß für Z der »Begriff der ›Zersingung‹ angebracht« sei und »Aufzeichnung aus irgendwelcher ›mündlicher Tradition‹ – was immer nur musikalische ›Schul‹-Tradition hier bedeuten kann!« angenommen werden müsse (ebd., S. 30f.).

Was Sinn und Funktion des Liedes anbelangt (eine Inhaltsübersicht bietet Spechtler 1996, S. 208), so hatte Wilmanns sie darin gesehen, daß es »die enge Verbindung Christi mit dem gelobten Lande darstellen sollte«, und als seine »Disposition« die übliche Auslegung der sieben Siegel der Apokalypse festgestellt (WM I 1916, S. 224f.). Schupp, der diese Beobachtung weiterführt, hält Walther, nicht einen Interpolator, für denjenigen, der diesen »Grundriß und Bauplan« geschaffen hat (1964, S. 154-157, das Zitat S. 154; skeptisch dazu Haubrichs 1977, S. 52 Anm. 83). Für einen Kreuzzug wirbt das Gedicht zwar nur verhalten und indirekt (vgl. Ranawake 1996, Anm. 18), und das könnte zusammen mit seiner juristische Terminologie verwendenden Argumentationsweise auf eine Entstehung im Interesse der Vertragspolitik Friedrichs II. 1229 hinweisen (s.u.). Doch nehmen auf der anderen Seite die meisten Strophen auf die Auseinandersetzung mit den *heiden* Bezug, wie Wisniewski gezeigt hat (1984, S. 109f.), weshalb man auch in der neueren Forschung das Lied wieder als Kreuzzugsaufruf verstanden hat (vgl. Nix 1993, S. 273). »Religion und Politik bzw. Religion im Dienste der Reichspolitik sprechen aus dem Text« (Spechtler 1996, S. 212). Bei seiner allgemeinen Thematik eignete sich das Palästinalied wohl auch jenseits einer bestimmten Kreuzzugsaktualität immer wieder zum Vortrag (vgl. Edwards 1988, S. 305).

Ob das beste Argument für eine Spätdatierung die Position des Liedes in E nach 122,24ff. und vor der Elegie ist, wie Edwards meint (ebd., S. 303), scheint nicht sicher, könnte doch für den Redaktor der Handschrift lediglich ein thematischer Zusammenhang maßgebend gewesen sein. Haubrichs' Erklärung des weitgehenden Fehlens aggressiver Töne mit der auf Verhandlungserfolge abzielenden Politik des Kaisers und seine Datierung des Liedes auf Frühjahr/Frühsommer 1229 haben jedoch manches für sich (1977, S. 32f.; eine Skizze der Situation der Jahre 1227/29 gibt Spechtler 1996, S. 210). Dennoch geht er in Einzelheiten zu weit: mit der Annahme, die *stat* (I,6) beziehe sich auf Jerusalem (1977, S. 28; dagegen Nix 1993, S. 272), oder darin, die Formulierung *daz nie keiser baz gestreit* (VII,2) habe eine Entsprechung in Friedrichs Krönungsmanifest (1977, S. 33; dagegen Nix, S. 274: der Wortlaut spreche eher gegen die Auffassung, das Lied sei im Auftrag des Kaisers gedichtet). Die Spätdatierung ist gewiß nicht zwingend – für U. Müller kommt jeder andere Termin in den ersten Dekaden des Jahrhunderts ebenso in Frage (1983b, S. 131), doch sprechen für eine Entstehung anläßlich der Kreuzfahrt Herzog Leopolds VI., wie sie Ingebrand vorschlägt (1966, S. 219), noch weniger Gründe.

Die Frage nach dem Text-Ich ist nur von Jungbluth, der eine tatsächliche Pilgerfahrt Walthers annimmt, im biographischen Sinne beantwortet worden (1958, S. 385ff.). In der Regel geht man von einem Rollen-Ich aus, von einem allgemeinen, kollektiven Ich, »das stellvertretend für alle Pilger und Kreuzfahrer spricht« (U. Müller 1983b, S. 130f.; Nickel 1907, S. 36f., weist auf die Übereinstimmung des Anfangs von Walthers Lied mit dem eines Kreuzliedes des Trobadors Peirol hin). Aber auch eine spezifische Ich-Rolle wurde in Erwägung gezogen. Walther mochte an Herzog Leopold gedacht haben, meint Ingebrand (1966, S. 219), und Haubrichs fragt, ob das Lied nicht »die Rolle Friedrichs II. substituierte« (1977, S. 33; ablehnend dazu Nolte 1991, S. 220ff.; Ranawake 1996, Anm. 18). Der Versuch der genaueren Bestimmung einer Rolle muß immer spekulativ bleiben, und wenn man dieses Lied als Rollengedicht faßt, ist eine Aufführung in Palästina jedenfalls nicht zwingend (vgl. U. Müller 1983b, S. 131).

Um die Erforschung der Melodie des Palästinaliedes hat sich namentlich Brunner verdient gemacht. Die nahe Verwandtschaft mit drei anderen Weisen, einer in der *Bordesholmer Marienklage* aufgezeichneten Melodie, der zum Lied *Lanquan li jorn son lonc en mai* des Trobadors Jaufre Rudel und der Melodie der Marienantiphon *Ave regina celorum*, kommentiert er wie folgt: Die erstgenannte Melodie ist eindeutig die jüngste, die der Antiphon die älteste; Jaufre könnte diese zum Vorbild genommen und Walther die Melodie Jaufres kontrafaziert und darüber hinaus auf die Antiphon zurückgegriffen haben (vgl. Brunner/Müller/Spechtler 1977, S. 55*f.; S. 81*-85* Transkription der Melodien). Vorgearbeitet hat Brunner durch eine gründliche Untersuchung des Verhältnisses zwischen den Melodien Jaufres und Walthers, wodurch letztere als Kontrafaktur bestätigt wird (1963). In Abrede gestellt wird dieses Ergebnis durch McMahon, der außer der Ähnlichkeit der Eingangszeilen keine Gemeinsamkeiten sieht (1982-84; 1990, S. 81; vgl. auch den Forschungsüberblick ebd., S. 48, 50, 55 u. 89-93). Statt dessen aber notiert McMahon eine gewisse Verwandtschaft mit der Melodie der *Dies irae*-Sequenz, die vor oder nach Walther entstanden sein kann (1982-84, S. 15f.). – Von der Melodie her ist das Lied eine Rundkanzone, die beiden Stollen und der Abgesang schließen mit dem gleichen Melodieglied (vgl. Brunner 1996, S. 66). Dadurch wird die Schlußzeile besonders beschwert, was nach Spechtler, der das Verhältnis zwischen Text und Melodie untersucht, auch im Text zu beobachten ist (1996, S. 208f.). In der Relation von Metrum und Syntax zeigen sich teils parallele Strukturen, teils Spannungen, die erst durch den musikalischen Vortrag voll zur Geltung kommen (vgl. ebd., S. 209).

4.2.4 Die Elegie 124,1ff.

Man ist sich darüber einig, daß die für den Text vorgeschlagenen Bezeichnungen ›Palinodie‹ (zuerst Burdach 1900, S. 275; Bedenken bei Hoffmann 1968, S. 130) und – wie er heute meist genannt wird – ›Elegie‹ ahistorisch verwendete Termini sind und die Tonlage des Gedichts nicht exakt treffen, doch scheint es mit Hoffmann (ebd., S. 129ff.) immer noch am angemessensten, das Lied Elegie zu nennen. Wer sich der Problematik bewußt ist, darf den Titel dann auch ohne Anführungszeichen schreiben (manche, so Spechtler 1996, S. 222, schlagen ›Alterselegie‹ vor, doch was sollte daran besser sein?). Die Zugehörigkeit zur Kreuzzugslyrik ist unbestritten, die Frage ist nur, ob die Aufforderung zum Kreuzzug Anliegen lediglich der dritten Strophe ist (vgl. Hoffmann 1968, S. 125f.) oder ob von vornherein »alle Erwartungen an den Text in dieser Richtung gespannt waren« (Haubrichs 1977, S. 14). Man hat die Affinitäten der Elegie zur Sangspruchdichtung wahrgenommen, namentlich zum Reichston (vgl. Kornrumpf 1989, S. 152; Salvan-Renucci 1995, S. 127ff.; Ranawake 1996, S. 73ff.), doch ist fraglich, ob man den Text, weil er einerseits in jeder Strophe etwas Spezifisches abhandelt und den Strophenschluß pointiert und weil andererseits jede Strophe über sich hinaus auf die nächste und aufs Ganze weist, mit Ranawake »Spruchlied« nennen soll (ebd.). Kornrumpf jedenfalls meint dezidiert: »Spruchdichtung ist die ›Elegie‹ nicht, sie bleibt nach Inhalt und Form ein Lied sui generis« (1989, S. 152).

Neben zahllosen Problemen der gehaltlichen Interpretation haben in erster Linie Fragen der Metrik, der Datierung und der biographischen Anknüpfung die Diskussion bestimmt (die Forschung bis zum Beginn der achtziger Jahre ist aufgearbeitet in der Untersuchung Volkmanns 1987). Daß Walther nicht der Verfasser der Elegie sei (Mundhenk 1970), ist eine singuläre und zu schwach begründete Meinung geblieben (zu Mundhenk vgl. Haubrichs 1977, S. 39f. Anm. 2 u. passim; Nolte 1991, S. 110 u. 112; Scholz 1995, S. 183f.). Die Frage nach dem Ich wurde bereits in den Ausführungen zu Walthers Heimat berührt und so beantwortet, daß grundsätzliche Rollenhaftigkeit einen biographischen Einschlag nicht ausschließt (s.o. S. 3f.). Hinzuweisen ist in diesem Zusammenhang noch auf den Beitrag von Salvan-Renucci, die in jeder Strophe eine spezifische Ausprägung der Sprecherrolle feststellt (1995, S. 147-150; vgl. auch Ranawake 1997, S. 133; Schweikle 1998, S. 776).

Lange war es eine Streitfrage, ob die Verse der Elegie als unzäsurierte Sechstakter oder als Langzeilen mit Binnenzäsur zu lesen sind. Nicht nur weil die Übernahme der Kürenberg- und Nibelungenzeile vielleicht als Reminiszenz an die österreichische Jugendheimat Walthers aufgefaßt werden kann, neigt man heute fast allgemein der zweiten Möglichkeit zu. Von den modernen Walther-Editoren entscheidet sich nur Schweikle für die sechstaktige lange Zeile, obwohl er vermerkt, daß C das Lied »mit gelegentlichen Binnenzäsuren« überliefere (1998, S. 774). Nun finden sich aber in allen an der Tradierung des Textes beteiligten Handschriften unregelmäßig auftauchende Punkte, wodurch die Annahme einer Zäsur gestützt wird (vgl. zuletzt Volkmann 1987, S. 94; zur metrischen Form insgesamt S. 59-99). Hinzu kommt, daß die »charakteristische Stilfigur des Gedichtes« die der antithetischen Fügung ist (Hoffmann 1968, S. 120; vgl. auch Mundhenk 1970, S. 646f., und auch Schweikle 1998, S. 775). Für Antithesen aber ist die zäsurierte Langzeile – wie später der Alexandriner – die prädestinierte Form, ein Moment, das den Verfechtern der ungegliederten Sechstakter hätte zu denken geben müssen, wie Hoffmann moniert, der diesen Metrisierungsversuch als »überholt und von Grund auf irrig« bezeichnet (ebd.,

S. 120 u. 127f.). – Schon beim Kürenberger und im *Nibelungenlied* ist neben der im Anvers üblichen klingenden Kadenz auch die männliche bezeugt, und so wird man auch in der Elegie nicht durchweg die Überlieferung zu tadeln haben, wenn sich klingende Kadenzen nicht einstellen wollen, sondern mit Kadenzentausch rechnen (vgl. Hoffmann 1968, S. 127; Wisniewski 1968, S. 93f.; Bertau 1985, S. 200; Kornrumpf 1989, S. 147). – Wenn man der Elegie die ein Langzeilenpaar umfassende sogenannte Trier-Alsfelder-Melodie unterlegt (vgl. Bertau ebd., S. 200ff.), könnte der Vortrag durch ständige Wiederholung leicht monoton wirken (zur Problematik vgl. Brunner 1996, S. 65f.). Vermieden würde dies bei der Annahme größerer Melodieblöcke, etwa einer aus zweimal zwei Perioden zu vier Langzeilen gebauten Melodie der Form AABB', mit der Walther möglicherweise an epische Modelle wie das *Nibelungenlied* (zu dem auch der Klageton der Elegie stimmt, vgl. Hoffmann 1968, S. 128f.) oder den Hildebrandston (vgl. Wisniewski 1968, S. 96) erinnern wollte; hinzu kommt eine Ähnlichkeit des Baus AABB' mit Periodengruppen, wie sie beim Spruch begegnen (vgl. Kornrumpf 1989, S. 151f.; Brunner 1996, S. 61, der die Strophenform des Reichstons vergleicht). – In ihrer Analyse der Elegie macht Salvan-Renucci, die sich neben der Sprecherrolle auf die »Dynamik der Denk- und Sprachabläufe« konzentriert, auf die Spannung zwischen der »dualen Textanlage« (Klage – Widerruf) und dem regelmäßigen Fluß der Langzeilen, zwischen den »hintergründigen Brechungen« auf der Textebene und dem einheitlichen Prinzip des Rhythmus aufmerksam (1995, S. 125f.). Auf die »konsequent diskursive Gedankenführung« weist Hoffmann hin (1968, S. 127), das Phänomen »eines weitverzweigten dialektisch konstruierten Sprachvorgangs« arbeitet Tubach heraus (1977, S. 118-124, das Zitat S. 118; vgl. auch die Skizze der Argumentationsstruktur bei Haubrichs 1977, S. 25).

Schlafen und Wachen, Träumen und Sich-bewußt-Werden, Wahrheit und Lüge, Erinnerung und Wahrnehmung, das Vertraute und das Fremde, Freude und Sorge, die *wunne* der Welt und die des Jenseits, Honig und Galle, Außen und Innen, Sünde und Buße, *owê* und *niemer mêr ouwê* – hinter Dichotomien wie diesen verbirgt sich der Sinngehalt der Elegie, der alles andere als eindeutig, sondern »mehrstufig, komplex« ist (Hoffmann 1968, S. 125). Zwar dominiert in jeder der drei Strophen ein Thema – »Klage über die Vergänglichkeit« (I), »Kritik am Verfall der höfischen Kultur« (II), »Aufruf zum Kreuzzug« (III) –, doch durchdringen sich diese Themenkreise in der durchgehaltenen Ich-Perspektive immer wieder (vgl. Wisniewski 1968, S. 104). – Unter den Interpretationen der letzten Jahrzehnte ragt die Analyse der Elegie durch Hoffmann heraus, der eine »Nachzeichnung der inneren Bewegung des Gedichtes« vornimmt und »die Klage und ihre Überwindung« als dessen »innere Mitte« erkennt (1968, S. 125f.). Für Tubach ist der zentrale Sinn der Elegie »die Affirmation des Glaubens und der Dienst an der Religion« (1977, S. 118). Auf den Aspekt des *wandels* hebt Wisniewski ab (1968, S. 104-107), während Haubrichs, der den »Zusammenhang zwischen vorgeblicher ›Elegie‹ und ›Kreuzzugsaufruf‹« aufdekken will, von der »Rekonstruktion von Vortragssituation und Autor-Hörer-Beziehung« ausgeht (1977, S. 13f.). Wertvolle Interpretationshinweise lassen sich auch den Exkursen bei Volkmann entnehmen (1987, S. 255-361).

Die Stelle *uns sint unsenfte brieve her von Rôme komen* (II,9) wurde seit Uhland mit den gegen Kaiser Friedrich gerichteten Bannbriefen Gregors IX. in Zusammenhang gebracht, und Burdach hat den genauen Bezug auf die beiden Enzykliken vom 1.10. und 8.10.1227 evident gemacht (1935, S. 61ff.). Demgegenüber versteht Volkmann den Vers als Reflex der in den Kreuzzugsaufrufen der Päpste seit 1218 enthaltenen Schilderung der Notlage im Heiligen Land und will den möglichen Entstehungszeitraum der Elegie auf diese Weise erweitern (1987, S. 393-408; S. 368-372 faßt er die Ereignisse der Jahre 1227/28 zusammen, S. 376-387 untersucht er die beiden von Burdach herangezogenen Enzykliken). Gegen Volkmanns These spricht, daß mit *unsenfte* die Briefe selbst qualifiziert werden und dies sich kaum auf eine in ihnen enthaltene Klage über die Not im Heiligen Land beziehen läßt; zudem widerspräche, worauf Nolte hinweist, die Aufnahme päpstlicher Argumente der bekannten antikurialen Position Walthers (1991, S. 109 Anm. 7; Spechtler 1996, S. 226, dagegen neigt Volkmanns Datierung zu). Daß die Elegie in allen Handschriften im Kontext von ›Altersliedern‹ überliefert ist (vgl. Edwards 1988, S. 305), kann wie bei den anderen religiösen Gedichten themabedingt sein und muß nichts über die Datierung aussagen (für *EC ist nach Kornrumpf 1989, S. 153f., die Folge 122,24ff. – 14,38ff. – 124,1ff. anzunehmen).

Einem dermaßen komplexen, formal höchst artifiziellen, gedanklich anspruchsvollen und von tiefem religiösen Ernst geprägten Gebilde wie der Elegie auf dem hier gebotenen knappen Raum gerecht zu werden, ist nicht möglich. »Es möchte einem überhaupt der Mut sinken, wenn man die Fülle der Literatur gerade zu diesem Gedicht in Augenschein zu nehmen versucht« (Bertau 1985, S. 196). Dem ist nichts hinzuzufügen.

4.3 Der Leich 3,1ff.

Auch Walthers Leich kann nicht in der Ausführlichkeit, die ihm gebührte, besprochen werden. Bereits erwähnt wurde, daß er höchstwahrscheinlich auch in dem verlorenen ersten Band der Jenaer Liederhandschrift einschließlich der Melodie enthalten war (s.o. S. 26) und daß Walthers Vertrautheit mit der lateinischen Sequenz, wie sie der Leich bezeugt, auf eine klerikale Ausbildung des Autors hindeutet (s.o. S. 4).

Der Leich ist die künstlerisch anspruchsvollste Form der mittelhochdeutschen Lyrik (vgl. grundsätzlich Apfelböck 1991). Die Meisterschaft des Verfassers ist daran zu messen, wie sich die kleinsten Einheiten (Versikel, d.h. unterschiedlich gebaute ›Strophen‹) nach einem bestimmten Plan genau oder leicht abgewandelt wiederholen (›niedere Responsion‹) und wie ganze Versikelgruppen später wiederaufgenommen werden (›höhere Responsion‹), wie die Abfolge von Formen und Themen in ein Spannungsverhältnis gestellt, wie das Ganze zahlenkompositorisch kalkuliert wird. Die Hochschätzung dieser Kunstform dokumentiert sich schon darin, daß der Leich im Codex Manesse das Corpus der Walther-Texte eröffnet. Vor Walther ist die Gattung nur durch den Minneleich Ulrichs von Gutenburg und den religiös-politischen Kreuzleich Heinrichs von Rugge vertreten, je ein für Friedrich von Hausen und Hartmann von Aue bezeugter Leich ist verloren.

Die meisten Untersuchungen zu Walthers Leich sind der Gliederung gewidmet. Sein Baugesetz ist durchsichtiger geworden seit der Entdeckung seiner engen Verwandtschaft mit der Sequenz *Captus amore gravi* (CB 60/60a) durch Huisman, die dieser für »ein modernisierendes Kontrafakt zu Walthers Leich« hält (1950, S. 66; nicht umgekehrt, wie bei Schweikle 1998, S. 796, angegeben). Vollmann hat allerdings wahrscheinlich gemacht, daß nicht Walther die Priorität zukommt, sondern daß er die wohl der ersten Hälfte des 12. Jahrhunderts angehörende Sequenz kontrafaziert hat (1988, S. 410; vgl. aber März 1996). Dabei hat Walther die Formen von CB 60 in Verbindung mit CB 60a nachgebildet, ist aber in Einzelheiten, z.B. der Reimstellung, bisweilen eigene Wege gegangen (ebd., S. 410f.). Neueren Strukturschemata wird gern »die allgemein anerkannte Gliederung« Maurers (Schweikle 1998, S. 794) zugrunde gelegt (vgl. auch Schaefer 1972, S. 521f.; Spechtler 1989, Anm. 7; Brunner bei Spechtler 1996, S. 200ff.), zu der Vollmann freilich bemerkt: »Seine Eingriffe in die Überlieferung (Umstellungen, Auslassungen) verändern den formalen Bau des Waltherschen Liedes bis zur Unkenntlichkeit« (1988, Anm. 3). Die eingehende Untersuchung der Struktur durch Klemperer (1984) nimmt Huismans Gliederung als Basis (weitere, im einzelnen divergierende Schemata z.B. bei Kuhn 1952, S. 138, und Bertau 1973, S. 1075f.).

Der Text in C setzt mit einer Anrufung der Trinität ein, der durch k repräsentierte andere Zweig der Überlieferung »formt sehr viel deutlicher ein Marienlied«, indem er den Mittelteil 5,19ff. an den Anfang stellt (Reinitzer 1989, S. 162; die Strukturierungsindizien in den Handschriften untersucht Klemperer 1984, S. 46-67). Walthers Marien-Typologie ist traditionell (vgl. die Erklärung der Umschreibungen bei Spechtler 1989, S. 338ff.; 1996, S. 203ff.), im übrigen folgt der thematische Aufbau dem Beichtschema (vgl. Bertau 1973, S. 1077) und erinnert »an die großen Themen der theologischen Traktate des Mittelalters [...]: 1. Gott und die Trinität; 2. Schöpfung und Sündenfall; 3. Jesus; 4. die Kirche, die Sakramente und die letzten Dinge« (Spechtler 1989, S. 336f.; vgl. S. 335ff. den Überblick über Aufbau und Themen; ausführlicher 1996, S. 198ff.: Inhaltsangabe, S. 202f.: Großaufbau). Zum Verhältnis zwischen thematischen und formalen Einheiten ist bemerkenswert, daß es ein Gesetz des Leichs zu sein scheint, »die Abschnitte des Sinnes nicht mit den metrischen Abschnitten [...] zusammenfallen zu lassen« (WM I 1916, S. 220).

Was Anlaß und Entstehungszeit des Leichs anbetrifft, kommt man nicht über Vermutungen hinaus. Daß er »zu einer Zeit verfaßt sein muß, als Reich und Kirche im Kampfe lagen, wahrscheinlich zu einer Zeit, da päpstliches Interdikt den regulären Gottesdienst versagte« (ebd., S. 221), könnte man aus der kirchenkritischen Passage 6,28-7,24 folgern, in der geklagt wird über die Herrschaft der *simonîe*, die Dissonanz zwischen *kristentuom* und *kristenheit*, das Auseinanderklaffen von *worten* und *werken*, das Versiegen der *lêre*, die man *von Rôme was gewon* (vgl. dazu Spechtler 1996, S. 205f.). Doch derartige Zustände hatte Walther fast die ganze Zeit über, in der er als politischer Dichter tätig war, zu beklagen. So könnte der Leich mit Bertau in die späten zwanziger Jahre gesetzt werden: »Ich würde gern den gebannten Kaiser selbst als den eigentlichen Gönner und Auftraggeber des Werkes ansehen« (1973, S. 1077). Mit gleichem Recht aber könnte man ihn mit Reinitzer »1201, wohl nach dem 3. Juli, an dem Philipp von Schwaben und seine Anhänger von Papst Innocenz III. gebannt worden waren«, entstanden sein lassen (1989, S. 171). Reinitzer fragt auch »nach den Möglichkeiten der Aufführung eines religiösen Leichs als Tanz« (ebd., S. 172) und erwägt, wohl wissend, daß es »Spekulation« ist (ebd., Anm. 70), Mariä Himmelfahrt (15.8.) als Datum: »Hat Walther sein religiöses Tanzlied geschrieben, um an diesem Tag des Jahres 1201 (zur Komplet) ein politisches Nachtgebet an Maria und gegen die Papstkirche vortragen zu können?« (ebd., S. 175).

III. Skizze der Walther-Rezeption

1. Rezeption bis zum Meistergesang

Von der zeitgenössischen Rezeption Walthers war an verschiedenen Stellen bereits die Rede: Gottfried von Straßburg überreicht ihm den Lyriker-Lorbeer, Wolfram von Eschenbach nennt zwei Mal seinen Namen, Thomasin von Zerclaere polemisiert gegen seine Opferstock-Sprüche, Reinmar der Alte und andere setzen sich in der ›Fehde‹ mit ihm auseinander, Ulrich von Singenberg parodiert ihn, widmet ihm aber auch einen Nachruf (zu weiteren Parodien vgl. Schweikle 1986a). Dies alles spiegelt die Bedeutung, die Walther von seinen Kollegen zuerkannt wurde, und schon darin deutet sich auch die »literarische Kanonbildung« an, »die sich u.a. an den Dichternennungen in der Spruchdichtung ablesen läßt« (Holznagel 1995, S. 94). Der Marner, Reinmar von Brennenberg, Robyn und Hermann der Damen nennen ihn in Sammelnachrufen als Vorbild und Vorläufer, wie ihn ähnlich auch der Didaktiker Hugo von Trimberg mit seinem berühmten Ausspruch im *Renner* würdigt: *Her Walther von der Vogelweide:/Swer des vergêze der tête mir leide.* Ohne Walthers Namen zu erwähnen, läßt Ulrich von Lichtenstein einen *kneht* die erste Strophe des Preislieds singen, Rudolf von Ems zitiert im *Willehalm von Orlens* Walther mit seinem Wort von der Unvereinbarkeit von *minne* und *kintheit* aus dem Spruch 102,1ff., der Dichter des *Jüngeren Titurel*, Albrecht, nimmt die drei Werte aus dem ersten Reichsspruch 8,4ff. auf (die meisten dieser Beispiele bei Schweikle 1970; vgl. auch Gerstmeyer 1934, S. 16-27 u. 32-36; Hein 1934, S. 39-43).

Bald beginnt auch die produktive Rezeption Walthers, zeigen sich die Anfänge seiner Mythisierung, wenn er im *Wartburgkrieg* als Teilnehmer des Sängerwettstreits auftritt (vgl. Gerstmeyer 1934, S. 28ff.; Hein 1934, S. 49-54) oder wenn ihn später die Meistersinger, die auch Walthersche Töne übernehmen, zu einem der zwölf alten Meister machen (vgl. Gerstmeyer ebd., S. 40-46; Hein ebd., S. 62-68; Brunner 1975).

2. Vorwissenschaftliche Rezeption in der Neuzeit

Nachdem es etwa 200 Jahre lang still war um Walther, veröffentlicht der Jurist Melchior Goldast, der in den Codex Manesse Einsicht nehmen konnte, kurz nach 1600 einige Walther-Texte, erkennt in dem Dichter den Moralisten, verbreitet im ganzen aber noch ein mythisches Walther-Bild (vgl. Gerstmeyer ebd., S. 52-56; Hein ebd., S. 75-78; Richter 1988, S. 39f.; Weil 1991, S. 57-60). Auf Goldast fußend, zitiert Martin Opitz 1624 als einzigen Beleg dafür, daß auch die ältere deutsche Poesie *ingenia* aufweisen könne, die Stelle 6,28-7,10 aus Walthers Leich (vgl. Gerstmeyer ebd., S. 56ff.; Richter ebd., S. 41f.; Apfelböck 1991, S. 3f.; zur Rezeption Walthers im 17. Jahrhundert insgesamt vgl. Hein ebd., S. 78-84). Produktive Minnesang- und damit auch Walther-Rezeption betreiben im folgenden Jahrhundert die Anakreontiker – Johann Wilhelm Ludwig Gleim veröffentlicht Nachdichtungen Walthers – und die Dichter des Göttinger Hains (vgl. Gerstmeyer ebd., S. 77ff. u. 86f.; Richter ebd., S. 43-46; Weil 1991, S. 169-196). Angeregt dazu wurden sie durch die epochemachenden, eine wissenschaftliche Beschäftigung mit Walther vorbereitenden Publikationen der Schweizer Johann Jacob Bodmer und Johann Jacob Breitinger, die um die Jahrhundertmitte zuerst Auszüge aus dem Codex Manesse, dann fast die gesamte Handschrift abdruckten (vgl. Gerstmeyer ebd., S. 80-86; Gradinger 1970, S. 4-24; Richter ebd., S. 47ff.; Weil ebd., S. 71-78). Von den Bemühungen der Romantiker um die Literatur des Mittelalters seien die 1803 erschienenen Bearbeitungen von Minneliedern durch Ludwig Tieck erwähnt (vgl. Gradinger ebd., S. 32-86; Weil ebd., S. 99ff.; S. 197-261 zur literarischen Minnesang-Rezeption der Romantik; S. 91-121 zum Mittelalter-Bild der Romantik; dazu auch schon Gerstmeyer ebd., S. 96-110).

3. Wissenschaftliche Rezeption

Noch ohne eine wissenschaftlichen Ansprüchen genügende Edition mußte Ludwig Uhland auskommen, der mit seiner Walther-Biographie 1822 die ernstzunehmende Forschungsgeschichte dieses Autors recht eigentlich eröffnet. Dem Nationalgedanken seiner Zeit verhaftet, prägt er aber auch wesentlich das bis weit ins 20. Jahrhundert hereinreichende Walther-Bild mit all seinen ideologischen Verwerfungen (vgl. Gerstmeyer ebd., S. 111-119; Hechtle 1937, S. 32-36; Czaplinski 1969, S. 4-17; Gradinger 1970, S. 96-123; Richter

1988, S. 62-70). Fünf Jahre nach Uhlands Schrift erscheint dann die mit ihren verschiedenen Bearbeitungen bis heute maßgebliche Edition Karl Lachmanns (vgl. Richter ebd., S. 70-76; Bein 1997, S. 81ff.; sowie die Vorreden bei Lachmann/v. Kraus/Kuhn [13]1965, S. V-IX u. XLIII-XLVI, und Cormeau 1996, S. XIII-XVII). Walther zu popularisieren, lag außerhalb ihrer Wirkungsabsicht; mit ihren strengen editorischen Grundsätzen, der Konzentration auf Text und Lesartenapparat und der fast asketischen Abstinenz, was erläuternde Anmerkungen angeht, geriet sie im weiteren Verlauf des Jahrhunderts geradezu zum Feindbild derjenigen, die Walther unters Volk bringen wollten. Dezidiert als Gegenentwurf zu Lachmann konzipiert ist die Ausgabe Franz Pfeiffers von 1864, die den Texten reichlich Verständnishilfen zur Seite stellt und der es gelungen ist, Walther einem breiteren Publikum zu präsentieren (vgl. Czaplinski 1969, S. 20-24; Richter ebd., S. 161-165; Krohn 1994, S. 326-331). Kurz nach Lachmanns Edition war 1833 die Übersetzung von Karl Simrock mit Erläuterungen von Wilhelm Wackernagel erschienen, der Simrock 1870 noch eine Ausgabe folgen ließ (zu jener vgl. Richter ebd., S. 76-86; Moser 1976, S. 246-261 u. 265-269, mit Übersetzungsvergleichen; zur Ausgabe Moser, S. 110f.); auch die bald darauf von Friedrich Heinrich von der Hagen vorgelegte, oft unterschätzte, aber immer noch wertvolle Monumentalausgabe der »Minnesinger« (1838) sei nicht übergangen (vgl. Bein 1997, S. 83f.). Die bis heute (Ranawake 1997) existierende Edition Hermann Pauls (erstmals 1882) genügt von den Ausgaben des 19. Jahrhunderts am ehesten modernen textkritischen Ansprüchen, da sie so etwas wie ein modifiziertes Leithandschriftenprinzip verfolgt (vgl. Bein 1997, S. 84f.), während Lachmann stärker zu Lesartenkontaminationen aus verschiedenen Handschriften tendierte. Zusammen mit der Ausgabe von Wilhelm Wilmanns (1869; vollständig umgearbeitet [2]1883) standen damit am Ende des Jahrhunderts mehrere solide und verläßliche Walther-Editionen zur Verfügung. Auch die Uhlands Pioniertat fortsetzenden Monographien zu Walthers Leben und Dichten hatten seit Menzel (1865; vgl. Gerstmeyer 1934, S. 138-141; Czaplinski 1969, S. 25-32; Richter 1988, S. 168-176) einen Aufschwung erfahren: Burdach (1880 u. 1900), Wilmanns (1882), Schönbach (1890) haben ein Fundament gelegt, auf dem die Forschung des 20. Jahrhunderts weiterbauen konnte (zu Burdach vgl. Hechtle 1937, S. 47f. u. 51-55; Czaplinski ebd., S. 47-65; Richter ebd., S. 263-281; zu Wilmanns vgl. Richter, S. 231-251; zu Schönbach vgl. Czaplinski, S. 40-47; Richter, S. 251-263). Die Kommentierung der Waltherschen Texte ist mit der Umarbeitung von Wilmanns' Ausgabe durch Victor Michels (WM II 1924), der die Neufassung des Darstellungsbandes vorangegangen war (WM I 1916), in einem bis heute nicht übertroffenen Maß gefördert worden: Alle folgenden Kommentare bauen auf diesem auf, rücken selbstverständlich auch inzwischen Überholtes zurecht, erreichen aber bei weitem nicht dessen Detailfülle (vgl. Bein 1997, S. 85f.). Die Walther-Untersuchungen von Carl v. Kraus (1935) dokumentieren gemeinsam mit der Bearbeitung der Ausgabe Lachmanns (Lachmann/v. Kraus [10]1936) den Höhepunkt einer Philologie, die man als Lachmann-Schule zusammenfaßt und die sich immer weiter von den Prinzipien des ersten Herausgebers, immer weiter von der Überlieferung entfernt hat (zur Entwicklung von Lachmann bis v. Kraus vgl. den pauschalen Überblick bei Hechtle 1937, S. 5-31; knappe Charakterisierungen der Lachmann-Tradition bei Schweikle 1977, S. 1-4; Bein 1997, S. 81f.). In den Bahnen v. Kraus' bewegt sich auch noch die zweibändige Ausgabe Maurers (1955 u. 1956; vgl. Bein ebd., S. 86ff.), die aber dank ihrer übersichtlichen Aufmachung im Seminarbetrieb der letzten Jahrzehnte oft der Lachmann-Edition vorgezogen wurde. Daß Walther auch wieder einer breiteren Öffentlichkeit zugänglich wurde, ist den Taschenbuch-Ausgaben von Wapnewski (1962) und Protze (1963) zu verdanken. Eine entscheidende Wende in der Walther-Philologie wird durch die in den letzten fünf Jahren von Schweikle (1994 u. 1998), Cormeau (1996) und – in den von Paul gesteckten Grenzen – Ranawake (1997) vorgelegten Editionen markiert: Rückkehr zur Überlieferung und weitgehende Abwendung von einer subjektiven Echtheits-Philologie (vgl. Scholz 1998).

4. Walther-Ideologien

Ob das 18. Jahrhundert Walther als einen zweiten Anakreon sah, ob er im Jahrhundert darauf zum Prototyp eines Biedermeier-Liebhabers stilisiert wurde, immer hat man sich Walther zu einem Zeitgenossen zurechtgemacht, dessen Bild mit dem durch die Texte vermittelten nur wenig gemein hatte. Die nachhaltigste Wirkung hat Walther aber als der nationale Prophet und vaterländische Sänger des Reiches erzielt, als den ihn das 19. Jahrhundert sehen wollte (vgl. umfassend Richter 1988; vgl. auch Nolte 1992; zum Walther-Bild in den Literaturgeschichten der Zeit vgl. Czaplinski 1969, S. 130-153). Man konnte ihn, den Papst-Gegner, dann auch leicht als Mitstreiter im Kulturkampf vereinnahmen (vgl. Czaplinski ebd., S. 36-40). Die Rezeption seines Preisliedes 56,14ff. bei Heinrich Hoffmann von Fallersleben und der Mißbrauch, den man später mit dessen *Lied der Deutschen* getrieben hat, mag als Beispiel für eine das Original unkenntlich machende Ideologisierung stehen (vgl. Kuhn 1967; Halbach 1979; Wapnewski 1992; U. Müller 1996, S. 236-240). – Gut aufgearbeitet sind die im Zusammenhang mit der Propagierung Südtirols als Walthers Heimat stehenden Ereignisse, die zur Errichtung seines Denkmals in Bozen geführt haben, ebenso wie das den Antagonismus zwischen Italienern und Deutschsprachigen spiegelnde wechselhafte Schicksal dieses Standbilds bis in die Gegenwart (vgl. Mühlberger 1985; Schnyder 1989; Egger/Gummerer 1990; zum Walther-Bild der »Tiroler Bewegung« vgl. auch Gerstmeyer 1934, S. 157-167). – Mit der Bevorzugung von Walthers politischer Dichtung vor seiner Minnelyrik und mit der Herausstellung des »Erziehers« Walther (vgl. dazu Ehnert 1979) in der Forschung des ersten Drittels des 20. Jahrhunderts wird das Bild vorbereitet, das sich die Zeit des Nationalsozialismus von diesem Dichter gemacht hat (zur Sicht Walthers vor 1933 vgl. Czaplinski 1969, S. 66-91; Richter 1988, S. 286-319). In diesen zwölf Jahren verzerrt sich das Bild Walthers durch das Aufspüren der ›völkisch-nationalen‹ Züge im Werk des Sängers des ›deutschen Reiches‹ vollends bis zur Unkenntlichkeit (vgl. Czaplinski ebd., S. 91-128; S. 154-175 zu Walther in den Literaturgeschichten des 20. Jahrhunderts bis 1945; Richter ebd., S. 320-354; Bein 1993b). – Es war nach alldem nur natürlich und auch notwendig, daß die Germanistik seit 1945 nach einigem Zögern eine ideologiefreie Sicht des Mittelalters angestrebt und damit auch ein neues Walther-Bild gesucht hat (vgl. Richter ebd., S. 427-498). Man wollte in ihm nicht mehr den Ratgeber der Könige sehen, nicht mehr den Visionär einer Reichsidee, vielmehr den armen Hund, den politischen Agitator, den, der das Lied derjenigen sang, deren Brot er aß, den plebejischen Opportunisten. Verbirgt sich aber nicht auch hinter diesem Walther-Bild schon wieder eine Ideologie (vgl. auch Reichert 1992, S. 175)?

5. Produktive Rezeption

Dichtung über den Dichter, das, was man produktive Rezeption nennt, begann schon bald nach Uhlands Monographie seine Blüten zu treiben. Der edle Sänger, der den kleinen Vöglein lauscht, der wackere Minner, der züchtig liebt, der sein Vaterland verherrlichende und dessen Feinde hassende Poet – Gedichte, Romane und Erzählungen, Dramen und Opern verbreiten dieses Bild, das bis weit ins 20. Jahrhundert hinein recht konstant bleibt (vgl. Gerstmeyer 1934, S. 167-190; Ehnert 1979, mit einer Bibliographie S. 241-244; eine solche auch bei Grosse/Rautenberg 1989, S. 292-303; vgl. auch Weil 1991, S. 262-292, zur literarischen Rezeption des Minnesangs von ca. 1830 bis 1918, S. 293-326 zu der von 1919 bis 1990). Ein qualitativ herausragendes Werk ist lange nicht zu finden, bis Eberhard Hilscher 1976 seinen Roman *Der Morgenstern oder die vier Verwandlungen eines Mannes, Walther von der Vogelweide genannt* veröffentlicht (der Roman erfährt eine positive, wenn auch in Details kritische Würdigung bei Dörfelt 1989, S. 211-281; Bibliographie S. 483-487; vgl. Hilschers Replik 1991; das ästhetische Gefälle wird in der Gegenüberstellung mit dem 1971 erschienenen Walther-Roman von Therese Mülhause-Vogeler eklatant deutlich; vgl. Dörfelt, S. 75-106; Bibliographie S. 466f.). Und auch wenn die Liedermacher der Gegenwart sich Walthers annehmen, erklingt bisweilen durchaus Hörenswertes; ein Text hat es ihnen besonders angetan: sein Lindenlied (zur musikalischen Minnesang-Rezeption im 19. und 20. Jahrhundert vgl. Weil 1991, S. 327-346; zur Walther-Rezeption bei den Liedermachern und im Roman nach 1945 Neureiter-Lackner 1996, S. 240-250; U. Müller 1996, S. 250-255 zu modernen Aufführungsversuchen; Diskographie S. 255-258; einige wenige Walther-Bearbeitungen mit Musik sind verzeichnet bei Grosse/Rautenberg 1989, S. 289ff.; zu *Under der linden* vgl. U. Müller 1983c u. 1983d; Arentzen 1988).

Produktive Walther-Rezeption betreibt auch Peter Rühmkorf, der Walther als »fast zeitgenössisch« erkennt (1975, S. 13). Seine *ich*-bezogene Darstellung hat v.a. durch ihre Nachdichtungen Waltherscher Texte Aufsehen erregt. Als Versuch, Walther als so modern zu präsentieren, wie er es einst war, sind sie ernst zu nehmen, mag man auch die »flotte Suada« und den Griff in die »lyrische Trickkiste« kritisieren (Wyss 1978, S. 264 u. 267; die gründlichste Auseinandersetzung mit Rühmkorf findet sich bei Dörfelt 1989, S. 151-210; Bibliographie S. 475-483). Allemal gültig und auch in einer wissenschaftlichen Darstellung zitierenswert ist sein Befund, daß Walthers Gedichte »gewiß nicht nur Studierstoff sind, sondern poetischer Reizstoff, Leuchtstoff, Erregungsstoff, Wirkstoff« (Rühmkorf 1975, S. 13).

Abkürzungsverzeichnis

ABäG	Amsterdamer Beiträge zur älteren Germanistik
Archiv	Archiv für das Studium der neueren Sprachen und Literaturen
ATB	Altdeutsche Textbibliothek
AUMLA	Journal of the Australasian Universities Language and Literature Association
BSM	Karl Bartsch: Die Schweizer Minnesänger
DU	Der Deutschunterricht
DVjs	Deutsche Vierteljahrsschrift für Literaturwissenschaft und Geistesgeschichte
DWb	Deutsches Wörterbuch
EHS	Europäische Hochschulschriften
Euph.	Euphorion
FMLS	Forum for Modern Language Studies
GAG	Göppinger Arbeiten zur Germanistik
GLL	German Life and Letters
GQ	German Quarterly
GRM	Germanisch-Romanische Monatsschrift
IASL	Internationales Archiv für Sozialgeschichte der deutschen Literatur
KLD	Carl v. Kraus: Deutsche Liederdichter des 13. Jahrhunderts
LiLi	Zeitschrift für Literaturwissenschaft und Linguistik
LIT	Litterae
Lit.wiss. Jb.	Literaturwissenschaftliches Jahrbuch
MF	Des Minnesangs Frühling
MGH	Monumenta Germaniae Historica
MLN	Modern Language Notes
MLR	The Modern Language Review
Monatshefte	Monatshefte für deutschen Unterricht, deutsche Sprache und Literatur
MTU	Münchener Texte und Untersuchungen zur deutschen Literatur des Mittelalters
Neophil.	Neophilologus
OGS	Oxford German Studies
PBB	Paul/Braunes Beiträge zur Geschichte der deutschen Sprache und Literatur
PMLA	Publications of the Modern Language Association of America
RSM	Repertorium der Sangsprüche und Meisterlieder
RUB	Reclams Universal-Bibliothek
SM	Sammlung Metzler
Spec.	Speculum
UTB	Uni-Taschenbücher
^{2}VL	Verfasserlexikon, 2. Aufl.
WB	Weimarer Beiträge
WdF	Wege der Forschung
WM	Wilmanns/Michels
WW	Wirkendes Wort
ZfdA	Zeitschrift für deutsches Altertum und deutsche Literatur
ZfdPh	Zeitschrift für deutsche Philologie
ZfGerm	Zeitschrift für Germanistik

IV. Literaturverzeichnis

1. Bibliographien

Scholz, Manfred Günter: *Bibliographie zu Walther von der Vogelweide*. Berlin 1969 (Bibliographien z. dt. Lit. des Mittelalters 4).

Bartels, Barbara: »Bibliographie zu Walther von der Vogelweide«. In: *Wiss. Zs. d. Ernst-Moritz-Arndt-Univ. Greifswald, Gesellschafts- u. sprachwiss. Reihe* 30 (1981) H. 3/4, S. 85-90.

Halbach ^{4}1983 (s. Handbücher).

Grosse, Siegfried/Rautenberg, Ursula: *Die Rezeption mittelalterlicher deutscher Dichtung. Eine Bibliographie ihrer Übersetzungen und Bearbeitungen seit der Mitte des 18. Jahrhunderts*. Tübingen 1989.

Brunner/Hahn/Müller/Spechtler 1996 (s. Handbücher).

Schmidt, Heiner (Hg.): *Quellenlexikon zur deutschen Literaturgeschichte*. Bd. 32 (2002) S. 261-300.

2. Ausgaben, Übersetzungen, Faksimiles

Brunner, Horst (Hg.): *Das Hausbuch des Michael de Leone (Würzburger Liederhandschrift) der Universitätsbibliothek München (2° Cod. ms. 731)*. Göppingen 1983 (LIT 100).

Brunner, Horst/Müller, Ulrich/Spechtler, Franz Viktor (Hgg.): *Walther von der Vogelweide. Die gesamte Überlieferung der Texte und Melodien. Abbildungen, Materialien, Melodietranskriptionen*. Mit Beiträgen von Helmut Lomnitzer und Hans-Dieter Mück. Geleitwort von Hugo Kuhn. Göppingen 1977 (LIT 7).

Cormeau, Christoph (Hg.): *Walther von der Vogelweide. Leich, Lieder, Sangsprüche*. 14., völlig neubearbeitete Auflage der Ausgabe Karl Lachmanns mit Beiträgen von Thomas Bein und Horst Brunner. Berlin/New York 1996.

Deutsche Lyrik des frühen und hohen Mittelalters. Edition der Texte und Kommentare von Ingrid Kasten. Übersetzungen von Margherita Kuhn. Frankfurt/M. 1995 (Bibliothek d. Mittelalters 3/Bibliothek dt. Klassiker 129).

Goldin, Frederick: *Walther von der Vogelweide. The Single-Stanza Lyrics*, edited and translated, with Introduction and Commentary. New York/London 2003.

von der Hagen, Friedrich Heinrich: *Minnesinger. Deutsche Liederdichter des zwölften, dreizehnten und vierzehnten Jahrhunderts*. 4 Teile. Leipzig 1838.

Heinen, Hubert (Hg.): *Mutabilität im Minnesang. Mehrfach überlieferte Lieder des 12. und frühen 13. Jahrhunderts*. Göppingen 1989 (GAG 515).

Die Kleine Heidelberger Liederhandschrift Cod. pal. germ. 357 der Universitätsbibliothek Heidelberg. 2 Bde.: [Faksimileband], Einführung von Walter Blank. Wiesbaden 1972 (Facsimilia Heidelbergensia 2).

Lachmann, Karl (Hg.): *Die Gedichte Walthers von der Vogelweide*. Berlin 1827. – ^{2}1843. – ^{10}1936, neu hg. v. Carl v. Kraus. – ^{13}1965, neu hg. v. Hugo Kuhn. – ^{14}1996 (s. Cormeau).

Die Lieder Reinmars und Walthers von der Vogelweide aus der Würzburger Handschrift 2° Cod. MS. 731 der Universitätsbibliothek München. Bd. 1: *Faksimile*. Mit einer Einführung von Gisela Kornrumpf. Wiesbaden 1972.

Maurer, Friedrich (Hg.): *Die Lieder Walthers von der Vogelweide.* Unter Beifügung erhaltener und erschlossener Melodien neu hg. Bd. 1: *Die religiösen und die politischen Lieder.* Tübingen 1955 (ATB 43). Bd. 2: *Die Liebeslieder.* Tübingen 1956 (ATB 47).

Maurer, Friedrich (Hg.): *Walther von der Vogelweide. Die Lieder.* Mittelhochdeutsch und in neuhochdeutscher Prosa. Mit einer Einführung in die Liedkunst Walthers. München 1972 (UTB 167).

Mittelhochdeutsche Spruchdichtung. Früher Meistersang. Der Codex Palatinus Germanicus 350 der Universitätsbibliothek Heidelberg. 3 Bde.: 1. Faksimile. 2. Einführung und Kommentar von Walter Blank. 3. Beschreibung der Handschrift und Transkription von Günter und Gisela Kochendörfer. Wiesbaden 1974 (Facsimilia Heidelbergensia 3).

Morgenstern-Werner, Elisabeth (Hg.): *Die Weimarer Liederhandschrift Q 564 (Lyrik-Handschrift F).* Göppingen 1990 (GAG 534).

Paul, Hermann (Hg.): *Die Gedichte Walthers von der Vogelweide.* Halle 1882 (ATB 1). – [11]1997 (s. Ranawake).

Pfeiffer, Franz (Hg.): *Walther von der Vogelweide.* Leipzig 1864 (Dt. Classiker d. Mittelalters 1).

Protze, Helmut (Hg.): *Walther von der Vogelweide. Sprüche und Lieder.* Halle 1963 (Literar. Erbe 3).

Ranawake, Silvia (Hg.): *Walther von der Vogelweide. Gedichte.* 11. Auflage auf der Grundlage der Ausgabe von Hermann Paul. Mit einem Melodieanhang von Horst Brunner. Teil 1: *Der Spruchdichter.* Tübingen 1997 (ATB 1).

Schaefer, Joerg (Hg.): *Walther von der Vogelweide. Werke.* Text und Prosaübersetzung. Erläuterung der Gedichte. Erklärung der wichtigsten Begriffe. Darmstadt 1972.

Schweikle, Günther (Hg.): *Dichter über Dichter in mittelhochdeutscher Literatur.* Tübingen 1970 (Dt. Texte 12).

Schweikle, Günther (Hg.): *Parodie und Polemik in mittelhochdeutscher Dichtung. 123 Texte von Kürenberg bis Frauenlob samt dem Wartburgkrieg nach der Großen Heidelberger Liederhandschrift C.* Stuttgart 1986 (Helfant Texte 5).

Schweikle, Günther (Hg.): *Walther von der Vogelweide. Werke. Gesamtausgabe.* Mittelhochdeutsch/Neuhochdeutsch. Hg., übersetzt u. kommentiert. Bd. 1: *Spruchlyrik.* Stuttgart 1994 (RUB 819). Bd. 2: *Liedlyrik.* Stuttgart 1998 (RUB 820).

Simrock, Karl (Hg.): *Gedichte Walthers von der Vogelweide,* übersetzt v. K. S. u. erläutert v. Wilhelm Wackernagel. 2 Teile. Berlin 1833. – [4]1869.

Simrock, Karl (Hg.): *Walther von der Vogelweide* hg., geordnet u. erläutert. Bonn 1870.

Spechtler, Franz Viktor: *Walther von der Vogelweide, Sämtliche Gedichte.* Aus dem Mittelhochdeutschen ins Neuhochdeutsche übertragen. Klagenfurt 2003.

Walther, Ingo F. (Hg.): *Codex Manesse. Die Miniaturen der Großen Heidelberger Liederhandschrift.* Hg. u. erläutert unter Mitarbeit von Gisela Siebert. Frankfurt/M. [2]1988.

Wapnewski, Peter (Hg.): *Walther von der Vogelweide. Gedichte.* Mittelhochdeutscher Text und Übertragung. Ausgewählt u. übersetzt. Frankfurt/M./Hamburg 1962 (Exempla classica. Die Fischer Bibliothek der hundert Bücher 48).

Die Weingartner Liederhandschrift. 2 Bde.: [Faksimileband], Textband [mit Beiträgen von Wolfgang Irtenkauf, Kurt Herbert Halbach, Renate Kroos und Otfrid Ehrismann]. Stuttgart 1969.

Wilmanns, Wilhelm (Hg.): *Walther von der Vogelweide* hg. u. erklärt. Halle 1869 (Germanist. Handbibliothek I). – ²1883. – ⁴1924, besorgt v. Victor Michels (Germanist. Handbibliothek I,2; = WM II).
Witt, Hubert (Hg.): *Walther von der Vogelweide. In dieser Welt geht's wundersam. Die Gedichte.* Mit einer Einführung von Ursula Schulze. München 1984.
WM II 1924 (s. Wilmanns).

3. Handbücher, Gesamtdarstellungen, Kommentare, Nachschlagewerke

Bein, Thomas: *Walther von der Vogelweide.* Stuttgart 1997 (RUB 17601).
Brunner, Horst/Hahn, Gerhard/Müller, Ulrich/Spechtler, Franz Viktor, unter Mitarbeit von Sigrid Neureiter-Lackner: *Walther von der Vogelweide. Epoche – Werk – Wirkung.* München 1996 (Arbeitsbücher z. Lit.gesch.).
Burdach, Konrad: *Reinmar der Alte und Walther von der Vogelweide. Ein Beitrag zur Geschichte des Minnesangs.* Leipzig 1880.
Burdach, Konrad: *Walther von der Vogelweide. Philologische und historische Forschungen. Erster Theil.* Leipzig 1900.
Deutsches Wörterbuch von Jacob Grimm und Wilhelm Grimm. Bd. 12,2 (1951).
Hahn, Gerhard: *Walther von der Vogelweide.* München/Zürich 1986 (Artemis Einführungen 22).
Halbach, Kurt Herbert: *Walther von der Vogelweide.* Stuttgart 1965 (SM 40). – ³1973. – ⁴1983, bearb. v. Manfred Günter Scholz.
Hall, Clifton/Coleman, Samuel: *Walther von der Vogelweide. A Complete Reference Work. Head-Word and Rhyme-Word Concordances to His Poetry.* Niwot, Colorado 1995.
Jones, George Fenwick: *Walther von der Vogelweide.* New York 1968 (Twayne's World Authors Series 46).
v. Kraus, Carl: *Walther von der Vogelweide. Untersuchungen.* Berlin/Leipzig 1935.
Kuhn, Hugo: *Minnelieder Walthers von der Vogelweide. Ein Kommentar.* Hg. v. Christoph Cormeau. Tübingen 1982 (Untersuchungen z. dt. Lit.gesch. 33).
Menzel, Rudolf: *Das Leben Walthers von der Vogelweide.* Leipzig 1865.
Nolte, Theodor: *Walther von der Vogelweide. Höfische Idealität und konkrete Erfahrung.* Stuttgart 1991.
Paul, Otto/Glier, Ingeborg: *Deutsche Metrik.* München ⁹1974.
Reichert, Hermann: *Walther von der Vogelweide für Anfänger.* Wien 1992.
Repertorium der Sangsprüche und Meisterlieder des 12. bis 18. Jahrhunderts. Bd. 1: *Einleitung, Überlieferung.* Tübingen 1994. Bd. 5: *Katalog der Texte. Älterer Teil, Q – Z,* bearbeitet von Frieder Schanze und Burghart Wachinger. Tübingen 1991.
Rump, Hans-Uwe: *Walther von der Vogelweide in Selbstzeugnissen und Bilddokumenten.* Reinbek b. Hamburg 1974 (rowohlts monographien 209).
Schönbach, Anton E.: *Walther von der Vogelweide. Ein Dichterleben.* Dresden 1890 (Führende Geister 1).
Schweikle, Günther: *Minnesang.* Stuttgart/Weimar ²1995 (SM 244).
Tervooren, Helmut: *Sangspruchdichtung.* Stuttgart/Weimar 1995 (SM 293).
Uhland, Ludwig: *Walther von der Vogelweide, ein altdeutscher Dichter.* Stuttgart/Tübingen 1822.

Wilmanns, Wilhelm: *Leben und Dichten Walthers von der Vogelweide*. Bonn 1882. – [2]1916, besorgt v. Victor Michels (Germanist. Handbibliothek I,1; = WM I).
WM I 1916 (s. Wilmanns).
WM II 1924 (s. Ausgaben).

4. Forschungsliteratur

Aarburg, Ursula: »Wort und Weise im Wiener Hofton«. In: *ZfdA* 88 (1957/58) S. 196-210.

Allard, Jean-Paul: »Les poésies politiques de Walther von der Vogelweide : propaganda ou lyrisme?« In : *Speculum Medii Aevi* 2 (1996) H. 2, S. 1-32.

Apfelböck, Hermann: *Tradition und Gattungsbewußtsein im deutschen Leich. Ein Beitrag zur Gattungsgeschichte mittelalterlicher musikalischer ›discordia‹*. Tübingen 1991 (Hermaea N.F. 62).

Arentzen, Jörg: »Walthers von der Vogelweide ›Under der Linden‹ (L. 39,11) in der Gegenwart. Beobachtungen und Überlegungen zur Aktualisierbarkeit eines mittelalterlichen Liedes«. In: Kühnel, Jürgen u.a. (Hgg.): *Mittelalter-Rezeption III. Gesammelte Vorträge des 3. Salzburger Symposions: ›Mittelalter, Massenmedien, Neue Mythen‹*. Göppingen 1988 (GAG 479), S. 437-460.

Arndt, Erwin: »Beziehungen zwischen der politischen Dichtung und der Minnelyrik bei Walther von der Vogelweide«. In: *WB* 14 (1968) S. 1089-1100.

Ashcroft, Jeffrey: »Crabbed Age and Youth: The Self-Stylisations of Reimar and Walther«. In: *GLL* 28 (1974/75) S. 187-199.

Ashcroft, Jeffrey: »*Min trutgeselle von der Vogelweide*. Parodie und Maskenspiel bei Walther«. In: *Euph.* 69 (1975) S. 197-218.

Ashcroft, Jeffrey: »*Ungefüege doene*: Apocrypha in Manuscript E and the Reception of Walther's Minnesang«. In: *OGS* 13 (1982) S. 57-85.

Ashcroft, Jeffrey: »Die Anfänge von Walthers politischer Lyrik«. In: Birkhan, Helmut (Hg.): *Minnesang in Österreich*. Wien 1983 (Wiener Arbeiten z. german. Altertumskunde u. Philologie 24), S. 1-24.

Ashcroft, Jeffrey: »Frauenstimmen in der Minnelyrik Walthers von der Vogelweide«. In: Cramer, Thomas u.a. (Hgg.): *Frauenlieder/Cantigas de amigo*. Stuttgart 2000, S. 95-102.

Ashcroft, Jeffrey: »The sinner, not the song: On Walther von der Vogelweide's self-reflexions, L. 62,6 and 66,21«. In: *Festschr. Johnson*. Tübingen 2000, S. 67-86.

Asher, John A.: »Das Tagelied Walthers von der Vogelweide: Ein parodistisches Kunstwerk«. In: *Festschr. de Boor*. München 1971, S. 279-286.

Asher, John A.: »Das ›Traumglück‹ Walthers von der Vogelweide. Zum parodistisch-erotischen Gehalt des Liedes 94,11«. In: *Festschr. Moser*. Berlin 1974, S. 60-67.

Auer, Gerhard: »Walther von der Vogelweides ›Alterselegie‹: Eine interdisziplinäre Neuinterpretation in Bezug auf die Heimatfrage«. In: *Neue Germanistik* 4 (1986) S. 45-54.

Bachofer, Wolfgang: »Zur Wandlung des Minne-Begriffs bei Walther«. In: *Festschr. Pretzel*. Berlin 1963, S. 139-149.

Bauschke, Ricarda: *Die ›Reinmar-Lieder‹ Walthers von der Vogelweide. Literarische Kommunikation als Form der Selbstinszenierung*. Heidelberg 1999 (*GRM*-Beiheft 15).

Bauschke, Ricarda: »*minne*-Strophen im König-Friedrichston. Walther von der Vogelweide und die sizilianische Dichterschule«. In: *Festschr. Schulze*. Göppingen 2001 (GAG 692), S. 167-194.
Bauschke, Ricarda: »Die Freude des Hofes, der Undank der Welt und die Not des alten Mannes. Walthers *Bî den liuten nieman hât* (116,33; Cor 89)«. In: Walther-Studien 2 2004, S. 187-207.
Bayerlein, Rudolf: »Auf den Spuren des fränkischen Walther. Die Vogelweide bei Feuchtwangen und ihre Bewohner in der Zeit von 1326-1170 zurück«. In: *Stimme Frankens* 25 (1959) S. 64-66.
Bayerlein, Rudolf: »Von Kreuzgang zu Kreuzgang (Feuchtwangen – Würzburg). Eine Studie zu Lebensbeginn und Ende Walthers von der Vogelweide aus Franken«. In: *Zs. f. bayer. Landesgesch.* 38 (1975) S. 425-485.
Behr, Hans-Joachim: »Walthers Sprüche im ›Unmutston‹. Überlegungen zu ihrer Kohärenz«. In: Mück 1989, S. 391-401.
Bein, Thomas: »Über die sogenannten ›unechten‹ Strophen und Lieder in der 13. Auflage von Karl Lachmanns Walther-Edition«. In: *Mittelalterforschung und Edition. Actes du Colloque Oberhinrichshagen bei Greifswald 29 et 30 Octobre 1990*. o. O. 1991 (Wodan 6), S. 7-26.
Bein, Thomas: »Walther von der Vogelweide: *Nû sol der keiser hêre*«. In: Tervooren, Helmut (Hg.): *Gedichte und Interpretationen. Mittelalter*. Stuttgart 1993 (RUB 8864), S. 409-424.
Bein, Thomas: »Walther von der Vogelweide: ein ›unheimlich naher Zeitgenosse‹. Werkprofil und nationalsozialistische Mißdeutung«. In: *Leuvense Bijdragen* 82 (1993) S. 363-381.
Bein, Thomas: »›damit sie nicht umkommen…‹. Texte in Lachmanns Vorrede zu seiner Ausgabe der Lieder Walthers von der Vogelweide (1827)«. In: Schwob, Anton u.a. (Hgg.): *Editionsberichte zur mittelalterlichen deutschen Literatur. Beiträge der Bamberger Tagung ›Methoden und Probleme der Edition mittelalterlicher deutscher Texte‹, 26.-29. Juli 1991*. Göppingen 1994 (LIT 117), S. 115-121.
Bein, Thomas: »Politische Lyrik und Chronistik. Zur Rekonstruktion von Zeitgeschehen am Beispiel Walthers von der Vogelweide (L. 105,13)«. In: Cormeau, Christoph (Hg.): *Zeitgeschehen und seine Darstellung im Mittelalter/L'actualité et sa représentation au Moyen Age*. Bonn 1995 (Studium Universale 20), S. 118-135.
Bein, Thomas: »Vier Handschriften, ein Ton, sieben Strophen, zwei Lieder: Beobachtungen zu Walther 29 (L. 52,23)«. In: *ZfdPh* 116 (1997) Sonderh., S. 182-190.
Bein 1997 (s. Handbücher).
Bein, Thomas: »*Mit fremden Pegasusen pflügen*«. *Untersuchungen zu Authentizitätsproblemen in mittelhochdeutscher Lyrik und Lyrik-Philologie*. Berlin 1998 (Philolog. Studien u. Quellen 150).
Bein, Thomas (Hg.): *Walther von der Vogelweide. Textkritik und Edition*. Berlin/New York 1999.
Bein, Thomas: »Fassungen – *iudicium* – editorische Praxis«. In: Bein 1999, S. 72-90.
Bein, Thomas: »Vorüberlegungen zu einem textkritischen Kommentar zur Walther-Ausgabe von Christoph Cormeau«. In: *Festschr. Tervooren*. Stuttgart 2000, S. 45-56.
Bein, Thomas: »Walther im Anhang? Zum Ton 102 (KLD 47.XIV, *Werder gruoz von frowen munde*) in Christoph Cormeaus Walther-Ausgabe«. In: *Festschr. Schulze*. Göppingen 2001 (GAG 692), S. 195-214.

Bein, Thomas: »In Vorbereitung: Die 15. Auflage der Lachmann-Cormeau-Ausgabe«. In: Walther-Studien 1 2002, S. 145-150.

Bein, Thomas: »*Uns hât der winter geschadet über al* (Walther L. 39,1, Cormeau 15): Über Textfassungen, Textgenesen und literaturwissenschaftliche Konsequenzen«. In: *Festschr. Gärtner*. [Wien] 2003, S. 579-599.

Bein, Thomas: »Walther von der Vogelweide: Schul- und hochschuldidaktische Materialien zur Überlieferungs- und Editionsgeschichte«. In: Walther-Studien 2 2004, S. 57-81.

Bennewitz, Ingrid: »›*vrouwe/maget*‹. Überlegungen zur Interpretation der sogenannten Mädchenlieder im Kontext von Walthers Minnesang-Konzeption«. In: Mück 1989, S. 237-252.

Bennewitz, Ingrid: »›Eine Sammlung von Gemeinplätzen‹? Die Walther-Überlieferung der Handschrift E«. In: Krohn, Rüdiger, in Zusammenarbeit mit Wulf-Otto Dreeßen (Hgg.): *»Dâ hoeret ouch geloube zuo«. Überlieferungs- und Echtheitsfragen zum Minnesang. Beiträge zum Festcolloquium für Günther Schweikle anläßlich seines 65. Geburtstags*. Stuttgart/Leipzig 1995, S. 27-35.

Bennewitz, Ingrid: »*stirbe aber ich so bin ich sanfte tot*. Walthers ›Sumerlatenlied‹ (L 72,31) im Kontext der Würzburger Liederhandschrift«. In: *Festschr. Schulze*. Göppingen 2001 (GAG 692), S. 93-103.

Bertau, Karl: *Deutsche Literatur im europäischen Mittelalter. Bd. I: 800-1197. Bd. II: 1195-1220*. München 1972/73.

Bertau, Karl: »Sangvers und Sinn in Walthers ›Elegie‹«. In: *ZfdA* 114 (1985) S. 195-221.

Bertelsmeier-Kierst, Christa: »*Muget ir schouwen, waz dem meien* ... Zur frühen Rezeption von Walthers Liedern«. In: *Festschr. Johnson*. Tübingen 2000, S. 87-99.

Berthelot, Anne: »Peire Vidal, Reinmar l'Ancien, et Walther von der Vogelweide: du ›Baiser volé‹ au ›Preislied‹«. In: *Walther von der Vogelweide. Actes du Colloque du Centre d'Etudes Médiévales de l'Université de Picardie Jules Verne 15 et 16 Janvier 1995*. Greifswald 1995 (Wodan 52), S. 31-40.

Beyschlag, Siegfried: *Altdeutsche Verskunst in Grundzügen*. 6., neubearb. Aufl. der *Metrik der mittelhochdeutschen Blütezeit in Grundzügen*. Nürnberg 1969.

Beyschlag, Siegfried: »Walther von der Vogelweide. 1170-1230«. In: *Fränkische Klassiker*. Nürnberg 1971, S. 51-65.

Birkhan, Helmut: »Reimar, Walther und die Minne. Zur ersten Dichterfehde am Wiener Hof«. In: *PBB* (Tüb.) 93 (1971) S. 168-212.

Birkhan, Helmut: »Drei Wiener Nachschöpfungen Waltherscher Lieder: Franz Schubert, *Es ist ein halbes Himmelreich* – Alban Berg, *Unter der Linde* – Kurt Schwertsik, *Raumfahrerlied*«. In: *Festschr. Spechtler*. Göppingen 2000 (GAG 687), S. 169-190.

Bleumer, Hartmut: »Zum ›Niune‹-Problem: Walther 90 a/b; L. 117,29/118,12«. In: Bein 1999, S. 93-103.

Boesch, Bruno: »Walther L. 63,32 und 124,1«. In: *ZfdPh* 84 (1965) S. 1-6.

Bonath, Gesa: »Zur Frage der Echtheit des Bognertons (Walther 78,24-82,10)«. In: Ruh, Kurt/Schröder, Werner (Hgg.): *Beiträge zur weltlichen und geistlichen Lyrik des 13. bis 15. Jahrhunderts. Würzburger Colloquium 1970*. Berlin 1973, S. 9-39.

Borchardt 1988: *Die Würzburger Inschriften bis 1525*. Auf der Grundlage des Nachlasses von Theodor Kramer unter Mitarbeit von Franz Xaver Herrmann bearbeitet von Karl Borchardt. Geleitwort von Peter Herde. Mit 98 Abbildungen und einer Karte. Wiesbaden 1988 (Die dt. Inschriften 27; Münchner Reihe 7).

Boshof, Egon/Knapp, Fritz Peter (Hgg.): *Wolfger von Erla. Bischof von Passau (1191-1204) und Patriarch von Aquileja (1204-1218) als Kirchenfürst und Literaturmäzen.* Heidelberg 1994 (German. Bibliothek, N.F. 3. Reihe: Untersuchungen. 20).

Bosl, Karl: »Feuchtwangen und Walther von der Vogelweide«. In: *Zs. f. bayer. Landesgesch.* 32 (1969) S. 832-849.

Brandt, Rüdiger: »›*ich sach, ich hôrte, ich bin, ich wolt*‹. Biographische Prätention und Thematisierung nichtöffentlicher Bereiche bei Walther«. In: Mück 1989, S. 155-169.

Brinkmann, Hennig: »Ironische Sprachgestalt bei Walther von der Vogelweide«. In: *Festschr. Arntzen.* Münster 1991, S. 67-72.

Brinkmann, Sabine Christiane: *Die deutschsprachige Pastourelle. 13. bis 16. Jahrhundert.* Göppingen 1985 (GAG 307).

Brückl, Otto: »Walthers von der Vogelweide Lindenlied 39,11. Ein neuer Zugang«. In: *Acta Germanica* 16 (1983) S. 43-58.

Brunner, Wilhelm-Horst: »Walthers von der Vogelweide Palästinalied als Kontrafaktur«. In: *ZfdA* 92 (1963) S. 195-211.

Brunner, Horst: *Die alten Meister. Studien zu Überlieferung und Rezeption der mittelhochdeutschen Sangspruchdichter im Spätmittelalter und in der frühen Neuzeit.* München 1975 (MTU 54).

Brunner 1983 (s. Ausgaben).

Brunner, Horst: »Walthers Wechsel L. 119,17«. In: Mück 1989, S. 269-279.

Brunner, Horst: »*...daz ich den sumer luft und in dem winter hitze hân.* Würzburg und die deutsche Literatur des Mittelalters«. In: *Jb. f. fränk. Landesforschung* 50 (1990) S. 161-177.

Brunner 1996 (s. Handbücher: Brunner/Hahn/Müller/Spechtler).

Brunner, Horst: »Eine Melodie zu Walthers Lied *Ein niuwer sumer, ein niuwe zît* (L 92,9/Corm. 62)?«. In: *Festschr. Schulze.* Göppingen 2001 (GAG 692), S. 215-225.

Brunner/Müller/Spechtler 1977 (s. Ausgaben).

Bumke, Joachim: *Ministerialität und Ritterdichtung. Umrisse der Forschung.* München 1976 (Edition Beck).

Bumke, Joachim: *Mäzene im Mittelalter. Die Gönner und Auftraggeber der höfischen Literatur in Deutschland 1150-1300.* München 1979.

Bumke, Joachim: »Walther von der Vogelweide: Diu krone ist elter danne der künec Philippes si«. In: Hinck, Walter (Hg.): *Geschichte im Gedicht. Texte und Interpretationen. Protestlied, Bänkelsang, Ballade, Chronik.* Frankfurt/M. 1979 (ed. suhrkamp 721), S. 19-24.

Bungarten, Theo A.: »›Min sele müeze wol gevarn‹ (L 67,20), Walthers ›Alterston‹ (L 66,21-68,7)«. In: *ZfdPh* 90 (1971) Sonderh., S. 136-142.

Burdach 1880 und 1900 (s. Handbücher).

Burdach, Konrad: »Walthers Aufruf zum Kreuzzug Kaiser Friedrichs II.«. In: *Dichtung und Volkstum* 36 (1935) S. 50-68 u. 382-384.

Chinca, Mark: »A song and its situations: Walther L. 69,1«. In: *Festschr. Johnson.* Tübingen 2000, S. 101-122.

Chinca, Mark: »Walther von der Vogelweide, ›Elegie‹«. In: Hutchinson, Peter (Hg.): *Landmarks in German Poetry.* Oxford u.a. 2000 (Britische u. Irische Studien z. dt. Sprache u. Lit. 20), S. 9-30.

Clark, Susan L.: »The Manipulated Image: Walther von der Vogelweide's 51,13«. In: *Rice Univ. Studies* 62 (1976) H. 2, S. 17-28.

Clark, Susan Louise: »›ein schoenez bilde‹. Walther von der Vogelweide and the Idea of Image«. In: Bäuml, Franz H. (Hg.): *From Symbol to Mimesis. The Generation of Walther von der Vogelweide.* Göppingen 1984 (GAG 368), S. 69-91.

Classen, Albrecht: »›Mit worten und mit werken ouch‹ (L. 24,6). Sprachliche Sinnbestimmung bei Walther von der Vogelweide«. In: *Studi medievali* Ser. 3, 37 (1996) S. 671-702.

Classen, Albrecht: *Verzweiflung und Hoffnung. Die Suche nach der kommunikativen Gemeinschaft in der deutschen Literatur des Mittelalters.* Frankfurt/M. u.a. 2002 (Beihefte z. Mediaevistik 1).

Cormeau, Christoph: »Minne und Alter. Beobachtungen zur pragmatischen Einbettung des Altersmotivs bei Walther von der Vogelweide«. In: Ruhe, Ernstpeter/Behrens, Rudolf (Hgg.): *Mittelalterbilder aus neuer Perspektive.* München 1985, S. 147-165.

Cormeau, Christoph: »Zur textkritischen Revision von Lachmanns Ausgabe der Lieder Walthers von der Vogelweide. Überlegungen zur Neubearbeitung am Beispiel von MF 214,34/L. 120,16«. In: *Festschr. Polheim.* Bern u.a. 1987, S. 53-68.

Cormeau, Christoph: »Versuch über typische Formen des Liedeingangs bei Walther«. In: Müller/Worstbrock 1989, S. 115-126.

Cormeau, Christoph: »Das höfische Lied – Text zwischen Genese, Gebrauch und Überlieferung. Am Beispiel von Walther von der Vogelweide L. 63,32«. In: Gellhaus, Axel u.a. (Hgg.): *Die Genese literarischer Texte. Modelle und Analysen.* Würzburg 1994, S. 25-42.

Cormeau 1996 (s. Ausgaben).

Cossar, C. D. M.: »The Unity of the *Wiener Hofton*«. In: *Neophil.* 64 (1980) S. 534-547.

Cramer, Thomas: »*Ich sach swaz in der welte was.* Die Ordnung des Kosmos in Walthers zweitem Reichsspruch«. In: *ZfdPh* 104 (1985) S. 70-85.

Cramer, Thomas: *Waz hilfet âne sinne kunst? Lyrik im 13. Jahrhundert. Studien zu ihrer Ästhetik.* Berlin 1998.

Cramer, Thomas: »Kübel und Pinsel. Parodiert Reinmar Walther?«. In: *Festschr. Schulze.* Göppingen 2001 (GAG 692), S. 133-146.

Curschmann, Michael: »*Waltherus cantor*«. In: *OGS* 6 (1971/72) S. 5-17.

Czaplinski, Hans-Dietrich: *Das Bild Walthers von der Vogelweide in der Deutschen Forschung von Ludwig Uhland bis zum Ende des Dritten Reiches.* Diss. Gießen 1969.

Dettelbacher, Werner: *Herr Walther von der Vogelweide.* Würzburg 1980.

Dörfelt, Thomas: *Autoren mittelhochdeutscher Dichtung in der literarischen Biographik der siebziger Jahre (Th. Mülhause-Vogeler, F. Torberg, P. Rühmkorf, E. Hilscher, B. Gloger, D. Kühn).* Göppingen 1989 (GAG 514).

Drumbl, Johann: *Fremde Texte.* Milano 1984 (Materiali Universitari. Lettere 49).

Ebenbauer, Alfred: »Zu Walthers ›Traumglück‹ (94, 11ff.)«. In: *ZfdPh* 96 (1977) S. 370-383.

Ebenbauer, Alfred: »*ist mir unbekant (...) liut und lant, dar inn ich von kinde bin erzogen/geborn.* Zur Suche nach der Heimat Walthers von der Vogelweide«. In: *Waldviertel* 40 (1991) S. 301-317.

Ebenbauer, Alfred: »Dichtung und Raum. Kritische Gedanken zu einer mittelalterlichen ›Literaturgeographie‹«. In: Kugler, Hartmut (Hg.): *Interregionalität der deutschen Literatur im europäischen Mittelalter.* Berlin/New York 1995, S. 23-43.

Edwards, Cyril: »What's in a *dôn*? Problems of Unity and Authenticity in the ›König Friedrichston‹«. In: *OGS* 13 (1982) S. 143-158.

Edwards, Cyril: »Walther's Third Song in the »Reichston«: *Ich sach mit mînen ougen*«. In: *FMLS* 21 (1985) S. 105-120.

Edwards, Cyril: »Kodikologie und Chronologie: Zu den ›letzten Liedern‹ Walthers von der Vogelweide«. In: Honemann, Volker/Palmer, Nigel F. (Hgg.): *Deutsche Handschriften 1100-1400. Oxforder Kolloquium 1985.* Tübingen 1988, S. 297-315.

Edwards, Cyril: »The Magnanimous Sex-Object: Richard the Lionheart in the Medieval German Lyric«. In: Busby, Keith/Kooper, Erik (Hgg.): *Courtly Literature. Culture and Context. Selected Papers from the 5th Triennial Congress of the International Courtly Literature Society, Dalfsen, The Netherlands, 9-16 August, 1986.* Amsterdam/Philadelphia 1990 (Utrecht Publications in General and Comparative Literature 25), S. 159-177.

Edwards, Cyril: »›Nur ein fahrender, als er unterwegs war‹? Zu Rang und Reisen Walthers von der Vogelweide«. In: Huschenbett, Dietrich/Margetts, John (Hgg.): *Reisen und Welterfahrung in der deutschen Literatur des Mittelalters. Vorträge des XI. Anglo-deutschen Colloquiums 11.-15. September 1989 Universität Liverpool.* Würzburg 1991 (Würzburger Beiträge zur dt. Philologie 7), S. 96-109.

Edwards, Cyril: »*die wolte ich gerne in einen schrîn* (L. 8,18). Zur Bilderwelt und Dialektik Walthers von der Vogelweide«. In: Gärtner, Kurt u.a. (Hgg.): *Spannungen und Konflikte menschlichen Zusammenlebens in der deutschen Literatur des Mittelalters. Bristoler Colloquium 1993.* Tübingen 1996, S. 250-263.

Edwards, Cyril: »Walther von der Vogelweide, *Reinhart Fuchs* and the Siege of Love«. In: *OGS* 27 (1998) S. 1-29.

Edwards, Cyril: »*Hêre frowe*: Case, Number, and Rank in Walther von der Vogelweide's ›Lindenlied‹«. In: *MLR* 99 (2004) S. 94-100.

Egger, Oswald/Gummerer, Hermann (Hgg.): *Walther. Dichter und Denkmal.* Wien/Lana 1990.

Ehlert, Trude: *Konvention – Variation – Innovation. Ein struktureller Vergleich von Liedern aus »Des Minnesangs Frühling« und von Walther von der Vogelweide.* Berlin 1980 (Philolog. Studien u. Quellen 99).

Ehlert, Trude: »Walther von der Vogelweide«. In: Klein, Dorothea/Schneider, Sabine M. (Hgg.): *Lektüren für das 21. Jahrhundert. Schlüsseltexte der deutschen Literatur von 1200 bis 1990.* Würzburg 2000, S. 19-48.

Ehnert, Rolf: *Möglichkeiten politischer Lyrik im Hochmittelalter. Bertran de Born und Walther von der Vogelweide.* Frankfurt/M. 1976 (EHS, Reihe I, 153).

Ehnert, Rolf: »Walther – Lehrer der Deutschen. Zur Rezeption Walthers von der Vogelweide in der Dichtung und Kunst des 19. und 20. Jahrhunderts«. In: Kühnel, Jürgen u.a. (Hgg.): *Mittelalter-Rezeption. Gesammelte Vorträge des Salzburger Symposions ›Die Rezeption mittelalterlicher Dichter und ihrer Werke in Literatur, Bildender Kunst und Musik des 19. und 20. Jahrhunderts‹.* Göppingen 1979 (GAG 286).

Ehrismann, Otfrid: »Nachdenken über Walther. Probleme beim Schreiben einer postmodernen Biographie«. In: Mück 1989, S. 191-205.

Ehrismann, Otfrid: »Tandaradei – Zivilisation und Volkstümlichkeit in Walthers ›Under der linden‹«. In: *Festschr. Große.* Stuttgart 1989, S. 397-414.

Ehrismann, Otfrid: »Ich het ungerne ›dicke blôz!‹ geruefet. Walther von der Vogelweide, die Erotik und die Kunst«. In: Schneider, Thomas (Hg.): *Das Erotische in der Literatur*. Frankfurt/M. u.a. 1993 (Gießener Arbeiten z. Neueren Dt. Lit. u. Lit.wiss. 13), S. 9-28.
Eikelmann, Manfred: *Denkformen im Minnesang. Untersuchungen zu Aufbau, Erkenntnisleistung und Anwendungsgeschichte konditionaler Strukturmuster des Minnesangs bis um 1300*. Tübingen 1988 (Hermaea N.F. 54).
Fischer, Hubertus: »Reinmar Balbulus oder die Kunst der Infamie – Anmerkungen zu Walthers *Schachlied* mit einem Ausblick auf die *Battlekultur*«. In: Fischer, Hubertus (Hg.): *Die Kunst der Infamie. Vom Sängerkrieg zum Medienkrieg*. Frankfurt/M. u.a. 2003, S. 11-80.
Fisher, Rodney W.: »Walther von der Vogelweide als Vortragender. Das Mimische und die Strophenfolge seiner Liebeslieder«. In: Obermayer, August (Hg.): *1000 Jahre Österreich im Spiegel seiner Literatur*. Dunedin 1997 (Otago German Studies 9), S. 25-43.
Fisher, Rod: »The Fluidity of Medieval Texts. Some Consequences for Minnesang Interpretation«. In: *AUMLA* 98 (2002) S. 29-44.
Friederichs, Heinz Friedrich: *Walther von der Vogelweide, der Mensch in Zeit und Umwelt. Stand – Familie – Heimat. Unbekanntes erhellt*. Neustadt a. d. Aisch [2]1979 (Genealogie u. Landesgesch. 32).
Gephart, Irmgard: »Scham, Sinnlichkeit und Tugend: Zum Begriff der *schame* bei Walther von der Vogelweide«. In: Walther-Studien 1 2002, S. 11-26.
Gerhardt, Dietrich: »Die Heimat Walthers von der Vogelweide. Randbemerkungen eines Slavisten«. In: *Zs. f. bayer. Landesgesch*. 36 (1973) S. 776-792.
Gerstmeyer, Günther: *Walther von der Vogelweide im Wandel der Jahrhunderte*. Breslau 1934 (Germanist. Abhandlungen 68).
Gertz, Sunhee Kim: »›Hab ime wîs unde wort mit mir gemeine‹: The Traditional in the Poetry and Criticism of Walther von der Vogelweide«. In: *Exemplaria* 3 (1991) S. 189-219.
Göhler, Peter: »›Ich hôrte ein wazzer diezen‹«. In: *WB* 13 (1967) S. 968-995.
Göhler, Peter: »Textabwandlung in der Minnelyrik Walthers von der Vogelweide. Zwei Beispiele«. In: Bein 1999, S. 125-139.
Göhler, Peter: *»ze hove und an der strazen«*. In: Walther-Studien 1 2002, S. 111-116.
Goheen, Jutta: »Walthers von der Vogelweide gnomisches Lied vom ›Traumglück‹ (94,11) – aufgeklärte Parodie oder orthodoxe Glaubenslehre?«. In: *Carleton Germanic Papers* 5 (1977) S. 29-37.
Goheen, Jutta: »Zur ›*mâze*‹ im ›Bogner-Ton‹ Walthers«. In: Mück 1989, S. 363-377.
Goldin, Frederick: »Walther versus Reinmar: The Regeneration of Poetic Language in Medieval German Literature«. In: *Vernacular Poetics in the Middle Ages*. Kalamazoo, Mich. 1984 (Studies in Medieval Culture 16), S. 57-92.
Goldin 2003 (s. Ausgaben).
Gradinger, Manfred: *Die Minnesang- und Waltherforschung von Bodmer bis Uhland*. Diss. München 1970.
Grafetstätter, Andrea: *Der Leich Walthers von der Vogelweide. Transkription, Kommentare, Analysen*. Münster 2004 (Bamberger Studien z. Mittelalter 5).
Groos, Arthur: »›Shall I Compare Thee to a Morn in May?‹: Walther von der Vogelweide and His Lady«. In: *PMLA* 91 (1976) S. 398-405.
Grosse/Rautenberg 1989 (s. Bibliographien).

Haag, Guntram: *Rollengestalten bei Walther von der Vogelweide.* Examensarbeit [masch.] Tübingen 1991.

Haag, Guntram: »Der Klausner in der Sangspruchdichtung Walthers von der Vogelweide: Sprechhandeln zwischen geistlichem Rollenspiel und politischem Spruchdiskurs«. In: *LiLi* 126 (2002) S. 169-176.

Haag, Guntram: *Traum und Traumdeutung in mittelhochdeutscher Literatur. Theoretische Grundlagen und Fallstudien.* Stuttgart 2003.

Händl, Claudia: *Rollen und pragmatische Einbindung. Analysen zur Wandlung des Minnesangs nach Walther von der Vogelweide.* Göppingen 1987 (GAG 467).

Händl, Claudia: »Lo ›Schachlied‹ di Walther von der Vogelweide e la sua relazione con il ›Lied X‹ di Reinmar«. In: *Studi medievali* Ser. 3, 34 (1993) S. 573-594.

Haferland, Harald: *Hohe Minne. Zur Beschreibung der Minnekanzone.* Berlin 2000 (Beihefte z. *ZfdPh* 10).

Haferland, Harald: »Die *frouwe* als gedankliches Demonstrationsobjekt. Zur Rolle von Subsumtion, Fokussierung und Pointenbildung in Walthers Minnesang«. In: Walther-Studien 1 2002, S. 27-58.

Haferland, Harald: »Minnesang bis Walther von der Vogelweide. Eine Forschungsdiskussion«. In: Schiewer, Hans-Jochen, unter Mitarbeit von Jochen Conzelmann (Hgg.): *Forschungsberichte zur Internationalen Germanistik. Germanistische Mediävistik,* Teil 2. Bern u.a. 2003, S. 54-160.

von der Hagen 1838 (s. Ausgaben).

Hagenlocher, Albrecht: *Der ›guote vride‹. Idealer Friede in deutscher Literatur bis ins frühe 14. Jahrhundert.* Berlin/New York 1992 (Hist. Wortforschung 2).

Hahn, Gerhard: »Walther von der Vogelweide: Nemt, frowe, disen kranz (74,20)«. In: Jungbluth, Günther (Hg.): *Interpretationen mittelhochdeutscher Lyrik.* Bad Homburg v. d. H. u.a. 1969, S. 205-226.

Hahn, Gerhard: »Zum sozialen Gehalt von Walthers Minnesang. Einige Beobachtungen am Text«. In: *Festschr. Ruh.* Tübingen 1979, S. 121-138.

Hahn, Gerhard: »Möglichkeiten und Grenzen der politischen Aussage in der Spruchdichtung Walthers von der Vogelweide«. In: *Gedenkschr. Kuhn.* Stuttgart 1979, S. 338-355.

Hahn 1986a (s. Handbücher).

Hahn, Gerhard: »Walther von der Vogelweide oder Ein Spruchdichter macht Minnesang«. In: *Festschr. Motekat.* Frankfurt/M. u.a. 1986, S. 197-212.

Hahn, Gerhard: »Zu den *ich*-Aussagen in Walthers Minnesang«. In: Müller/Worstbrock 1989, S. 95-104.

Hahn, Gerhard: »Walther von der Vogelweide: Ein Minnesänger macht Spruchdichtung, ein Spruchdichter Minnesang«. In: Bungert, Hans (Hg.): *Hauptwerke der Literatur. Vortragsreihe der Univ. Regensburg.* Regensburg 1990 (Schriftenreihe d. Univ. Regensburg 17).

Hahn 1996 (s. Handbücher: Brunner/Hahn/Müller/Spechtler).

Hahn, Gerhard: »Walther von der Vogelweide«. In: [2]*VL* 10 (1999) Sp. 665-697.

Hahn, Gerhard: »Wer ist ›Walther von der Vogelweide‹? Zur Einheit seines literarischen Werks«. In: *Festschr. Brunner.* Wiesbaden 2000, S. 147-160.

Hahn, Gerhard: »*und hâst genuoc.* Noch einmal zu *Herzeliebez vrowelîn* (L 49,25)«. In: *Festschr. Schulze.* Göppingen 2001 (GAG 692), S. 83-92.

Halbach, Kurt Herbert: »Waltherstudien II«. In: *Festschr. Stammler.* Berlin 1953, S. 45-65.

Halbach 1965 (s. Handbücher).

Halbach, Kurt Herbert: »Walthers ›Kranz‹-›Tanzlied‹«. In: *DU* 19 (1967) H. 2, S. 51-64.

Halbach, Kurt Herbert: »›Humanitäts-Klassik‹ des Stauferzeitalters in der Lyrik Walthers von der Vogelweide«. In: *Festschr. Ziegler*. Tübingen [1968], S. 13-35.

Halbach 1969 (s. Ausgaben: Weingartner Liederhandschrift).

Halbach, Kurt Herbert: »Der I. Philipps-Ton Walthers von der Vogelweide als Sangspruch-Pentade der Jahre 1199/1205«. In: *Festschr. Beyschlag*. Göppingen 1970 (GAG 25), S. 39-62.

Halbach ^{3}1973 (s. Handbücher).

Halbach, Kurt Herbert: »Walthers Philipps-Triade. Weihnachten/Dreikönige 1199/1200«. In: *Festschr. Beißner*. Bebenhausen 1974, S. 121-146.

Halbach, Kurt Herbert: »Walther von der Vogelweide, Hoffmann von Fallersleben und Schiller/Hölderlin. Rezeption und Convergenz. Zu Walthers ›Preislied‹«. In: Kühnel, Jürgen u.a. (Hgg.): *Mittelalter-Rezeption. Gesammelte Vorträge des Salzburger Symposions ›Die Rezeption mittelalterlicher Dichter und ihrer Werke in Literatur, Bildender Kunst und Musik des 19. und 20. Jahrhunderts*‹. Göppingen 1979 (GAG 286), S. 40-62.

Halbach ^{4}1983 (s. Handbücher).

Hall/Coleman 1995 (s. Handbücher).

Haubrichs, Wolfgang: »Grund und Hintergrund in der Kreuzzugsdichtung. Argumentationsstruktur und politische Intention in Walthers ›Elegie‹ und ›Palästinalied‹«. In: Rupp, Heinz (Hg.): *Philologie und Geschichtswissenschaft. Demonstrationen literarischer Texte des Mittelalters*. Heidelberg 1977 (medium literatur 5), S. 12-62.

Haupt, Barbara: »Schönheitspreis«. In: Walther-Studien 2 2004, S. 209-231.

Haustein, Jens: »Walther in k«. In: Edwards, Cyril u.a. (Hgg.): *Lied im deutschen Mittelalter. Überlieferung, Typen, Gebrauch. Chiemsee-Colloquium 1991*. Tübingen 1996, S. 217-226.

Haustein, Jens: »Walther von der Vogelweide: Autornähe und Überlieferungsvarianz als methodisches Problem«. In: Bein 1999, S. 63-71.

Hechtle, Martha: *Walther von der Vogelweide. Studien zur Geschichte der Forschung*. Jena [1937] (Dt. Arbeiten d. Univ. Köln 11).

Heckt-Albrecht, Dietlinde H.: *Walther von der Vogelweide in deutschen Lesebüchern. Ein Beitrag zur germanistischen und schulischen Rezeptionsgeschichte Walthers von der Vogelweide*. Göppingen 1997 (GAG 629).

Heeder, Martha: *Ornamentale Bauformen in hochmittelalterlicher deutschsprachiger Lyrik*. Diss. Tübingen 1966.

Heger, Hedwig: *Das Lebenszeugnis Walthers von der Vogelweide. Die Reiserechnungen des Passauer Bischofs Wolfger von Erla*. Wien 1970.

Hein, Alfred: *Walther von der Vogelweide im Urteil der Jahrhunderte (bis 1700). Ein Beitrag zur literarischen Erschließung des Walther-Bildes*. Diss. Greifswald 1934.

Heinen, Hubert: »Walther's ›Owe, hovelichez singen‹: A re-examination«. In: Weinstock, John M. (Hg.): *Saga og språk. Studies in Language and Literature*. Austin 1972, S. 273-286.

Heinen, Hubert: »Walthers Mailied (L 51,13): Vortragsbedingter Aufbau und gesellschaftlicher Rahmen«. In: *ABäG* 6 (1974) S. 167-182.

Heinen, Hubert: »Lofty and Base Love in Walther von der Vogelweide's ›Sô die

bluomen‹ and ›Aller werdekeit‹ (L. 45,37ff and 46,32ff)«. In: *GQ* 51 (1978) S. 465-475.
Heinen 1989a (s. Ausgaben).
Heinen, Hubert: »Performance Dynamics and the Unity in the Diversity of Walther's Elegy«. In: *Festschr. Dick*. Göppingen 1989 (GAG 480), S. 153-161.
Heinen, Hubert: »Walther und seine Kollegen. Betrachtungen zu KLD 62 IV«. In: Mück 1989, S. 121-131.
Heinen, Hubert: »Walther's ›Under der linden,‹ Its Function, Its Subtexts, and Its Maltreated Maiden«. In: Classen, Albrecht (Hg.): *Medieval German Literature. Proceedings from the 23rd International Congress on Medieval Studies Kalamazoo, Michigan, May 5-8, 1988*. Göppingen 1989 (GAG 507), S. 51-73.
Heinen, Hubert: »Clothes Make the Man: Walther 62,6 and the Status of the Poet/Performer«. In: *Festschr. Michael*. New York u.a. 1993, S. 67-84.
Heinzle, Joachim: »Mädchendämmerung. Zu Walther 39,11 und 74,20«. In: *Festschr. Hoffmann*. Wien 1997 (Philologica Germanica 19), S. 145-158.
Heinzle, Joachim: »*Philippe – des rîches krône – der weise*. Krönung und Krone in Walthers Sprüchen für Philipp von Schwaben«. In: Bein 1999, S. 225-237.
Heinzle, Joachim: »*A oder *BC? Zur Edition der Reichston-Sprüche Walthers von der Vogelweide«. In: *Festschr. Petersohn*. Stuttgart 2000, S. 174-186.
Henkel, Nikolaus: »Vagierende Einzelstrophen in der Minnesang-Überlieferung. Zur Problematik des Autor- und Werkbegriffs um 1200«. In: Ragotzky, Hedda u.a. (Hgg.): *Fragen der Liedinterpretation*. Stuttgart 2001, S. 13-39.
Henkes, Christiane: »Beobachtungen zur Überlieferung von Lied 44 (L. 69,1) und Lied 45 (L. 70,1)«. In: Bein 1999, S. 195-203.
Henkes, Christiane/Schmitz, Silvia: »*Kan mîn frowe süeze siuren?* (C 240 [248] – C 245 [254]). Zu einem unbeachteten Walther-Lied in der Großen Heidelberger Liederhandschrift«. In: Bein 1999, S. 104-124.
Herrmann, Edith/Wenzel, Horst: »*Her Wicman ist der ere/Her Volcnant habt irs ere*. Zu Walther von der Vogelweide (L 18,1)«. In: *Euph.* 65 (1971) S. 1-20.
Herzmann, Herbert: »Walthers *Under der linden* (39,11) – Ein Lied der ›Niederen Minne‹?«. In: *ZfdPh* 96 (1977) S. 348-370.
Hilscher, Eberhard: »Sorgen mit Walther von der Vogelweide«. In: v. Burg, Irene u.a. (Hgg.): *Mittelalter-Rezeption IV: Medien, Politik, Ideologie, Ökonomie. Gesammelte Vorträge des 4. Internationalen Symposions zur Mittelalter-Rezeption an der Universität Lausanne 1989*. Göppingen 1991 (GAG 550), S. 543-549.
Hoffmann, Werner: »Walthers sogenannte Elegie«. In: *ZfdPh 87* (1968) Sonderh., S. 108-131.
Hoffmann, Werner: »Walthers Absage an die Welt (Frō Welt, ir sult dem wirte sagen, L. 100,24ff.)«. In: *ZfdPh* 95 (1976) S. 356-373.
Hoffmann, Werner: *Altdeutsche Metrik*. 2., überarb. u. erg. Aufl. Stuttgart 1981 (SM 64).
Hoffmann, Werner: »Minnesang in der Stadt«. In: *Mediaevistik* 2 (1989) S. 185-202.
Hoffmann, Werner: »Walthers Weggang aus Wien und der Beginn seiner politischen Lyrik«. In: *Festschr. Stemmler*. Heidelberg 1996, S. 93-108.
Hoffmann, Werner: »*Ein meister las*. Walthers ›Reuelied‹ (122,24) und das Problem seiner Altersdichtung«. In: *Lit.wiss. Jb.* N.F. 42 (2001) S. 9-42.
Hofmeister, Wernfried: *Sprichwortartige Mikrotexte als literarische Medien, dargestellt an der hochdeutschen politischen Lyrik des Mittelalters*. Bochum 1995 (Studien z. Phraseologie u. Parömiologie 5).

Hofmeister, Wernfried: »Das ›Sprichwort‹ als Mittel der Agitation in der politischen Spruchdichtung Walthers von der Vogelweide«. In: Walther-Studien 1 2002, S. 59-91.

Hohmann, Stefan: *Friedenskonzepte. Die Thematik des Friedens in der deutschsprachigen politischen Lyrik des Mittelalters.* Köln u.a. 1992 (Ordo 3).

Holznagel, Franz-Josef: *Wege in die Schriftlichkeit. Untersuchungen und Materialien zur Überlieferung der mittelhochdeutschen Lyrik.* Tübingen/Basel 1995 (Bibliotheca Germanica 32).

Holznagel, Franz-Josef: »Überlieferung und ›Werk‹. Zu den Athetesen in Lachmanns erster Auflage der ›Gedichte Walthers von der Vogelweide‹ (1827)«. In: Bein 1999, S. 32-58.

Huber, Christoph: *Wort sint der dinge zeichen. Untersuchungen zum Sprachdenken der mittelhochdeutschen Spruchdichtung bis Frauenlob.* München 1977 (MTU 64).

Hucker, Bernd Ulrich: »Ein zweites Lebenszeugnis Walthers?«. In: Mück 1989, S. 1-30.

Hucker, Bernd Ulrich: *Kaiser Otto IV.* Hannover 1990 (MGH Schriften 34).

Hübner, Gert: *Frauenpreis. Studien zur Funktion der laudativen Rede in der mittelhochdeutschen Minnekanzone.* 2 Bde. Baden-Baden 1996 (Saecula spiritalia 34/35).

Hüschen, Heinrich: »Berufsbewußtsein und Selbstverständnis von Musicus und Cantor im Mittelalter«. In: Wilpert, Paul (Hg.): *Beiträge zum Berufsbewußtsein des mittelalterlichen Menschen.* Berlin 1964 (Miscellanea Mediaevalia 3), S. 225-238.

Huisman, Johannes Alphonsus: *Neue Wege zur dichterischen und musikalischen Technik Walthers von der Vogelweide. Mit einem Exkurs über die symmetrische Zahlenkomposition im Mittelalter.* Utrecht 1950 (Studia Litteraria Rheno-Traiectina 1).

Ingebrand, Hermann: *Interpretationen zur Kreuzzugslyrik Friedrichs von Hausen, Albrechts von Johansdorf, Heinrichs von Rugge, Hartmanns von Aue und Walthers von der Vogelweide.* Diss. Frankfurt/M. 1966.

Jackson, William E.: *Reinmar's Women. A Study of the Woman's Song (›Frauenlied‹ and ›Frauenstrophe‹) of Reinmar der Alte.* Amsterdam 1981 (German Language and Literature Monographs 9).

Janota, Johannes: »Walther von der Vogelweide: ›Minnesang‹«. In: *Große Werke der Literatur* 5 (1996/97) S. 23-51.

Janota, Johannes: »Walther am Ende. Zur jüngsten Aufzeichnung von Minneliedern Walthers von der Vogelweide in der ›Weimarer Liederhandschrift‹ (F)«. In: Haug, Walter (Hg.): *Mittelalter und frühe Neuzeit. Übergänge, Umbrüche und Neuansätze.* Tübingen 1999 (Fortuna vitrea 16), S. 78-99.

Johnson, L.P.: »Down with ›hohe Minne‹!« In: *OGS* 13 (1982) S. 36-48.

Johnson, L. Peter: »Vorgreifliche, kuriose und nicht zusammenhängende Gedanken zu Wolfger von Erla als Mensch und Mäzen«. In: Boshof/Knapp 1994, S. 281-299.

Jungbluth, Günther: »Walthers Abschied«. In: *DVjs* 32 (1958) S. 372-390.

Jurzik, Heike: »Digitale Editionen mittelalterlicher Liederhandschriften am Beispiel von Walthers ›Palästinalied‹«. In: Walther-Studien 1 2002, S. 305-328.

Kaiser, Gert: *Beiträge zu den Liedern des Minnesängers Rubin.* München 1969.

Kaiser, Gert: »Die Reichssprüche Walthers von der Vogelweide«. In: *DU* 28 (1976) H. 2, S. 5-24.

Kaplowitt, Stephen J.: *The Ennobling Power of Love in the Medieval German Lyric.* Chapel Hill/London 1986 (Univ. of North Carolina Studies in the Germanic Languages and Literatures 106).

Kartschoke, Dieter: »*gedenke an mangen liehten tac.* Walthers Abschied von Frau Welt L 100,24ff.«. In: *Festschr. Schulze.* Göppingen 2001 (GAG 692), S. 147-166.

Kasten, Ingrid: »›geteiltez spil‹ und Reinmars Dilemma MF 165,37. Zum Einfluß des altprovenzalischen dilemmatischen Streitgedichts auf die mittelhochdeutsche Literatur«. In: *Euph.* 74 (1980) S. 16-54.

Kasten, Ingrid: »Der Begriff der ›*herzeliebe*‹ in den Liedern Walthers«. In: Mück 1989, S. 253-267.

Kasten, Ingrid: »Das Dialoglied bei Walther von der Vogelweide«. In: Müller/Worstbrock 1989, S. 81-93.

Kasten, Ingrid: »›*sehet waz man mir êren biete*‹: Walthers ›Preislied‹ (L 56,14)«. In: *Walther von der Vogelweide. Actes du Colloque du Centre d'Etudes Médiévales de l'Université de Picardie Jules Verne 15 et 16 Janvier 1995.* Greifswald 1995 (Wodan 52), S. 55-73.

Kasten/Kuhn 1995 (s. Ausgaben).

Kern, Peter: »Der Reichston – das erste politische Lied Walthers von der Vogelweide?«. In: *ZfdPh* 111 (1992) S. 344-362.

Kern, Peter: »›*Aller werdekeit ein füegerinne*‹ (L. 46,32) und *herzeliebe* bei Walther von der Vogelweide«. In: *Festschr. Nellmann.* Göppingen 1995 (GAG 618), S. 260-271.

Kern, Peter: »Überlegungen zum Leich Walthers von der Vogelweide«. In: Bein 1999, S. 207-220.

Kern, Peter: »›ir habt die erde, e r h â t daz himelrîche‹ (L. 12,8)? Kritische Bemerkungen zu einem Eingriff in die handschriftliche Überlieferung des Ottentons Walthers von der Vogelweide«. In: Walther-Studien 1 2002, S. 151-163.

Keyser, Peter: *Michael de Leone (+ 1355) und seine literarische Sammlung.* Würzburg 1966 (Veröffentlichungen d. Gesellschaft f. fränk. Gesch. Reihe IX: Darstellungen aus d. fränk. Gesch. 21).

Kienast, Richard: »Walthers von der Vogelweide ältester Spruch im ›Reichston‹: *ich hôrte ein wazzer diezen* (8,28 Lachmann)«. In: *Gymnasium* 57 (1950) S. 201-218.

Kiepe-Willms, Eva: »*und gêt ir alten hût mit sumerlaten an.* Zu Walthers Lied L 72,31«. In: *Festschr. Stackmann.* Göttingen 1990, S. 148-154.

Kippenberg, Burkhard: *Der Rhythmus im Minnesang. Eine Kritik der literar- und musikhistorischen Forschung. Mit einer Übersicht über die musikalischen Quellen.* München 1962 (MTU 3).

Kircher, Alois: *Dichter und Konvention. Zum gesellschaftlichen Realitätsproblem der deutschen Lyrik um 1200 bei Walther von der Vogelweide und seinen Zeitgenossen.* Düsseldorf 1973 (Lit. in der Gesellschaft 18).

Klein, Karl Kurt: *Zur Spruchdichtung und Heimatfrage Walthers von der Vogelweide. Beiträge zur Waltherforschung.* Innsbruck 1952 (Schlern-Schriften 90).

Klein, Karl Kurt: »Die Strophenfolge des Bognerspruchs Walther 80,27 bis 81,6«. In: *GRM* N.F. 6 (1956) S. 74-76.

Klein, Karl Kurt: »Zum dichterischen Spätwerk Walthers von der Vogelweide. Der Streit mit Thomasin von Zerclaere«. In: *Germanist. Abhandlungen.* Innsbruck 1959 (Innsbrucker Beiträge z. Kulturwiss. 6), S. 59-109.

Klein, Thomas: »Zur Verbreitung mittelhochdeutscher Lyrik in Norddeutschland (Walther, Neidhart, Frauenlob)«. In: *ZfdPh* 106 (1987) S. 72-112.

Klemperer, Ingeborg Klink: *Strukturuntersuchungen zum Leich Walthers von der Vogelweide*. Diss. [masch.] Syracuse Univ. 1984.

Knape, Joachim: »Rolle und lyrisches Ich bei Walther«. In: Mück 1989, S. 171-190.

Knape, Joachim: »Zur Liedkohärenz von Walthers ›Was ist minne?‹ (L. 69,1)«. In: *Festschr. Wuttke*. Wiesbaden 1994, S. 33-46.

Knapp, Fritz Peter: »›*Waltherus de Vogelweide vagus*‹. Der zwischenständische Sänger und die lateinische Literatur in ›Österreich‹«. In: Mück 1989, S. 45-60.

Knapp, Fritz Peter: »Ein schoenez bilde. Ethik und Ästhetik in Walthers ›Alterston‹«. In: *Poetica* 25 (1993) S. 70-80.

Knapp, Fritz Peter: *Die Literatur des Früh- und Hochmittelalters in den Bistümern Passau, Salzburg, Brixen und Trient von den Anfängen bis zum Jahre 1273*. Graz 1994 (Gesch. d. Lit. in Österreich von den Anfängen bis zur Gegenwart 1).

Knapp, Fritz Peter: »Der Hof des Kirchenfürsten Wolfger von Erla und die Literatur um 1200«. In: Boshof/Knapp 1994, S. 345-364.

Kochendörfer/Kochendörfer 1974 (s. Ausgaben).

Kocher, Ursula: »›Unechte‹ Strophen in der Waltherüberlieferung und das Problem der ›Zusatzstrophen‹ in der Würzburger Handschrift«. In: *Festschr. Wuttke*. Wiesbaden 1994, S. 47-62.

Kößling, Rainer: »Walther von der Vogelweide und die lateinische Literatur«. In: *Wiss. Zs. d. Ernst-Moritz-Arndt-Univ. Greifswald, Gesellschafts- u. sprachwiss. Reihe* 30 (1981) H. 3/4, S. 33-38.

Kokott, Hartmut: »*Swer nû des rîches irre gê*. Politische Sprüche Walthers von der Vogelweide im Deutschunterricht«. In: Brackert, Helmut u.a. (Hgg.): *Mittelalterliche Texte im Unterricht. 2. Teil*. München 1976 (Lit. in der Schule 2), S. 130-169.

Kokott, Hartmut: »Walther und Neidhart. Zum Problem literarischer Interaktion mittelhochdeutscher Dichter. Eine Skizze«. In: Mück 1989, S. 107-119.

Konietzko, Peter: »Darstellung als Deutung: Die *wîsen* bei König Philipps Magdeburger Weihnacht (1199)«. In: Cormeau, Christoph (Hg.): *Zeitgeschehen und seine Darstellung im Mittelalter/L'actualité et sa représentation au Moyen Age*. Bonn 1995 (Studium Universale 20), S. 136-172.

Kornrumpf 1972 (s. Ausgaben).

Kornrumpf, Gisela: »›Heidelberger Liederhandschrift A‹«. In: ^{2}*VL* 3 (1981) Sp. 577-584.

Kornrumpf, Gisela: »›Heidelberger Liederhandschrift C‹«. In: ^{2}*VL* 3 (1981) Sp. 584-597.

Kornrumpf, Gisela: »Walthers ›Elegie‹. Strophenbau und Überlieferungskontext«. In: Müller/Worstbrock 1989, S. 147-158.

Kornrumpf, Gisela: »Walther von der Vogelweide. Die Überlieferung der *AC-Tradition in der Großen und der Kleinen Heidelberger Liederhandschrift«. In: Bein 1999, S. 153-175.

Kracher, Alfred: »Walthers Heimat: Franken oder Österreich?«. In: *Festschr. de Boor*. München 1971, S. 255-278.

Kraft, Wayne Burns: *Attribution and Athetization in Literature with Special Reference to Walther von der Vogelweide and Albrecht von Johansdorf*. Diss. [masch.] Univ. of Illinois at Urbana-Champaign 1978.

Kragl, Florian: »Walther von der Vogelweide und der Kreuzzug 1217-1221? Zu L. 27,7ff.«. In: Walther-Studien 2 2004, S. 233-252.

v. Kraus, Carl: *Die Lieder Reimars des Alten. Teil I-III*. München 1919 (Abh. d. Bayer. Akad. d. Wiss., philos.-philol. u. hist. Kl. 30, Abh. 4, 6, 7).

v. Kraus 1935 (s. Handbücher).
v. Kries, Friedrich Wilhelm: »Bemerkungen zur Datierung von Walthers von der Vogelweide ›König Friedrichston‹«. In: *Archiv* 211 (1974) S. 257-270.
Kroes, H. W. J.: »Zu den Sprüchen Walthers von der Vogelweide. 1. Walthers »Bohnenspruch«. 2. Walther 32,27«. In: *Neophil.* 34 (1950) S. 143-146.
Krogmann, Willy: »Die Heimat Walthers von der Vogelweide. (Dialektologie und Literaturgeschichte)«. In: *Verhandlungen des Zweiten Internationalen Dialektologenkongresses. Marburg/Lahn, 5.-10. September 1965. Bd. 2* (*Zs. f. Mundartforschung, Beihefte,* N.F. 4). Wiesbaden 1968, S. 491-528.
Krohn, Rüdiger: »Sein oder nicht sein? L. 91,17ff – Fälschung und/oder Schlüssel zu Walthers Minnelyrik«. In: Mück 1989, S. 221-235.
Krohn, Rüdiger: »Armer Hund oder hoher Diplomat? Ein neuer Fund zur Identität Walthers von der Vogelweide«. In: *Monatshefte* 83 (1991) S. 398-402.
Krohn, Rüdiger: »›*...daß Alles Allen verständlich sey...*‹. Die Altgermanistik des 19. Jahrhunderts und ihre Wege in die Öffentlichkeit«. In: Fohrmann, Jürgen/Voßkamp, Wilhelm (Hgg.): *Wissenschaftsgeschichte der Germanistik im 19. Jahrhundert.* Stuttgart/Weimar 1994, S. 264-333.
Küsters, Urban: »›*Waz der troum bediute*‹. Glückszeichen und Glücksvorstellungen in Walthers Traumballade L. 94,11«. In: Mück 1989, S. 341-362.
Kuhn, Hugo: *Walthers Kreuzzugslied* (14,38) *und Preislied* (56,14). Würzburg 1936.
Kuhn, Hugo: *Minnesangs Wende*. Tübingen 1952 (Hermaea N.F. 1).
Kuhn, Hugo: »Walther von der Vogelweide und Deutschland«. In: v. Wiese, Benno/Henß, Rudolf (Hgg.): *Nationalismus in Germanistik und Dichtung. Dokumentation des Germanistentages in München vom 17.-22. Oktober 1966.* Berlin 1967, S. 113-125.
Kuhn 1982 (s. Handbücher).
Lachmann 1827 und ^{2}1843 (s. Ausgaben).
Lachmann/v. Kraus ^{10}1936 (s. Ausgaben).
Lachmann/v. Kraus/Kuhn ^{13}1965 (s. Ausgaben).
Ladenthin, Volker: »Schelte, Vision und Belehrung. Walther von der Vogelweide 13,5«. In: *ZfdPh* 101 (1983) S. 84-111.
Ladenthin, Volker: »Walthers Kreuzlied 76,22 vor dem Hintergrund mittelalterlicher Kreuzpredigten«. In: *Euph.* 77 (1983) S. 40-71.
Lemmer, Manfred: »*Münch ze Toberlû.* Anmerkungen zu Walther L 76,21«. In: *Festschr. Röll.* Tübingen 2002, S. 43-49.
Liebertz-Grün, Ursula: »Rhetorische Tradition und künstlerische Individualität. Neue Einblicke in L. 19,29 und L. 17,11«. In: Mück 1989, S. 281-297.
Lienert, Elisabeth: »Ich bin niht niuwe. Zur immanenten Historizität im Minnesang Walthers von der Vogelweide«. In: *GRM* N.F. 46 (1996) S. 369-382.
Lippman, Richard Arthur: »The Application of the Genre Designations *Lied* and *Spruch* to Walther von der Vogelweide's Poetry«. In: *Neophil.* 63 (1979) S. 389-400.
Lohse, Gerhart: »Liedüberschriften bei Walther von der Vogelweide. Anmerkungen zur Gestaltung moderner Ausgaben mittelalterlicher lyrischer Texte, zugleich ein Beitrag zur Walther-Philologie«. In: *ZfdPh* 104 (1985) Sonderh., S. 123-134.
Luff, Robert: »*Mîn alter klôsenære, von dem ich dô sanc.* Zur Neukonzeption des Klausners bei Walther von der Vogelweide«. In: *ZfdA* 128 (1999) S. 17-41.
Luff, Robert: »Überlieferung – Gattung – Rezeption. Versuch einer Neubewertung von Varianz- und Interferenztexten Walthers von der Vogelweide«. In: Walther-Studien 1 2002, S. 165-198.

Mackensen, Lutz: »Zu Walthers Spießbratenspruch«. In: *Festschr. Panzer*. Heidelberg 1950, S. 48-58.

Mälzer, Gottfried: *Kostbare Handschriften der Universitätsbibliothek Würzburg. Jubiläumsausstellung zur 400-Jahr-Feier der Julius-Maximilians-Univ. Würzburg im Jahre 1982*. Wiesbaden 1982.

März, Christoph: »Walthers Leich und das ›Carmen Buranum‹ 60/60a«. In: Edwards, Cyril u.a. (Hgg.): *Lied im deutschen Mittelalter. Überlieferung, Typen, Gebrauch. Chiemsee-Colloquium 1991*. Tübingen 1996, S. 43-56.

Margetts, John: »Ein Sänger ist seines Lohnes wert: ›*qui (non) sibi professionis finem in pecunia seu gloria constituat ac proponat*‹«. In: Mück 1989, S. 61-74.

Marzo-Wilhelm, Eric: *Walther von der Vogelweide. Zwischen Poesie und Propaganda. Untersuchungen zur Autoritätsproblematik und zu Legitimationsstrategien eines mittelalterlichen Sangspruchdichters*. Frankfurt/M. u.a. 1998 (Regensburger Beiträge z. dt. Sprach- u. Lit.wiss., Reihe B, 70).

Masser, Achim: »›Ich saz uf eime steine ... ‹. Das Bild Walthers von der Vogelweide«. In: *Festschr. Thurnher*. Innsbruck 1982 (Innsbrucker Beiträge z. Kulturwiss., Germanist. Reihe 14), S. 87-110.

Masser, Achim: »Zu den sogenannten ›Mädchenliedern‹ Walthers von der Vogelweide«. In: *WW* 39 (1989) S. 3-15.

Maurer, Friedrich: *Die politischen Lieder Walthers von der Vogelweide*. Tübingen 1954.

Maurer 1955, 1956 und 1972 (s. Ausgaben).

McFarland, Timothy: »Walther's *bilde*: On the Synthesis of Minnesang and *Spruchdichtung* in ›Ir reinen wîp, ir werden man (L 66,21ff.)‹«. In: *OGS* 13 (1982) S. 183-205.

McLintock, D. R.: »Walther's *Mädchenlieder*«. In: *OGS* 3 (1968) S. 30-43.

McLintock, David: »›Minne‹ und ›Liebe‹. Versuch einer Abgrenzung am Beispiel Walthers«. In: Birkhan, Helmut (Hg.): *Minnesang in Österreich*. Wien 1983 (Wiener Arbeiten z. german. Altertumskunde u. Philologie 24), S. 57-76.

McMahon, James V.: »Contrafacture vs. Common Melodic Motives in Walther von der Vogelweide's *Palästinalied*«. In: *Revue belge de musicologie/Belgisch Tijdschrift voor Muziekwetenschap* 36-38 (1982-84) S. 5-17.

McMahon, James V.: *The Music of Early Minnesang*. Columbia, SC 1990 (Studies in German Literature, Linguistics, and Culture 41).

Mecklenburg, Michael: »Walthers weibliche Stimme«. In: Walther-Studien 2 2004, S. 83-107.

Meißner, Rudolf: »Der Hoftag zu Nürnberg (Walther 84,14)«. In: *ZfdA* 67 (1930) S. 66-70.

Menzel 1865 (s. Handbücher).

Mertens, Volker: »Alte Damen und junge Männer – Spiegelungen von Walthers ›*sumerlaten*-Lied‹«. In: Müller/Worstbrock 1989, S. 197-215.

Mertens, Volker: »Autor, Text und Performanz. Überlegungen zu Liedern Walthers von der Vogelweide«. In: *ABäG* 43/44 (1995) S. 379-397.

Mertens, Volker: »Walthers Reinmar. Die Reinmar-Nachruf-Strophen«. In: *Festschr. Schulze*. Göppingen 2001 (GAG 692), S. 105-132.

Mettke, Heinz: »Zur Bedeutung des Thüringer Hofes in Eisenach für die deutsche Literatur um 1200«. In: *Wiss. Zs. d. Wilhelm-Pieck-Univ. Rostock, Gesellschafts- u. Sprachwiss. Reihe*, 27 (1978) S. 89-97.

Mettke, Heinz: »Wolfram in Thüringen«. In: *Festschr. W. Schröder*. Tübingen 1989, S. 3-12.

Meves, Uwe: »Das literarische Mäzenatentum Wolfgers und die Passauer Hofgesellschaft um 1200«. In: Boshof/Knapp 1994, S. 215-247.

Meyer, Hans Günther: *Die Strophenfolge und ihre Gesetzmäßigkeiten im Minnelied Walthers von der Vogelweide. Ein Beitrag zur »inneren Form« hochmittelalterlicher Lyrik*. Königstein/Ts. 1981 (Dt. Studien 35).

Mohr, Wolfgang: »›Der Reichston‹ Walthers von der Vogelweide«. In: *DU* 5 (1953) H. 6, S. 45-56.

Mohr, Wolfgang: »Zu Walthers ›Hofweise‹ und ›Feinem Ton‹«. In: *ZfdA* 85 (1954/55) S. 38-43.

Mohr, Wolfgang: »Vortragsform und Form als Symbol im mittelalterlichen Liede«. In: *Festschr. Pretzel*. Berlin 1963, S. 128-138.

Mohr, Wolfgang: »Landgraf Kingrimursel. Zum VIII. Buch von Wolframs *Parzival*«. In: *Festschr. Henzen*. Bern 1965, S. 21-38.

Mohr, Wolfgang: »Die ›vrouwe‹ Walthers von der Vogelweide«. In: *ZfdPh* 86 (1967) S. 1-10.

Mohr, Wolfgang: »Altersdichtung Walthers von der Vogelweide«. In: *Sprachkunst* 2 (1971) S. 329-356.

Mohr, Wolfgang: »Zu den Atze-Sprüchen Walthers von der Vogelweide und zu den persönlichen, politischen und anekdotischen Hintergründen mittelalterlicher Zeitdichtung«. In: ders., *Gesammelte Aufsätze. Bd. 2: Lyrik*. Göppingen 1983 (GAG 300), S. 185-208.

Moser, Hugo: *Karl Simrock. Universitätslehrer und Poet, Germanist und Erneuerer von ›Volkspoesie‹ und älterer ›Nationalliteratur‹. Ein Stück Literatur-, Bildungs- und Wissenschaftsgeschichte des 19. Jahrhunderts*. Berlin 1976 (Philolog. Studien u. Quellen 82).

Mück, Hans-Dieter: »Walthers Propaganda gegen Neidharts Publikum (Zu L. 64,31 ff)«. In: *Zur gesellschaftlichen Funktionalität mittelalterlicher deutscher Literatur*. Greifswald 1984 (Wiss. Beiträge d. Ernst-Moritz-Arndt-Univ. Greifswald. Dt. Lit. d. Mittelalters 1), S. 89-103.

Mück, Hans-Dieter (Hg.): *Walther von der Vogelweide. Beiträge zu Leben und Werk*. Stuttgart 1989 (Kulturwiss. Bibliothek 1).

Mühlberger, Georg: »Walther von der Vogelweide und Südtirol. Die Geschichte eines Denkmals«. In: Mühlberger, Georg/Tapparelli, Elda: *Walther von der Vogelweide*. Bozen 1985, S. 5-51.

Mühlberger, Georg: »Walther und sein Mythos in Südtirol«. In: Mück 1989, S. 31-43.

Müller, Jan-Dirk: »Die *frouwe* und die anderen. Beobachtungen zur Überlieferung einiger Lieder Walthers«. In: Müller/Worstbrock 1989, S. 127-146.

Müller, Jan-Dirk: »*Ir sult sprechen willekomen*. Sänger, Sprecherrolle und die Anfänge volkssprachlicher Lyrik«. In: *IASL* 19 (1994) H. 1, S. 1-21.

Müller, Jan-Dirk: »Walther von der Vogelweide: *Ir reinen wîp, ir werden man*«. In: *ZfdA* 124 (1995) S. 1-25.

Müller, Jan-Dirk/Worstbrock, Franz Josef (Hgg.): *Walther von der Vogelweide. Hamburger Kolloquium 1988 zum 65. Geburtstag von Karl-Heinz Borck*. Stuttgart 1989.

Müller, Melanie: *Markgraf Dietrich von Meißen in der politischen Spruchdichtung Walthers von der Vogelweide*. Göppingen 2004 (GAG 723).

Müller, Ulrich: »Zu Walther ›Her keiser, ich bin fronebote‹ (L. 12,6)«. In: *ZfdPh* 90 (1971) Sonderh., S. 133-136.

Müller, Ulrich: *Untersuchungen zur politischen Lyrik des deutschen Mittelalters*. Göppingen 1974 (GAG 55/56).

Müller, Ulrich: »Zur Überlieferung und zum historischen Kontext der Strophen Walthers von der Vogelweide im Reichston«. In: *Festschr. Jones*. Göppingen 1983 (GAG 362), S. 397-408.

Müller, Ulrich: »Die mittelhochdeutsche Lyrik«. In: Bergner, Heinz (Hg.): *Lyrik des Mittelalters. Probleme und Interpretationen. Bd. II*. Stuttgart 1983 (RUB 7897), S. 7-227.

Müller, Ulrich: »Liedermacher der Gegenwart und des Mittelalters oder: Walther von Vogelweide im Rock-Konzert«. In: Poag, James F./Scholz-Williams, Gerhild (Hgg.): *Das Weiterleben des Mittelalters in der deutschen Literatur*. Königstein/Ts. 1983, S. 193-212.

Müller, Ulrich: »Walther von der Vogelweide: Drunter und Drüber der Linde oder Die Rezeption eines mittelhochdeutschen Liedes (L 39,11) bei Liedermachern der Gegenwart«. In: Birkhan, Helmut (Hg.): *Minnesang in Österreich*. Wien 1983, S. 77-108.

Müller, Ulrich: »Sangspruchdichtung«. In: Liebertz-Grün, Ursula (Hg.): *Aus der Mündlichkeit in die Schriftlichkeit: Höfische und andere Literatur. 750-1320*. Reinbek b. Hamburg 1988 (Glaser, Horst Albert [Hg.]: Deutsche Literatur. Eine Sozialgeschichte. 1), S. 185-192.

Müller, Ulrich: »›Herger‹: Ein Sangspruch-Sänger aus »Minnesangs Frühling«, aus ›Minnesangs Winter‹ oder aus ›Minnesangs Zweitem Frühling‹?« In: Krohn, Rüdiger, in Zusammenarbeit mit Wulf-Otto Dreeßen (Hgg.): *»Dâ hoeret ouch geloube zuo«. Überlieferungs- und Echtheitsfragen zum Minnesang. Beiträge zum Festcolloquium für Günther Schweikle anläßlich seines 65. Geburtstags*. Stuttgart/Leipzig 1995, S. 139-154.

Müller, U. 1996 (s. Handbücher: Brunner/Hahn/Müller/Spechtler).

Müller, Ulrich in Zusammenarbeit mit Ingrid Bennewitz, Elke Huber, Franz Viktor Spechtler, Margarete Springeth: »Brauchen wir eine neue Walther-Ausgabe?«. In: Bein 1999, S. 248-273.

Müller, Ulrich/Springeth, Margarete: »Wie ediert man den ›Reichston‹ Walthers von der Vogelweide – nach Handschrift A, B oder C?«. In: *Festschr. Schulze*. Göppingen 2001 (GAG 692), S. 235-253.

Mundhenk, Alfred: »Walthers Selbstbewußtsein«. In: *DVjs* 37 (1963) S. 406-438.

Mundhenk, Alfred: »Ist Walther der Verfasser der Elegie?«. In: *DVjs* 44 (1970) S. 613-654.

Mundhenk, Alfred: *Walthers Zuhörer und andere Beiträge zur Dichtung der Stauferzeit*. Würzburg 1993.

Naumann, Hans: »Ein Meister las, Traum unde Spiegelglas ...«. In: *Dichtung und Volkstum* 43 (1943) S. 220-224.

Nellmann, Eberhard: »*Philippe setze en weisen ûf*. Zur Parteinahme Walthers für Philipp von Schwaben«. In: Krohn, Rüdiger u.a. (Hgg.): *Stauferzeit. Geschichte, Literatur, Kunst*. Stuttgart 1978 (Karlsruher Kulturwiss. Arbeiten 1), S. 87-104.

Nellmann, Eberhard: »Walthers unzeitgemäßer Kreuzzugsappell. Zur Funktion der *Her keiser*-Strophen des Ottentons«. In: *ZfdPh* 98 (1979) Sonderh., S. 22-60.

Nellmann, Eberhard: »Spruchdichter oder Minnesänger? Zur Stellung Walthers am Hof Philipps von Schwaben«. In: Müller/Worstbrock 1989, S. 37-59.

Nellmann, Eberhard: »Innozenz III. und der ›Zauberer Gerbrecht‹. Textkritisches zu Walther 33,21f.«. In: Bein 1999, S. 221-224.

Nellmann, Eberhard: »Die ›Weisen‹ auf dem Magdeburger Weihnachtsfest (Walther L. 19,15f.) und die Heiligen Drei Könige zu Köln«. In: *Festschr. Johnson*. Tübingen 2000, S. 53-65.

Neureiter-Lackner 1996 (s. Handbücher: Brunner/Hahn/Müller/Spechtler).

Nickel, Wilhelm: *Sirventes und Spruchdichtung.* Berlin 1907 (Palaestra 63).

Niles, Bernd: *Pragmatische Interpretationen zu den Spruchtönen Walthers von der Vogelweide. Ein Beitrag zu einer kommunikationsorientierten Literaturwissenschaft.* Göppingen 1979 (GAG 274).

Niles, Bernd: »Zur Diskussion um die Einheit der Spruchtöne Walthers«. In: *ZfdPh* 98 (1979) Sonderh., S. 61-76.

Nix, Matthias: »Der Kreuzzugsaufruf Walthers im Ottenton und der Kreuzzugsplan Kaiser Ottos IV.«. In: *GRM* N.F. 34 (1984) S. 278-294.

Nix, Matthias: *Untersuchungen zur Funktion der politischen Spruchdichtung Walthers von der Vogelweide.* Göppingen 1993 (GAG 592).

Nolte 1991 (s. Handbücher).

Nolte, Theodor: »Sänger des Reiches oder Lohndichter? Walther von der Vogelweide und die deutschen Könige«. In: *Poetica* 24 (1992) S. 317-340.

Nolte, Theodor: Rez. Mück u. Müller/Worstbrock. In: *PBB* 115 (1993) S. 146-164.

Nolte, Theodor: »Ironie in der Sangspruchdichtung Walthers von der Vogelweide«. In: *Poetica* 30 (1998) S. 351-376.

Nolte, Theodor: »Mîn minnensanc der diene iu dar. Zum Publikum des späten Walther von der Vogelweide«. In: *Lit.wiss. Jb.* N.F. 39 (1998) S. 37-54.

Nolte, Theodor: »Des Sängers ›êre‹ – des Gönners ›êre‹. Walthers Lied Cormeau 72 / L 102,29«. In: *Festschr. Schulze.* Göppingen 2001 (GAG 692), S. 15-37.

Obermaier, Sabine: *Von Nachtigallen und Handwerkern. ›Dichtung über Dichtung‹ in Minnesang und Sangspruchdichtung.* Tübingen 1995 (Hermaea N.F. 75).

Ortmann, Christa: »Der Spruchdichter am Hof. Zur Funktion der Walther-Rolle in Sangsprüchen mit *milte*-Thematik«. In: Müller/Worstbrock 1989, S. 17-35.

Ortmann, Christa: »Walthers *werdekeit.* Zur Typologie des ›Palästinalieds‹«. In: Ragotzky, Hedda u.a. (Hgg.): *Fragen der Liedinterpretation.* Stuttgart 2001, S. 57-74.

Ortmann, Christa/Ragotzky, Hedda: »Minnesang als ›Vollzugskunst‹. Zur spezifischen Struktur literarischen Zeremonialhandelns im Kontext höfischer Repräsentation«. In: Ragotzky, Hedda/Wenzel, Horst (Hgg.): *Höfische Repräsentation. Das Zeremoniell und die Zeichen.* Tübingen 1990, S. 227-257.

Padberg, Susanne: *›Ahî wie kristenlîche nû der bâbest lachet‹. Walthers Kirchenkritik im Unmutston (Edition, Kommentar, Untersuchungen).* Herne 1997.

Paddock, Mary M.: »Speaking of Spectacle: Another Look at Walther's ›Lindenlied‹«. In: *GQ* 77 (2004) S. 11-28.

Paul, Hermann: »Kritische Beiträge zu den Minnesingern«. In: *PBB* 2 (1876) S. 406-560.

Paul 1882 (s. Ausgaben).

Paul/Glier ^{9}1974 (s. Handbücher).

Peters, Ursula: *Fürstenhof und höfische Dichtung. Der Hof Hermanns von Thüringen als literarisches Zentrum.* Konstanz 1981 (Konstanzer Universitätsreden 113).

Petersohn, Jürgen: »Der König ohne Krone und Mantel. Politische und kultgeschichtliche Hintergründe der Darstellung Ottos IV. auf dem Kölner Dreikönigenschrein«. In: *Festschr. O. Meyer.* Wiesbaden 1987, S. 43-76.

Pfeiffer 1864 (s. Ausgaben).

Pfeil, Brigitte: »Walther von der Vogelweide, der Tannhäuser und der Bogener. Zur Bedeutung der bayerischen Grafen von Bogen als Kunstförderer«. In: *ZfdA* 127 (1998) S. 26-44.

Plate, Bernward: »Walther, Philipp, Konrad (zu L 8,28; L 18,29; L 19,5)«. In: *Euph.* 93 (1999) S. 293-304.

Ploss, Emil: »Walthers Spruch 28,1-10 und die Parodie des Singenbergers«. In: *Festschr. Eggers.* Tübingen 1972, S. 577-596.

Präsent, Gabriela: *Rhetorik, Poetik und Topik bei Walther von der Vogelweide. Studien zur rhetorischen Textanalyse mittelhochdeutscher Dichtung.* Diss. [masch.] Graz 1980.

Pretzel, Ulrich: »Zu Walthers Mädchenliedern«. In: *Festschr. de Boor.* Tübingen 1966, S. 33-47.

Priebsch, Robert: »Walther von der Vogelweide, 67,32 (Lachmann) (Paul 92,40)«. In: *MLR* 13 (1918) S. 230-233.

Protze 1963 (s. Ausgaben).

Ranawake, Silvia: »Gab es eine Reinmar-Fehde? Zu der These von Walthers Wendung gegen die Konventionen der hohen Minne«. In: *OGS* 13 (1982) S. 7-35.

Ranawake, Silvia: »Walthers Lieder der *herzeliebe* und die höfische Minnedoktrin«. In: Birkhan, Helmut (Hg.): *Minnesang in Österreich.* Wien 1983 (Wiener Arbeiten z. german. Altertumskunde u. Philologie 24), S. 109-152.

Ranawake, Silvia: »Walthers ›Ottenton‹ (11,6ff) und der Kreuzzugsappell der Troubadours«. In: Mück 1989, S. 315-330.

Ranawake, Silvia: »›Spruchlieder‹. Untersuchung zur Frage der lyrischen Gattungen am Beispiel von Walthers Kreuzzugsdichtung«. In: Edwards, Cyril u.a. (Hgg.): *Lied im deutschen Mittelalter. Überlieferung, Typen, Gebrauch. Chiemsee-Colloquium 1991.* Tübingen 1996, S. 67-79.

Ranawake 1997 (s. Ausgaben).

Ranawake, Silvia: »Für Studierende und Laien. Walther-Editionen aus der zweiten Hälfte des 19. Jahrhunderts«. In: Bein 1999, S. 13-31.

Ranawake, Silvia: »Walther von der Vogelweide und die Trobadors. Zu den Liedern mit Kreuzzugsthematik und ihrem literarischen Umfeld«. In: *Archiv* 236 (1999) S. 1-32.

Ranawake, Silvia: »The Poet as National Icon. Walther von der Vogelweide and the German-Speaking People«. In: *Festschr. Honemann.* Frankfurt/M. u.a. 2003, S. 175-192.

Rasmussen, Ann Marie: »Representing Woman's Desire: Walther's Woman's Stanzas in ›Ich hoere iu sô vil tugende jehen‹ (L 43,9), ›Under der linden‹ (L 39,11), and ›Frô Welt‹ (L 100,24)«. In: Classen, Albrecht (Hg.): *Women as Protagonists and Poets in the German Middle Ages. An Anthology of Feminist Approaches to Middle High German Literature.* Göppingen 1991 (GAG 528), S. 69-85.

Rasmussen, Ann Marie: »Reason and the Female Voice in Walther von der Vogelweide's Poetry«. In: Klinck, Anne L./Rasmussen, Ann Marie (Hgg.): *Medieval Woman's Song. Cross-Cultural Approaches.* Philadelphia 2002, S. 168-186 und 249-253.

Reichert 1992 (s. Handbücher).

Reinitzer, Heimo: »Politisches Nachtgebet. Zum ›Leich‹ Walthers von der Vogelweide«. In: Müller/Worstbrock 1989, S. 159-175.

Richter, Roland: *Wie Walther von der Vogelweide ein »Sänger des Reiches« wurde. Eine sozial- und wissenschaftsgeschichtliche Untersuchung zur Rezeption seiner ›Reichsidee‹ im 19. und 20. Jahrhundert.* Göppingen 1988 (GAG 484).

Rieger, Dietmar: »Die altprovenzalische Lyrik«. In: Bergner, Heinz (Hg.): *Lyrik des Mittelalters. Probleme und Interpretationen. Bd. I.* Stuttgart 1983 (RUB 7896), S. 197-390.

Röll, Walter: »Zum Zitieren als Kunstmittel in der älteren deutschen Lyrik«. In: *PBB* 105 (1983) S. 66-79.
Röll, Walter: »›*Den phawen ofte hat überstigen des kraneches vluc*‹. Zu L. 19,29ff«. In: Mück 1989, S. 379-390.
RSM (s. Handbücher).
Ruck, Rotraut: *Walther von der Vogelweide. Der künstlerische Gedankenaufbau im ersten Philippston und im ersten Ottoton.* Diss. Basel 1954.
Rühmkorf, Peter: *Walther von der Vogelweide, Klopstock und ich.* Reinbek b. Hamburg 1975 (das neue buch 65).
Ruh, Kurt: »Mittelhochdeutsche Spruchdichtung als gattungsgeschichtliches Problem«. In: *DVjs* 42 (1968) S. 309-324.
Ruh, Kurt: »›Aller werdekeit ein füegerinne‹ (Walther 46,32). Versuch einer anderen ›Lesung‹«. In: *ZfdA* 114 (1985) S. 188-195.
Ruh, Kurt: »Walthers König-Heinrich-Ton (L. 101,23)«. In: Müller/Worstbrock 1989, S. 9-15.
Rupp, Heinz: »Walthers Preislied – ein Preislied?«. In: *Festschr. Brinkmann.* Tübingen 1981, S. 23-44.
Salvan-Renucci, Françoise: »Nochmals zu Walthers ›Elegie‹«. In: *Walther von der Vogelweide. Actes du Colloque du Centre d'Etudes Médiévales de l'Université de Picardie Jules Verne 15 et 16 Janvier 1995.* Greifswald 1995 (Wodan 52), S. 125-150.
Sayce, Olive: »›Si wunderwol gemachet wîp (L. 53,25ff.)‹. A Variation on the Theme of Ideal Beauty«. In: *OGS* 13 (1982) S. 104-114.
Schaefer 1972 (s. Ausgaben).
Schiendorfer, Max: »Zu den Kärntner-Strophen Walthers von der Vogelweide, im besonderen zu L. 32,27«. In: *ZfdA* 111 (1982) S. 255-272.
Schiendorfer, Max: *Ulrich von Singenberg, Walther und Wolfram. Zur Parodie in der höfischen Literatur.* Bonn 1983 (Studien z. Germanistik, Anglistik u. Komparatistik 112).
Schiendorfer, Max: »Handschriftliche Mehrfachzuweisungen: Zeugen sängerischer Interaktion im Mittelalter? Zu einigen Tönen namentlich aus der Hohenburg-, Rotenburg- und Walther-Überlieferung«. In: *Euph.* 79 (1985) S. 66-94.
Schiendorfer, Max: »Editorischer Zeichensatz und Kritischer Apparat in gestörter Symbiose. Ein nicht ganz ausgegorenes Plädoyer am Beispiel von Walthers ›Elegie‹ (Cormeau 97; L. 124,1)«. In: Bein 1999, S. 241-247.
Schiendorfer, Max: »Auch deshalb brauchen wir eine neue Walther-Ausgabe«. In: Walther-Studien 1 2002, S. 199-218.
Schirmer, Karl-Heinz: *Die Strophik Walthers von der Vogelweide. Ein Beitrag zu den Aufbauprinzipien in der lyrischen Dichtung des Hochmittelalters.* Halle (Saale) 1956.
Schmidt 2002 (s. Bibliographien).
Schneider, Jürgen: *Studien zur Thematik und Struktur der Lieder Neidharts. Eine kritische Auseinandersetzung mit der Forschung. Neuansätze einer Interpretation der Liedaussagen unter literatursoziologischen Aspekten. 2 Bde.* Göppingen 1976 (GAG 196/197).
Schneider, Ludwig: »Zu Walther von der Vogelweide 73,23-74,19«. In: *Euph.* 91 (1997) S. 363-375.
Schnell, Rüdiger: *Causa amoris. Liebeskonzeption und Liebesdarstellung in der mittelalterlichen Literatur.* Bern/München 1985 (Bibliotheca Germanica 27).
Schnyder, André: »Der Dichter als Monument. Ein Kapitel aus der Geschichte

der Rezeption Walthers von der Vogelweide«. In: *Archiv f. Kulturgesch.* 71 (1989), S. 395-429.
Schönbach 1890 (s. Handbücher).
Schönbach, Anton E.: »Zu Walther von der Vogelweide«. In: *ZfdA* 39 (1895) S. 337-355.
Scholz, Manfred Günter: *Walther von der Vogelweide und Wolfram von Eschenbach. Literarische Beziehungen und persönliches Verhältnis.* Diss. Tübingen 1966.
Scholz 1969 (s. Bibliographien).
Scholz, Manfred Günter: »Die Strophenfolge des ›Wiener Hoftons‹«. In: *ZfdPh* 92 (1973) S. 1-23.
Scholz, Manfred Günter: »Walther von der Vogelweide«. In: *Dizionario Critico della Letteratura Tedesca* 2 (1976) S. 1243-1251.
Scholz, Manfred Günter: »Probleme der Strophenfolge in Walthers Dichtung«. In: Mück 1989, S. 207-220.
Scholz, Manfred Günter: »Spruchdichtung«. In: Grimm, Gunter E./Max, Frank Rainer (Hgg.): *Deutsche Dichter. Leben und Werk deutschsprachiger Autoren. Bd. I: Mittelalter.* Stuttgart 1989 (RUB 8611), S. 430-441.
Scholz, Manfred Günter: »Walther von der Vogelweide: ›Genâde, frouwe‹ (L. 70,22ff.). Erwägungen zum Gattungstyp und zur Aufführungssituation«. In: *Festschr. Schweikle.* Stuttgart 1989 (Helfant Stud. 5), S. 83-103.
Scholz, Manfred Günter: »*Der biderbe patrîarke missewende frî* und *dominus Walterus* – auch ein Versuch zum Begriff des fahrenden Spruchdichters«. In: Boshof/Knapp 1994, S. 301-323.
Scholz, Manfred Günter: »Kriterien der Unechtheit in der Walther-Forschung nach Carl von Kraus«. In: Krohn, Rüdiger, in Zusammenarbeit mit Wulf-Otto Dreeßen (Hgg.): *»Dâ hoeret ouch geloube zuo«. Überlieferungs- und Echtheitsfragen zum Minnesang. Beiträge zum Festcolloquium für Günther Schweikle anläßlich seines 65. Geburtstags.* Stuttgart/Leipzig 1995, S. 177-194.
Scholz, Manfred Günter: Rez. Brunner/Hahn/Müller/Spechtler 1996, Cormeau 1996, Ranawake 1997. In: *PBB* 120 (1998) S. 487-501.
Scholz, Manfred Günter: »Walthers Lied über die *Stæte* (L 96,29ff.) und seine ›naive‹ Rezeption«. In: *Festschr. Schulze.* Göppingen 2001 (GAG 692), S. 39-58.
Schröder, Werner: »Die Lebenszeugnisse Walthers von der Vogelweide«. In: *Festschr. Moser.* Berlin 1974, S. 88-100.
Schröder, Werner: »Die Sprüche im Bogenerton und die Anfänge von Walthers Spruchdichtung«. In: *ZfdA* 118 (1989) S. 165-176.
Schröder, Werner: »Ein ›Reuelied‹ Walthers von der Vogelweide? (Zu L. 122,24)«. In: *ZfdPh* 108 (1989) S. 350-357.
Schulze 1984 (s. Ausgaben).
Schulze, Ursula: »Das ›Nibelungenlied‹ und Walther von der Vogelweide. Diskursaktualisierung und konzeptionelle Qualitäten des Epos«. In: *Festschr. Brunner.* Wiesbaden 2000, S. 161-180.
Schumacher, Meinolf: »Die Welt im Dialog mit dem ›alternden Sänger‹? Walthers Absagelied ›Frô Welt, ir sult dem wirte sagen‹ (L. 100,24)«. In: *WW* 50 (2000), S. 169-188.
Schumacher, Theo: »Walthers zweiter Spruch im Reichston«. In: *DVjs* 36 (1962) S. 179-189.
Schupp, Volker: *Septenar und Bauform. Studien zur ›Auslegung des Vaterunsers‹, zu ›De VII Sigillis‹ und zum ›Palästinalied‹ Walthers von der Vogelweide.* Berlin 1964

(Philolog. Studien u. Quellen 22).
Schupp, Volker: »Er hât tûsent man betoeret. Zur öffentlichen Wirkung Walthers von der Vogelweide«. In: *Poetica* 6 (1974) S. 38-59.
Schweikle, Günther: »*Minne* und *Mâze*. Zu *Aller werdekeit ein füegerinne* (Walther 46,32ff.)«. In: *DVjs* 37 (1963) S. 498-528.
Schweikle, Günther: *Reinmar der Alte. Grenzen und Möglichkeiten einer Minnesangphilologie. 1. Teil: Handschriftliche und überlieferungsgeschichtliche Grundlagen*. Habil.-Schr. [masch.] Tübingen 1965.
Schweikle, Günther: »Steckt im *Sumerlaten*-Lied Walthers von der Vogelweide (L 72,31) ein Gedicht Reinmars des Alten?«. In: *ZfdPh* 87 (1968) Sonderh., S. 131-153.
Schweikle, Günther: »War Reinmar ›von Hagenau‹ Hofsänger zu Wien?«. In: Kreuzer, Helmut, in Zusammenarbeit mit Käte Hamburger (Hgg.): *Gestaltungsgeschichte und Gesellschaftsgeschichte. Literatur-, kunst- und musikwissenschaftliche Studien*. Stuttgart 1969, S. 1-31.
Schweikle 1970 (s. Ausgaben).
Schweikle, Günther: »Eine Morungen-Parodie Walthers? Zu MF 145,33«. In: *Festschr. de Boor*. München 1971, S. 305-314.
Schweikle, Günther: »Einführung«. In: ders., *Die mittelhochdeutsche Minnelyrik*. I: *Die frühe Minnelyrik. Texte und Übertragungen, Einführung und Kommentar*. Darmstadt 1977, S. 1-113.
Schweikle, Günther: »Der Stauferhof und die mhd. Lyrik, im besonderen zur Reinmar-Walther-Fehde und zu Hartmanns *herre*«. In: Krohn, Rüdiger u.a. (Hgg.): *Stauferzeit. Geschichte, Literatur, Kunst*. Stuttgart 1978 (Karlsruher Kulturwiss. Arbeiten 1), S. 245-259.
Schweikle, Günther: »Die *frouwe* der Minnesänger. Zu Realitätsgehalt und Ethos des Minnesangs im 12. Jahrhundert«. In: *ZfdA* 109 (1980) S. 91-116.
Schweikle 1986a (s. Ausgaben).
Schweikle, Günther: »Die Fehde zwischen Walther von der Vogelweide und Reinmar dem Alten. Ein Beispiel germanistischer Legendenbildung«. In: *ZfdA* 97 (1986) S. 235-253.
Schweikle, Günther: »Walther und Wien. Überlegungen zur Biographie«. In: Mück 1989, S. 75-87.
Schweikle, Günther: »Minnethematik in der Spruchlyrik Walthers von der Vogelweide. Zum Problem der Athetesen in der Minnesangphilologie«. In: *Festschr. H.-F. Rosenfeld*. Göppingen 1989 (GAG 521), S. 173-184.
Schweikle 1994 (s. Ausgaben).
Schweikle [2]1995 (s. Handbücher).
Schweikle, Günther: »Walther von der Vogelweide, ›Halmorakel‹ (L 65,33). Aus der Werkstatt einer neuen Walther-Ausgabe«. In: *Festschr. Hoffmann*. Wien 1997, S. 349-365.
Schweikle 1998 (s. Ausgaben).
Seelbach, Ulrich: »Besseres liefern. Ein Vorschlag zu Walthers ›Matt wider Matt‹ (L 111,23)«. In: Walther-Studien 2 2004, S. 253-266.
Seidel, Andrea: »Überlegungen zur Strophenfolge: *Bî den liuten nieman hât* (89, L. 116,33)«. In: Bein 1999, S. 140-149.
Serfas, Günther: »Die Entstehungszeit der ›Sprüche im Reichston‹ Walthers von der Vogelweide«. In: *ZfdPh* 102 (1983) S. 65-84.
Sievert, Heike: »Die Konzeption der Frauenrolle in der Liebeslyrik Walthers von der Vogelweide«. In: Bennewitz, Ingrid (Hg.): *Der frauwen buoch. Versuche zu*

einer feministischen Mediävistik. Göppingen 1989 (GAG 517), S. 135-158.
Sievert, Heike: »Die Sängerrolle in der Liebeslyrik Walthers von der Vogelweide«. In: *Ergebnisse der XXI. Jahrestagung des Arbeitskreises ›Deutsche Literatur des Mittelalters‹*. Greifswald 1989 (Dt. Lit. d. Mittelalters 4), S. 162-175.
Sievert, Heike: *Studien zur Liebeslyrik Walthers von der Vogelweide*. Göppingen 1990 (GAG 506).
Sievert, Heike: »Walther von der Vogelweide. Probleme der Rezeption«. In: *Deutschunterricht* (Berlin) 43 (1990) S. 290-297.
Simrock 1833, [4]1869 und 1870 (s. Ausgaben).
Smits, Kathryn: »Das Preislied Walthers von der Vogelweide (L. 56,14). Eine Reaktion auf Morungens Lied MF 122,1?«. In: *ZfdPh* 99 (1980) S. 1-20.
Sowinski, Bernhard: »Der Spruch«. In: Knörrich, Otto (Hg.): *Formen der Literatur in Einzeldarstellungen*. Stuttgart 1981 (Kröners Taschenausgabe 478), S. 378-384.
Späth, Beate: »›schoene‹. Kontextuale Untersuchungen zu einem Leitwort in Liedern und Sprüchen Walthers von der Vogelweide«. In: *Festschr. Schumacher*. Stuttgart 1986 (Stuttgarter Arbeiten z. Germanistik 184), S. 121-130.
Spechtler, Franz Viktor: »Der Leich Walthers«. In: Mück 1989, S. 331-340.
Spechtler 1996 (s. Handbücher: Brunner/Hahn/Müller/Spechtler).
Spechtler, Franz Viktor: »*Ir sult sprechen willekomen*. Zur Rezeption Walthers von der Vogelweide bei Ulrich von Liechtenstein«. In: *Festschr. Birkhan*. Bern u.a. 1998, S. 586-590.
Spechtler 2003 (s. Ausgaben).
Stamer, Uwe: *Ebene Minne bei Walther von der Vogelweide. Studien zum gedanklichen Aufbau und zum Einfluß der Tradition*. Göppingen 1976 (GAG 194).
Stauber, Burkhard: *Überlieferung und Echtheit der alten Töne bei den Meistersingern. Unter besonderer Berücksichtigung der Walther von der Vogelweide zugeschriebenen Melodien*. Diss. Erlangen-Nürnberg 1974.
Steinbach, Oliver: »Zu Walther 27 (L 50,19) und dem Problem seiner ›Zusatzstrophe‹ in der Würzburger Handschrift E«. In: Walther-Studien 2 2004, S. 267-281.
Steinmetz, Ralf-Henning: »Autoren – Redaktoren – Editoren: Über den Umgang mit Lachmanns Walther-Liedern 117,29 und 118,12 und die Konsequenzen«. In: *ZfdPh* 116 (1997) S. 352-369.
Steinmetz, Ralf-Henning: »Varianz und Interpretation. Die vier Fassungen des minneprogrammatischen Walther-Liedes 27 (*Bin ich dir unmære*)«. In: *ZfdPh* 118 (1999) S. 69-86.
Steinmetz, Ralf-Henning: »Gegenseitigkeit als Argument in Walthers Minnesang«. In: *ZfdA* 132 (2003) S. 425-442.
Steinmetz, Ralf-Henning: »Walthers Neuerungen im Minnesang und die Freundschaftsliteratur des 12. Jahrhunderts«. In: *Lit.wiss. Jb*. N.F. 44 (2003) S. 19-46.
Strohschneider, Peter: »Der Minnesänger und das Allgemeine. Eine Lektüre der Strophen 240-245 im Walther-Corpus der Großen Heidelberger Liederhandschrift«. In: *Festschr. Schulze*. Göppingen 2001 (GAG 692), S. 59-81.
Strohschneider, Peter: »Fürst und Sänger. Zur Institutionalisierung höfischer Kunst, anläßlich von Walthers Thüringer Sangspruch 9,V [L. 20,4]«. In: Hellgardt, Ernst u.a. (Hgg.): *Literatur und Macht im mittelalterlichen Thüringen*. Köln u.a. 2002, S. 85-107.
Suerbaum, Almut: »*Zwo zungen stânt unebene in einem munde*: Lüge und Lügner bei Walther von der Vogelweide«. In: Walther-Studien 2 2004, S. 131-140.

Taylor, Ronald Jack: *Die Melodien der weltlichen Lieder des Mittelalters.* 2 Bde.: Darstellungsband, Melodienband. Stuttgart 1964 (SM 34/35).

Taylor, Ronald Jack: *The Art of the Minnesinger. Songs of the thirteenth century transcribed and edited with textual and musical commentaries.* 2 Bde. Cardiff 1968.

Tervooren, Helmut: *Einzelstrophe oder Strophenbindung? Untersuchungen zur Lyrik der Jenaer Handschrift.* Diss. Bonn 1967.

Tervooren, Helmut: »›Spruch‹ und ›Lied‹. Ein Forschungsbericht«. In: Moser, Hugo (Hg.): *Mittelhochdeutsche Spruchdichtung.* Darmstadt 1972 (WdF 154), S. 1-25.

Tervooren, Helmut: »Schönheitsbeschreibung und Gattungsethik in der mittelhochdeutschen Lyrik«. In: Stemmler, Theo (Hg.): *Schöne Frauen – schöne Männer. Literarische Schönheitsbeschreibungen. 2. Kolloquium der Forschungsstelle für europäische Literatur des Mittelalters.* Mannheim 1988, S. 171-198.

Tervooren, Helmut: »Reinmar und Walther. Überlegungen zu einem autonomen Reinmar-Bild«. In: Mück 1989, S. 89-105.

Tervooren, Helmut: *Reinmar-Studien. Ein Kommentar zu den »unechten« Liedern Reinmars des Alten.* Stuttgart 1991.

Tervooren 1995 (s. Handbücher).

Tervooren, Helmut: »*Hêre frowe* (Walther 39,24)«. In: *ZfdPh* 118 (1999) S. 431f.

Tervooren, Helmut/Bein, Thomas: »Ein neues Fragment zum Minnesang und zur Sangspruchdichtung. Reinmar von Zweter, Neidhart, Kelin, Rumzlant und Unbekanntes«. In: *ZfdPh* 107 (1988) S. 1-26.

Thum, Bernd: »Die sog. ›Alterselegie‹ Walthers von der Vogelweide und die Krise des Landesausbaus im 13. Jahrhundert, unter besonderer Berücksichtigung des Donau-Raumes (Zu L. 124,1; 84,14; 35,17)«. In: Kaiser, Gert (Hg.): *Literatur, Publikum, historischer Kontext.* Bern u.a. 1977 (Beiträge z. Älteren Dt. Lit.gesch. 1), S. 205-239.

Thum, Bernd: »Walther von der Vogelweide und das werdende Land Österreich«. In: *Die Kuenringer. Das Werden des Landes Niederösterreich. Niederösterreichische Landesausstellung Stift Zwettl. 16. Mai – 26. Oktober 1981.* Wien [2]1981 (Katalog d. Niederösterr. Landesmuseums N.F. 110), S. 487-495.

Thum, Bernd: »Walther von der Vogelweide: Lebenskreise und Heimaten«. In: *Festschr. Hoffmann.* Wien 1997 (Philologica Germanica 19), S. 393-407.

Tomasek, Tomas: »Überlegungen zu Walthers ›Atze‹-Sprüchen«. In: *Festschr. Splett.* Münster 1998, S. 333-341.

Touber, Anton H.: »Walther von der Vogelweide und Frankreich«. In: *Walther von der Vogelweide. Actes du Colloque du Centre d'Etudes Médiévales de l'Université de Picardie Jules Verne 15 et 16 Janvier 1995.* Greifswald 1995 (Wodan 52), S. 165-177.

Tubach, Frederic C.: *Struktur im Widerspruch. Studien zum Minnesang.* Tübingen 1977 (Untersuchungen z. dt. Lit.gesch. 16).

Uhland 1822 (s. Handbücher).

Unzeitig, Monika: »*wîbes gruoz*: programmatische Polyvalenz. Eine semantische Skizze«. In: Walther-Studien 1 2002, S. 93-110.

Urbanek, Ferdinand: »Rhetorischer Disput im Dienste staufischer Kreuzzugspolitik. Zu Walthers Spruch vom ›drîer slahte sanc‹«. In: *DVjs* 67 (1993) S. 221-251.

Urbanek, Ferdinand: »Die genera dicendi in der Dichtung Walthers von der Vogelweide«. In: *ZfdPh* 114 (1995) S. 1-28.

Voetz, Lothar: »Überlieferungsformen mittelhochdeutscher Lyrik«. In: *Codex Manesse. Katalog zur Ausstellung*. Heidelberg 1988, S. 224-274.

Vogt, Gerhard A.: *Studien zur Verseingangsgestaltung in der deutschen Lyrik des Hochmittelalters*. Göppingen 1974 (GAG 118).

Volfing, Annette: »*ich orlôser* und *dînr ôren porten*. Auditive Wahrnehmung bei Walther von der Vogelweide«. In: Walther-Studien 2 2004, S. 109-130.

Volkmann, Berndt: *Owê war sint verswunden. Die ›Elegie‹ Walthers von der Vogelweide. Untersuchungen, Kritischer Text, Kommentar*. Göppingen 1987 (GAG 483).

Vollmann, Benedikt K.: »Carmen Buranum 60/60a«. In: Krämer, Sigrid/Bernhard, Michael (Hgg.): *Scire litteras. Forschungen zum mittelalterlichen Geistesleben*. München 1988 (Bayer. Akad. d. Wiss., philos.-hist. Kl., Abh., N.F. 99), S. 409-422.

Vorderstemann, Jürgen: Rez. Friederichs. In: *Archiv f. hess. Geschichte u. Altertumskunde* N.F. 38 (1980) S. 609-612.

Voß, Rudolf: »Intertextualitätsphänomene und Paradigmenwechsel in der Minnelyrik Walthers von der Vogelweide«. In: *Festschr. Röll*. Tübingen 2002, S. 51-77.

Wachinger, Burghart: *Sängerkrieg. Untersuchungen zur Spruchdichtung des 13. Jahrhunderts*. München 1973 (MTU 42).

Wachinger, Burghart: »Der Anfang der Jenaer Liederhandschrift«. In: *ZfdA* 110 (1981) S. 299-306.

Wachinger, Burghart: »›Jenaer Liederhandschrift‹«. In: ²*VL* 4 (1983) Sp. 512-516.

Wailes, Stephen L.: »The Crane, the Peacock, and the Reading of Walther von der Vogelweide 19,29«. In: *MLN* 88 (1973) S. 947-955.

Wallner, Anton: »Zu Walther von der Vogelweide«. In: *PBB* 35 (1909) S. 191-203.

Walther ²1988 (s. Ausgaben).

Walther-Studien 1: Bein, Thomas (Hg.): *Walther von der Vogelweide. Beiträge zu Produktion, Edition und Rezeption*. Frankfurt/M. u.a. 2002 (Walther-Studien 1).

Walther-Studien 2: Bein, Thomas (Hg.): *Walther verstehen – Walther vermitteln. Neue Lektüren und didaktische Überlegungen*. Frankfurt/M. u.a. 2004 (Walther-Studien 2).

Wandhoff, Haiko: »*swaz fliuzet oder fliuget oder bein zer erde biuget*. Konkurrierende Naturkonzeptionen im Reichston Walthers von der Vogelweide«. In: Dilg, Peter (Hg.): *Natur im Mittelalter. Konzeptionen – Erfahrungen – Wirkungen. Akten des 9. Symposiums des Mediävistenverbandes, Marburg, 14.-17. März 2001*. Berlin 2003, S. 360-372.

Wandhoff, Haiko: »Eine Pilgerreise im virtuellen Raum. Das *Palästinalied* Walthers von der Vogelweide«. In: Lechtermann, Christina/Morsch, Carsten (Hgg.): *Kunst der Bewegung. Kinästhetische Wahrnehmung und Probehandeln in virtuellen Welten*. Bern u.a. 2004 (Publikationen z. *ZfGerm* N.F. 8), S. 73-89.

Wapnewski, Peter: »Walthers Lied von der Traumliebe (74,20) und die deutschsprachige Pastourelle«. In: *Euph.* 51 (1957) S. 113-150.

Wapnewski 1962 (s. Ausgaben).

Wapnewski, Peter: »Reinmars Rechtfertigung. Zu MF 196,35 und 165,10«. In: *Festschr. Norman*. London 1965, S. 71-83.

Wapnewski, Peter: »Der Sänger und die Dame. Zu Walthers Schachlied (111,23)«. In: *Euph.* 60 (1966) S. 1-29.

Wapnewski, Peter: »Die Weisen aus dem Morgenland auf der Magdeburger Weihnacht (Zu Walther von der Vogelweide 19,5)«. In: *Festschr. Sühnel.* Berlin 1967, S. 74-94.

Wapnewski, Peter: »Das Triptychon als Ordnungsformel. Zu Walthers von der Vogelweide König-Friedrich-Ton«. In: *Festschr. Ruh.* Tübingen 1979, S. 387-411.

Wapnewski, Peter: »Literatur im Kranichschritt und Pfauengang (Zu Walther von der Vogelweide 19,29ff.)«. In: *Festschr. Jens.* München 1983, S. 258-269.

Wapnewski, Peter: »Die Deutschen und ihr Lied. Eine Nation auf der Suche nach sich selbst in ihrer Hymne«. In: Mathiopoulos, Margarita (Hg.): *Das neue Europa. Ein europäisch-amerikanischer Dialog an der Humboldt-Universität.* Bonn/ Berlin 1992, S. 290-319.

Warning, Rainer: »Pastourelle und Mädchenlied«. In: *Festschr. Haug/Wachinger. Bd. II.* Tübingen 1992, S. 709-723.

Weber, Hubert: »Melchior Goldast von Haiminsfeld und die Anfänge der Walther-Philologie im 17. Jahrhundert. Eine Würdigung«. In: Luff, Robert/Weigand, Rudolf Kilian (Hgg.): *Mystik – Überlieferung – Naturkunde. Gegenstände und Methoden mediävistischer Forschungspraxis.* Hildesheim u.a. 2002, S. 17-35.

Wehrli, Max: »Rollenlyrik und Selbsterfahrung in Walthers Weltklageliedern«. In: Müller/Worstbrock 1989, S. 105-113.

Weigand, Rudolf Kilian: »Das Preislied Walthers, die Sängerrolle und Wien. Überlegungen zum Verhältnis von Text und seiner biographischen Deutung«. In: *Lit.wiss. Jb.* N.F. 39 (1998) S. 9-35.

Weil, Bernd A.: *Die Rezeption des Minnesangs in Deutschland seit dem 15. Jahrhundert.* Frankfurt/M. 1991.

Weissensteiner, Josef: *Walthers parodistische Gedichte.* Diss. [masch.] Graz 1985.

Wells, David A.: »Imperial Sanctity and Political Reality: Bible, Liturgy, and the Ambivalence of Symbol in Walther von der Vogelweide's Songs under Otto IV«. In: *Spec.* 53 (1978) S. 479-510.

Wenske, Martin: *»Schwellentexte« im Minnesang Walthers von der Vogelweide. Exemplarische Interpretationen ausgewählter Lieder.* Frankfurt/M. u.a. 1994 (EHS, Reihe I, 1477).

Wenzel, Horst: »Typus und Individualität. Zur literarischen Selbstdeutung Walthers von der Vogelweide«. In: *IASL* 8 (1983) S. 1-34.

Wenzel, Horst: »Melancholie und Inspiration. Walther von der Vogelweide L. 8,4ff. Zur Entwicklung des europäischen Dichterbildes«. In: Mück 1989, S. 133-153.

Willemsen, Elmar: »Projektbericht: Untersuchungen zur Varianz in der Walther-Überlieferung«. In: Walther-Studien 1 2002, S. 219-223.

Willemsen, Elmar: »Über den Gebrauch von synoptischen Ausgaben. Das Beispiel Walther von der Vogelweide«. In: Bein, Thomas (Hg.): *Autor – Autorisation – Authentizität.* Tübingen 2004 (Beihefte z. *editio* 21), S. 105-113.

Willms, Eva: *Liebesleid und Sangeslust. Untersuchungen zur deutschen Liebeslyrik des späten 12. und frühen 13. Jahrhunderts.* München/Zürich 1990 (MTU 94).

Wilmanns, Wilhelm: »Zu Walther von der Vogelweide«. In: *ZfdA* 13 (1867) S. 217-288.

Wilmanns 1869, ^{2}1883 und ^{4}1924 (s. Ausgaben).

WM I 1916 (s. Handbücher).

WM II 1924 (s. Ausgaben).

Wisniewski, Roswitha: »Walthers Elegie (L 124,1ff.)«. In: *ZfdPh* 87 (1968) Sonderh., S. 91-108.

Wisniewski, Roswitha: *Kreuzzugsdichtung. Idealität in der Wirklichkeit.* Darmstadt 1984 (Impulse d. Forschung 44).

Witt 1984 (s. Ausgaben).

Wolf, Alois: *Variation und Integration. Beobachtungen zu hochmittelalterlichen Tageliedern.* Darmstadt 1979 (Impulse d. Forschung 29).

Wolf, Alois: »Überbieten und Umkreisen. Überlegungen zu mittelalterlichen Schaffensweisen am Beispiel des Minnesangs«. In: *Festschr. Rupp.* Bern/Stuttgart 1989, S. 3-21.

Wolf, Alois: »Venus versus Orpheus. Reinmar, Walther, Gottfried und die ›Renaissance des 12. Jahrhunderts‹. In: Plangg, Guntram A./Thurnher, Eugen (Hgg.): *Sprache und Dichtung in Vorderösterreich.* Innsbruck 2000 (Schlern-Schriften 310), S. 75-98.

Worstbrock, Franz Josef: »Politische Sangsprüche Walthers im Umfeld lateinischer Dichtung seiner Zeit«. In: Müller/Worstbrock, S. 61-80.

Wyss, Ulrich: »Rühmkorf, Walther von der Vogelweide und ich«. In: *Euph.* 72 (1978), S. 260-276.

Zatloukal, Klaus: »Wolfram, Walther und die Ministerialität«. In: *Festschr. Pausch.* Wien u.a. 1997, S. 237-244.

Zitzmann, Rudolf: »Der Ordo-Gedanke des mittelalterlichen Weltbildes und Walthers Sprüche im ersten Reichston«. In: *DVjs* 25 (1951) S. 40-53.

Personenregister

Falls der Verfasser eines Werkes namentlich nicht bekannt ist, wird statt dessen (kursiv) der Werktitel verzeichnet.

Register der Töne-Namen, der Töne und der Sangspruch-Strophen Walthers nach Lachmanns Zählung

(Kursivdruck verweist auf Stellen ausführlicherer Behandlung)

Leich (3,1ff.) 19, 25f., 34, 163, *170f.*, 173
Reichston (8,4ff.) 4, 32-34, *44-53*, 54, 56f., 62, 66, 69, 82, 86, 90, 166-168
8,4ff. 33, 44f., *46f.*, 48f., 52, 73, 148, 172
8,28ff. 45, *47-49*, 50f., 73
9,16ff. *49-51*, 52f.
Kaiser-Friedrichs-(und Engelbrechts-) Ton (10,1ff. u. 84,14ff.) *87-90*
10,1ff. 87, 89
10,9ff. 87, 89
10,17ff. 87, 89
10,25ff. 87, 89
10,33ff. 87, 89f.
Ottenton (11,6ff.) 35f., 42, *75-78*, 162
11,6ff. 75, *76f.*
11,18ff. 75, *77*
11,30ff. *75f.*, 77, 79
12,6ff. 75, *76*, 83, 89
12,18ff. 75
12,30ff. 75, 77
Aufforderung zum Kreuzzug (13,5ff.) 22, 24, 89, *160-162*
13,33ff. *102*
Palästinalied (14,38ff.) 19f., 32, 35f., 89, 159, 161f., *163-166*, 169
2. Philippston (16,36ff.) 36, *66-69*
16,36ff. 59, *66f.*, 80
17,11ff. 9, *67*, 68
17,25ff. *67f.*
18,1ff. 10, *67f.*
18,15ff. *67f.*
1. Philippston (18,29ff.) *54-61*, 65f., 73
18,29ff. *54-56*, 61, 73
19,5ff. *54-56*, 58, 60f., 73
19,17ff. 54, *58f.*, 60f., 66f., 73
19,29ff. 1, 23, 54, *56-58*, 73
20,4ff. 54, 58f., *60f.*, 69f.
Wiener Hofton (20,16ff.) 35f., *61-65*, 66, 74, 79, 91, 151
20,16ff. 62
20,31ff. 62, 72
21,10ff. 62, 90f., 151
21,25ff. 62, 64
22,3ff. 62f.
22,18ff. 62, 64
22,33ff. 62, *64f.*
23,11ff. 62
23,26ff. 62, 91
24,3ff. 62, 91
24,18ff. 62, 64
24,33ff. 62, 64
25,11ff. 64
25,26ff. 64, *65*
König-Friedrichs-Ton (26,3ff.) 20, 36, 80, *85-87*
26,3ff. *85*
26,13ff. 86
26,23ff. 21, 85
26,33ff. 85, *86*, 94
27,7ff. *15*, 85
27,17ff. 23, 86
27,27ff. 23, 86
28,1ff. 10, 15, 23, 81, 85, 146
28,11ff. 86
28,21ff. 86
28,31ff. *15*, 85
29,4ff. 86
29,15ff. 85f.
29,25ff. 86
29,35ff. 86
30,9ff. 86
30,19ff. 86
30,29ff. 86
31,3ff. 85
XXIX,1ff. 1, 86

Sammlung Metzler

Einführungen, Methodenlehre

SM 1 Raabe: Einführung in die Bücherkunde zur dt. Literaturwissenschaft
SM 13 Bangen: Die schriftliche Form germanistischer Arbeiten
SM 59 Behrmann: Einführung in die Analyse von Prosatexten
SM 79 Weber-Kellermann/Bimmer/Becker: Einf. in die Volkskunde/Europ. Ethnologie
SM 148 Grimm u.a.: Einf. in die französische Literaturwissenschaft
SM 188 Asmuth: Einführung in die Dramenanalyse
SM 206 Apel/Kopetzki: Literarische Übersetzung
SM 217 Schutte: Einführung in die Literaturinterpretation
SM 235 Paech: Literatur und Film
SM 246 Eagleton: Einführung in die Literaturtheorie
SM 259 Schönau/Pfeiffer: Einf. i. d. psychoanalytische Literaturwissenschaft
SM 263 Sowinski: Stilistik
SM 270 Heidtmann: Kindermedien
SM 277 Hickethier: Film- und Fernsehanalyse
SM 283 Ottmers: Rhetorik
SM 284 Burdorf: Einführung in die Gedichtanalyse
SM 285 Lindhoff: Feministische Literaturtheorie
SM 287 Eggert/Garbe: Literarische Sozialisation
SM 317 Paefgen: Einführung in die Literaturdidaktik
SM 320 Gfrereis (Hrsg.): Grundbegriffe der Literaturwissenschaft
SM 324 Bossinade: Poststrukturalistische Literaturtheorie
SM 337 Lorenz: Journalismus
SM 338 Albrecht: Literaturkritik
SM 344 Nünning/Nünning (Hrsg.): Erzähltextanalyse und Gender Studies
SM 347 Nünning (Hrsg.): Grundbegriffe der Literaturtheorie
SM 351 Nünning (Hrsg.): Grundbegriffe der Kulturtheorie und Kulturwissenschaften

Deutsche Literaturgeschichte

SM 75 Hoefert: Das Drama des Naturalismus
SM 157 Aust: Literatur des Realismus
SM 170 Hoffmeister: Deutsche und europäische Romantik
SM 227 Meid: Barocklyrik
SM 290 Lorenz: Wiener Moderne
SM 298 Kremer: Prosa der Romantik
SM 329 Anz: Literatur des Expressionismus
SM 331 Schärf: Der Roman im 20. Jahrhundert

Gattungen

SM 16 Lüthi: Märchen
SM 116 Guthke: Das deutsche bürgerliche Trauerspiel
SM 155 Mayer/Tismar: Kunstmärchen
SM 191 Nusser: Der Kriminalroman
SM 192 Weißert: Ballade
SM 216 Marx: Die deutsche Kurzgeschichte
SM 232 Barton: Das Dokumentartheater
SM 256 Aust: Novelle
SM 260 Nikisch: Brief
SM 262 Nusser: Trivialliteratur
SM 278 Aust: Der historische Roman
SM 282 Bauer: Der Schelmenroman
SM 323 Wagner-Egelhaaf: Autobiographie

Autorinnen und Autoren

SM 114 Jolles: Theodor Fontane
SM 153 Schneider: Annette von Droste-Hülshoff
SM 159 Knapp: Georg Büchner
SM 173 Petersen: Max Frisch
SM 179 Neuhaus: Günter Grass
SM 185 Paulin: Ludwig Tieck
SM 196 Knapp: Friedrich Dürrenmatt
SM 197 Schulz: Heiner Müller
SM 211 Hansen: Thomas Mann
SM 215 Wackwitz: Friedrich Hölderlin
SM 233 Winter: Jakob Michael Reinhold Lenz
SM 239 Perlmann: Arthur Schnitzler
SM 242 Bartsch: Ingeborg Bachmann
SM 255 Bäumer/Schultz: Bettina von Arnim
SM 261 Sammons: Heinrich Heine
SM 273 Mayer: Hugo von Hofmannsthal
SM 286 Janz: Elfriede Jelinek
SM 288 Jeßing: Johann Wolfgang Goethe
SM 289 Luserke: Robert Musil
SM 291 Mittermayer: Thomas Bernhard
SM 295 Schaefer: Christoph Martin Wieland
SM 297 Albrecht: Gotthold Ephraim Lessing
SM 299 Fetz: Martin Walser
SM 304 Fasold: Theodor Storm
SM 310 Berg/Jeske: Bertolt Brecht
SM 312 Albrecht: Arno Schmidt
SM 318 Prill: Dante
SM 320 Darsow: Friedrich Schiller
SM 325 Kohl: Friedrich Gottlieb Klopstock
SM 326 Bartsch: Ödön von Horváth
SM 327 Strosetzki: Calderón

SM 328 Harzer: Ovid
SM 332 Brockmeier: Samuel Beckett
SM 333 Martus: Ernst Jünger
SM 336 Mahoney: Novalis
SM 340 Stein: Heinrich Mann
SM 350 Steiner: Walter Benjamin

Mediävistik

SM 7 Hoffmann: Nibelungenlied
SM 15 Weber: Gottfried von Straßburg
SM 36 Bumke: Wolfram von Eschenbach
SM 72 Düwel: Einführung in die Runenkunde
SM 244 Schweikle: Minnesang
SM 249 Gottzmann: Artusdichtung
SM 253 Schweikle: Neidhart
SM 293 Tervooren: Sangspruchdichtung
SM 316 Scholz: Walther von der Vogelweide

Sprachwissenschaft

SM 72 Düwel: Einführung in die Runenkunde
SM 252 Glück/Sauer: Gegenwartsdeutsch
SM 280 Rösler: Deutsch als Fremdsprache
SM 307 Stein: Einf. in die französische Sprachwissenschaft
SM 313 Fritz: Historische Semantik
SM 321 Klann-Delius: Spracherwerb
SM 342 Dietrich: Psycholinguistik
SM 349 Klann-Delius: Sprache und Geschlecht

Philosophie

SM 265 Pleger: Vorsokratiker
SM 266 Horster: Jürgen Habermas
SM 267 Buchheister/Steuer: Ludwig Wittgenstein
SM 268 Vattimo: Friedrich Nietzsche
SM 271 Scherer: Philosophie des Mittelalters
SM 276 Gil: Ethik
SM 281 Kögler: Michel Foucault
SM 303 Seibert: Existenzphilosophie
SM 308 Retlich: Bücher für das Philosophiestudium
SM 311 Sandkühler (Hrsg): F.W.J. Schelling
SM 314 Wiegerling: Medienethik
SM 322 Münker/Roesler: Poststrukturalismus
SM 334 Arlt: Philosophische Anthropologie
SM 341 Nitschke: Politische Philosophie
SM 345 Prechtl (Hrsg.): Grundbegriffe der analytischen Philosophie

Romanistik und andere Philologien

SM 148 Grimm u.a.: Einf. in die französische Literaturwissenschaft
SM 170 Hoffmeister: Deutsche und europäische Romantik
SM 212 Grimm: Molière
SM 234 Hoffmeister: Deutsche und europäische Barockliteratur
SM 296 Coenen-Mennemeier: Nouveau Roman
SM 306 Dethloff: Französischer Realismus
SM 307 Stein: Einf. in die französische Sprachwissenschaft
SM 315 Lüsebrink: Einführung in die französische Landeskunde
SM 318 Prill: Dante
SM 327 Strosetzki: Calderón
SM 332 Brockmeier: Samuel Beckett

Printed in the United States
By Bookmasters